大瑶山七十年变迁

DA YAOSHAN 70 NIAN BIANQIAN

徐 平等／著

中央民族大学出版社

20 世纪 50 年代的金秀县城

1935 年费孝通拍摄的六巷村

1935 年王同惠在六巷村与房东蓝妹国结为老同

1935 年费孝通先生（左一）在六巷村与瑶族同胞的合影

1988年费老五上大瑶山时在六巷村王同惠纪念亭前的留影

1988年费孝通五上大瑶山时与房东蓝妹国会面时的情景

2005年8月21日的六巷村

2005年夏日的金秀县城

2005年夏天的金秀县城远景

2006年1月11日，费宗惠妇向金秀瑶族博物馆捐赠费遗物，与师生在费老题字前影留念

当年六巷村房东的孙女
与费宗惠见面时的感人一幕

费宗惠、张荣华夫妇
在下古陈村访问。

费宗惠夫妇在旧居
与房东后人们合影纪念

山子瑶姑娘

茶山瑶的家庭生活

花篮瑶夫妇

六巷村祭甘王仪式

赤脚走炭火等传统的绝活，已经成为金秀旅游的表演项目。

盘瑶姑娘

进入六巷的公路挂在山腰上

祭盘王活动中，祈求人畜平安，万事大吉的绕村游行

每年七月半祭祖先的仪式

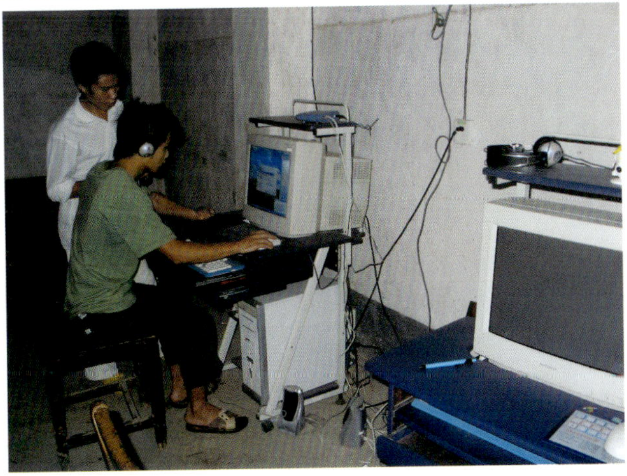

六巷街头也有了网吧，使大瑶山与世界迅速联系在一起

坳瑶姑娘

依靠人力劳作，仍是大瑶山主要的生产方式

金秀莲花山风景区

前　言

1935年费孝通、王同惠的广西大瑶山调查，以一死一伤而结束，在中国社会学、人类学、民族学学科史上留下了悲壮的一页。他们怀着“认识中国，改造中国”的宏大志向，克服后人难以想象的困难，勇闯当时的“蛮荒”之地，试图开拓一条学术报国的道路。大瑶山调查不仅改变了费孝通的人生，在很大程度上也造就了他不平凡的学术成就，更给我们留下了丰厚的精神财富。

2005年是费孝通和王同惠大瑶山调查七十周年，费孝通先生也在是年的4月24日逝世。在这样一个特殊的背景下，我受费孝通先生女儿费宗惠和女婿张荣华的委托，带领我的妻子和学生重上大瑶山追踪调查。如此重大的使命交给我来完成，我要感谢先生家人对我的信任和厚爱，这是我作为费孝通弟子的光荣，更是我和费孝通先生的缘分。因为我第一次认识费孝通先生，就是在1982年秋末冬初的时候聆听他作“四上瑶山”的学术报告，当时我是中央民族学院历史系的三年级学生。

那一天的情景至今记忆犹新。在阴冷的地下教室里，费先生穿着黑色的棉袄，戴着厚重的眼镜，说着不紧不慢的“吴语”普通话。刚开始时几乎听不懂他带有浓厚乡音的话，好不容易听懂话了，又觉得漫无边际，摸不着他在讲什么内容。直到最后先生简短的结束语，才将整篇内容穿成一个美丽的项链，让我对先生的学问和才华都敬佩不已。正是这篇“四上瑶山”的学术报告，引导我认识了费孝通，也促使我走上了追随先生从事社会学研究的道路，某种意义上说，大瑶山也是我的学术起点。

我于1987年考入北京大学社会学系，跟随费孝通先生攻读社会学“边区开发”研究方向的博士学位，也是他培养的唯一的“边区开发”研究方向的博士研究生，从此受到先生的言传身教。我一直努力领会费孝通的社会学、人类学和民族学思想，也认真实践先生倡导的“从实求知”的学术精神。如果从1984年的大学毕业调查算起，我已经有二十多年的调查研究经历，尤其是从北大博士毕业后，几乎每年都要到西部少数民族地区农村做调查。

2005年4月24日上午8时左右，我接到张荣华先生的电话，说老先生可能不行了。我和妻子立即赶到北京医院，在医生允许探望后，和师弟王延中一起小心翼翼地走到先生的病床边。我俯下身体轻声说道：先生，我们来看你了，你要挺住！先生的眼睛不断眨动，眼角浸出了泪水，接着是剧烈的身体抽搐，他的女儿费宗惠心疼地抱住他的头，让我们不忍目睹，我知道先生有许多话要说，但他已经说不出来了，当晚就接到了先生去世的噩耗。我参加了先生葬礼的全部过程，尤其是作为唯一一位非血亲关系的人，我亲历了先生在人世间的最后告别仪式，又陪同两位工作人员和一位保卫干部收捡先生的骨灰。在先生的骨灰中，还残留着几颗抓钉状的东西，我想这可能是大瑶山带给费孝通的终身纪念。每当回忆起这一幕，我的心都在颤抖。

回顾费孝通先生当年带研究生的方式，特别注重培养学生的实地调查研究能力，强调理论联系实际的学风。他曾经说道：“学术是细致的脑力劳动，有如高级的手艺，只是观摩艺术成品是不容易把手艺学会的。所以我采取亲自带着走，亲自带着看 的方法来培养新手。”上个世纪三四十年代他在云南“魁阁”就用这种方法，培养了张之毅、史国衡、田汝康、谷苞、张宗颖、胡庆均、李有义等优秀学生，对我们这些改革开放以后加入的小字辈也不例外。当年我尚未正式入学，就得以和他一起到内蒙古考察，以后又跟随先生去了许多地方，学到了不少书本上得不到的东西。

我现在也试图学习先生的方法来传承他的学术思想和优良学风。从2001年我在中央民族大学民族学与社会学学院担任研究生导师以来，就引导学生重点学习费孝通先生的《花篮瑶社会组织》、《江村经济》、《禄村农田》、《生育制度》和《乡土中国》等代表性著作，将它们列为社会学专业硕士和博士研究生的必读书，贯穿在我开设的《社区研究的理论和方法》、《社会学名著选读》、《发展社会学》等课程里。在学生们拥有一定的专业修养和学术积累之后，就努力引导他们进入田野调查的大课堂，在实地调查研究中提高他们的能力。

我们是在2005年暑假开展第一次大瑶山追踪调查。一行五人先到广西金秀瑶族自治县县城调研，然后沿着洪灾后崎岖的山路直奔大瑶山深处的六巷乡，首先拜谒了王同惠纪念亭，对这位献身学术的杰出先驱表示深深的敬意。我们遍访了六巷村的每一户人家，逐户填写调查问卷，了解当年与费、王关系密切的人和事，重点访谈了村中的老人和干部，与县、乡、村各级领导展开座谈。还冒着水灾后公路塌方的危险，租了几辆摩托车到费、王大瑶山调查最后一站的上、下古陈村进行了访问。

2006年元月，费宗惠和张荣华夫妇亲自率领我们第二次到大瑶山调查。他们先向金秀瑶族博物馆捐赠了费老的纪念品，接着带病坚持去到六巷乡，一路受到村民的热烈欢迎。当年房东的孙女，现在已经是八十多岁的老人，久久拉着费宗惠的手哭泣拥抱的场面，让所有的人为之动容。费宗惠、张荣华夫妇向王同惠纪念亭献花，参观了当年费孝通、王同惠的旧居，走访了六巷、下古陈村房东的后人们，向他们表示感谢并逐一赠送了礼物，还向六巷和下古陈等村捐赠了现金。

费孝通和王同惠当年的调查，起初是计划对大瑶山的五个瑶族支系进行对比研究，可惜因为意外而不得不半途中止。改革开放以后费老又四上大瑶山，引发了他更多的思考，特别是对中华民族多元一体理论的构想有了进一步的深化，他一直认为大瑶山是非常值得深入研究的地方。在他的支持和指导下，中央民族学院的胡起旺先生和广西民族学院范宏贵先生选择了一个盘瑶村寨展开调查，于1983年出版了《盘村瑶族》一书，但仍旧没有完成对五个支系都进行调查的设想。因而，在第一次对六巷花篮瑶调查的基础上，我们的第二次大瑶山之行，就决定对五个支系同时展开调查研究。

在第二次调查开始之前，我和承担这次调研任务的九位博士、硕士研究生进行了细致的准备工作，组织他们收集和阅读了相关文字材料，总结第一次调研的经验，修改和充实了调查问卷。在大瑶山的集体活动结束后，给每人配备了一套被子床单，要求他们住进所调查村庄的村民家里，做到同吃同住，尽可能参加劳动，真正贴近当地人民的生活。费宗惠、张荣华夫妇也对他们进行了鼓励，并亲自送到各自的调查村庄。当我们的车离开时，学生们眼里充满迷茫和无助，好几位女同学忍不住当场流泪。我在大瑶山的老百姓眼里，据说也留下了狠心老师的恶名。

学生们终于都坚持了下来，也都出色地完成了预定的调研任务。他们在当地整整住了四十来天，和瑶族同胞共同度过了一个终身难忘的春节，每个人都长大了很多，也自信了很多。开学后在我开设的《发展社会学》课堂上，我们又围绕大瑶山调查进行讨论，每个人都报告了自己的调查研究心得，互相启发和补充，甚至是批评和争论，这也是费老传承下来的“席明纳”式的教学方法。我先鼓励学生们发表了一批大瑶山调查的文章，再根据分工进入各自的调查报告写作，最后才汇集成今天这本调研成果。

本书由我撰写第一章，作为全书的导读，目的是让读者对大瑶山与费孝通的关系，有一个全景性的了解。七十年前费孝通和王同惠，主要对六巷村的花篮瑶进行了调查，出版了《花篮瑶社会组织》一书，六巷村当然也就成为我们调研的重点。在两次调查的基础上，由杨春霞沿袭这本书的主要内容，对六巷村花篮瑶的婚姻家庭和社会组织变迁进行了总结，构成了第二章的内容；由田丽霞针对六巷村的经济发展写作了第三章的内容；由谷家荣和姜韦珏承担了六巷乡下古陈村坳瑶的调查和写作，构成第四章的内容；由闫力和李凤想承担了六巷乡帮家村山子瑶的调查和写作，构成第五章的内容；由马恩瑜和张巍承担了位于金秀镇六段村茶山瑶的调查和写作，构成第六章的内容；由李海峰独自奔赴三角乡的盘瑶村寨郎旁，在当年胡起旺和范宏贵的《盘村瑶族》基础上，开展追踪调查，完成了第七章的内容。根据五个村庄的问卷调查材料，由北京市社会科学院的包路芳博士进行定量研究分析，构成第八章的内容，也作为本书的一个总结。

在费孝通、王同惠大瑶山调查成果基础上，由我们来接续七十年来的变迁，这无疑是一个非常艰巨的任务，不免会有贻笑大方的顾虑。作为费孝通的学生，我只能以责无旁贷的责任心来做好这件事，更何况除了调查研究的接续外，更有学术上薪火相承的意义。我一直鼓励学生们的信心，从宏观上给以指导，放手让他们按照自己的理解和思路进行写作，不要求统一的格式，最后由我进行统稿和修改。九名学生中，有四位是研一学生，三位是研二的学生，两位是博一的学生，学术功力上自然还有些欠缺，但他们团结协作、尽心尽力，我对他们的努力是满意的。我同时要兼顾其他几本书的出版，还有繁重的教学任务在身，再加之出版时间紧迫，这本书必然会存在一些遗憾的地方，敬请读者原谅并给予批评指正。

最后，我要感谢费宗惠、张荣华夫妇的支持和鼓励，是他们拿出费孝通先生的稿费作为两次大瑶山调查的经费，才使得这次追踪调查顺利进行。感谢金秀瑶族自治县的黄振江、欧锋、梁爱华、赖春正、郭业山、肖茂兴、赵文强、赵东渐、刘桂平，还有胡起旺、苏德富、刘玉莲以及许多给我们大力支持的人，感谢大瑶山淳朴善良的瑶族同胞，特别是我们麻烦过的房东们。感谢中央民族大学对本书出版给予的资助，也感谢中央民族大学出版社编辑们的辛勤工作。

徐　平

2006年8月30日于北京大有庄

目　　录

第一章 大瑶山与费孝通

七十年前的秋天，一对风华正茂的青年学者，不远千里前往遥远的广西大瑶山做社会调查，这就是在中国社会学、人类学界都广为人知的费孝通与王同惠的故事。他们一路走一路写出《桂行通讯》，在《北平晨报》和天津《益世报》上连载，引得社会各界的广泛关注。特别是燕京大学的师生们，都对这对“能说能做”、志同道合的夫妇叫好。他们是1935年10月18日进入大瑶山，一路走村过寨，费孝通进行体质人类学调查，王同惠则进行社会学的调查，大瑶山的生活“充满了快乐，勇敢，新颖，惊奇的印象”①。

然而，当他们完成花篮瑶的调查后，12月16日在从坳瑶居住的古陈村向茶山瑶居住地区转移过程中，却出现了一死一伤的悲剧。吴文藻先生痛心疾首地写道：“我们正在北平盼望他们工作圆满成功回来的时候，突然接到这不幸的消息，使我精神上受了重大的打击。我不但不知道所以慰孝通，也不知所以自慰。我们这些幼稚的子民，正在努力的从各个方面来救护这衰颓的祖国，这一支从社会人类学阵线上出发的生力军，刚刚临阵，便遭天厄，怎能不使人为工作灰心，为祖国绝望？”②

大瑶山的不幸遭遇，成了费孝通人生中一个“打不醒的噩

---

① 费孝通、王同惠：《花篮瑶社会组织》吴文藻先生导言，江苏人民出版社，1988年，第3页。

② 费孝通、王同惠：《花篮瑶社会组织》吴文藻先生导言，江苏人民出版社，1988年，第3页。

梦”。几乎可以说，大瑶山改变了费孝通的人生。从此，费孝通和大瑶山结下了不解之缘，直到他九十高龄以后，还一直惦记着重上大瑶山。王同惠的神圣牺牲，促使费孝通毕生实践他们年轻时的梦想，为认识中国和改造中国而奋斗不息。大瑶山调查，形成了费孝通学术思想的基础和应用研究的取向；也使他与中国少数民族结下了终身的缘分，费孝通先后五上大瑶山，也几乎走遍了中国的少数民族地区，对我国的民族研究做出了重大贡献；他晚年提出的文化自觉、和而不同的思想，是他学术思想和人生经历的结晶，同样与最早的大瑶山调查有关。

第一节　圣堂山下盟　多经暴雷雨

圣堂山是广西第五高峰，海拔 1979 米，是大瑶山中的第一高山。当年费孝通和王同惠的主要调查地，就是围绕圣堂山周围的村寨展开。圣堂山下的学术和爱情，始终贯穿在费孝通以后七十年人生，一直在老人心中萦绕。费老 1988 年五上瑶山时，于 12 月 16 日拜谒王同惠纪念亭后写道：“心殇难复愈，人天隔几许。圣堂山下盟，多经暴雷雨。坎坷羊肠道，虎豹何所沮。九洲将历遍，肺腑赤心驱。彼岸自绰约，尘世惟蚁聚。石碑埋又立，荣辱任来去。白鹤展翼处，落日偎远墟。”① 反映出费老对王同惠终身的怀念和牵挂。

费老所说的“圣堂山下盟”，显然不是一般人所理解的儿女情长，海誓山盟。在对王同惠深深的爱情和思念以至疚歉上，费孝通在 1936 年 5 月为王同惠所立的墓碑上，有着更加充分的表达：“吾妻王同惠女士于民国二十四年夏，同应广西省政府特约

① 费孝通：《费孝通诗存》，群言出版社，1999 年，第 64 页。

在王同惠纪念亭前，费宗惠、张荣华夫妇与师生合影，
纪念费孝通、王同惠大瑶山调查七十周年

来桂研究特种民族之人种及社会组织。十二月十六日于古陈赴罗运之瑶山道上，响导失引，致迷入竹林，通误踏虎阱，自为必死。而妻力移巨石，得获更生。旋妻复出林呼援，终宵不返。通心知不祥，黎明匍匐下山，遇救返村，始悉妻已失踪。萦回梦祈，犹盼其生回也。半夜来梦，告在水中。搜遍七日，获见于滑冲。渊深水急，妻竟怀爱而终，伤哉！妻年二十有四，河北肥乡县人，来归只一百零八日。人天无据，灵会难期，魂其可通，速召我来。”一句“萦回梦祈”，一句“妻竟怀爱而终，伤哉”，再加一句“速召我来”，我们已经无法用其他的语言来形容和表达费孝通伤痛的心情。

据费老自己的回忆，当他得知王同惠牺牲的消息后，怀着绝望的心情，将带去的药品，包括消毒水都全部吞下，只求与王同惠同路，但求死不得。我们在大瑶山下古陈村访问村民时，他们也谈到当时村里最担心的就是费会寻短见，是否将噩耗告诉他很用了一番心思。果然在费见到王的遗体时，他挣脱搀扶的人决意将头摔向放遗体的大石头，幸好村民早有防备，以后每天都派专人守护着他。费孝通在《花篮瑶社会组织》一书的后记里也写道："同惠死后，我曾打定主意把我们两人一同埋葬在瑶山里，但是不知老天存什么心，屡次把我从死中拖出来，一直到现在，正似一个自己打不醒的噩梦！"

当费孝通从心灵和肉体的双重痛苦中站起来之后，他意识到"我既不死，朋友们一路把我接了出来。我为了同惠的爱，为了朋友的期望，在我伤情略愈，可以起坐的时候，我就开始根据同惠在瑶山所搜集的材料编这一本研究专刊。这一点决不足报答同惠的万一，我相信，她是爱我，不期望着报答的，所以这只是想略慰我心，使我稍轻自己的罪孽罢了。"①

吴文藻先生赞叹道："孝通真镇定，真勇敢，他在给我的信末说：'同惠既为我而死，我不能尽保护之责，理当殉节；但屡次求死不果，当系同惠在天之灵，尚欲留我之生以尽未了之责，兹当勉力视息人间，以身许国，使同惠之名，永垂不朽。'这几句话何等沉痛，何等正大，又何等理智？读信至此，使我忍不住流下了悲哀钦佩的热泪。"②

费、王谈恋爱时，费孝通已经在清华大学跟史禄国念人类学的硕士研究生，王同惠则在相距不远的燕京大学社会学系读三年

---

① 费孝通、王同惠：《花篮瑶社会组织》编后记，江苏人民出版社，1988年，第67页。

② 费孝通、王同惠：《花篮瑶社会组织》吴文藻先生导言，江苏人民出版社，1988年，第4页。

级，他们通过探讨学术，共同译书不断加深感情，在清华和燕大之间来往穿梭。两座校园、宿舍、实验室以及周围的圆明园、颐和园，都留下了他们美好的记忆。费孝通说："回想起来，这确是我一生中难得的一段心情最平服，工作最舒畅，生活最优裕，学业最有劲的时期。"① 到广西做特种民族的调查，使他们决定迅速结婚，在师友们的衷心祝福下，这对志同道合的夫妻踏上了改变命运的旅途。

在下古陈村调查费孝通、王同惠当年的事迹

但是，费、王的恋爱和结婚，比人们通常理解的罗曼蒂克要

① 《费孝通人物随笔》"青春作伴好还乡"，群言出版社，2000年，第195页。

深刻得多。“圣堂山下盟”，早已超越了一般意义上的男女之情。费孝通在为王同惠翻译的《甘肃土人的婚姻》作序时，深情地回忆了他们恋爱的经过和感觉：“这段姻缘也可以说是命中注定的，就是说得之偶然。因为两人相识时似乎并没有存心结下夫妻关系，打算白头偕老，也没有那种像小说或电影里常见的浪漫镜头。事后追忆，硬要找个特点，也许可以说是自始至终似乎有条看不见的线牵着，这条线是一种求知上的共同追求。当然这并不是说两个书呆子碰了头，没有男女之情。如果连这点基本的人情都没有，那就成了图书馆里坐在一张桌子上的同伴了。牵着我们的那条线似乎比乡间新郎拉着新娘走向洞房的红绸更结实，生离死别都没有扯断。”①

其实，这条牵着他们、连生离死别都没有扯断的线，不仅是求知上的共同追求，本质上更是中国知识分子世代相传的社会责任感。当年费孝通从东吴大学转学燕京大学时，看似无意地从医预科转到了社会学专业，绝不仅是当时系主任许士廉的口才和吴文藻等杰出老师的人格魅力，骨子里费孝通一直在找寻救国之路，想从医治个人的痛苦升华为医治社会的疾病，让中华民族尽快地强大起来。

这是一代有志青年的抱负，王同惠也是这么一位杰出的女性。她的老师吴文藻对她向来赞誉有加：“二十四年八月，她和费孝通由志同道合的同学，进而结成终身同工的伴侣。我们都为他们欢喜，以为这种婚姻，最理想，最美满。他们在蜜月中便应广西省政府的特约去研究‘特种民族’。行前我们有过多次谈话，大家都是很热烈，很兴奋。我们都认为要充分了解中国，必须研究中国的全部，包括许多非汉民族在内，如果从非汉民族的社会生活上，先下手研究，再回到汉族本部时，必可有较客观的观

① 《费孝通人物随笔》“青春作伴好还乡”，群言出版社，2000年，第192页。

点，同时这种国内不同社区类型的比较，于了解民族文化上有极大的用处，我们互相珍重勉励着便分手了。”①

王同惠在和费孝通合作翻译比利时神父许让写作的《甘肃土人的婚姻》时，就提出了“为什么我们中国人不能自己写这样的书”的疑问，急切地盼望深刻认识中国社会和文化，因而主动要求和费孝通一起去大瑶山做调查。在大山里的生活，费孝通用了“兴奋”一词来形容，“我们已经忘却了一切生活上的困苦，夜卧土屋，日吃淡饭，但是我们有希望，有成绩。一直到我们遇难，一死一伤，三个月中，我们老是在极快乐的工作中过活。在遇难前一日，我的妻还是笑着向我说，‘我们出去了会追慕现在的生活的’。”② 我们在读费、王的《桂行通讯》时，不难感受到这对急于认识中国社会和文化的年轻人的辛苦和快乐，特别是当费孝通从别的村子测量人体归来时，留在六巷村的王同惠总会说“了不得，我都弄清楚了”，快乐地将新的收获告诉费。老乡们也回忆当时作为北方人的王同惠，吃不惯山里的饮食的事情，甚至连生火做饭，他们也得从头学起。

王同惠的突然牺牲，对费孝通的打击非常巨大。几十年过去了，他回忆起来还是那么痛心疾首：“我们的相识只有两年，结合只有108天，正如春天的露水一般，短促得令人难以忍受。天作之合，天实分之。其可奈何?”③

费孝通在当时不仅是痛失亲人，也感觉痛失同工，他在广州养病时给朋友们的信中表达了这种痛苦。“若是我们所认定‘从认识中国来改造中国’是救民族的正确大道，那么同惠所贡献给

① 费孝通、王同惠：《花篮瑶社会组织》吴文藻先生导言，江苏人民出版社，1988年，第2页。

② 费孝通、王同惠：《花篮瑶社会组织》编后记，江苏人民出版社，1988年，第67页。

③ 《费孝通人物随笔》“青春作伴好还乡”，群言出版社，2000年，第196页。

民族的并不能说小了。同惠有灵当在微笑，那是我相信的”。当费孝通逐渐从痛苦中清醒过来，他明确地意识到自己的特殊使命：“同惠是不能再为中国、为学术服务了，因为她爱我，所以使我觉得只有我来担负这兼职了。我愿意用我一人的体力来做二人的工作，我要在20年把同惠所梦想，所计划的《中国社会组织的各种形式》实现在这个世界上。”①

1985年由六巷乡干部群众集资修建了王同惠纪念亭，并立石碑纪念

这就是费孝通与王同惠的“圣堂山下盟”！为了这一个庄严的承诺，费孝通无论面对什么样的严酷环境，“多经暴雷雨”，始终不渝地坚持“我们所认定‘从认识中国来改造中国’是救民族的正确大道”，坚持孜孜不倦地探索中国的文化和社会。费孝通在晚年写道：“我是想从人类学里吸取‘认识中国，改造中国’的科学知识。我这样说，也这样做。一生中虽则遇到过种种困难，我都克服了。年到七十时，我还是本着这个‘志在富民’的目标，应用人类学的方法，到实地去认识中国农村，中国的少数民族，凡是穷困的地方我都愿意去了解他们的情况，出主意，想办法，帮助他们富起来。我是由人类学、社会学、民族学里得到的方法和知识去做我一生认为值

① 《费孝通文集》，群言出版社，1999年，第一卷，第361页。

得做的有意义的事。”①

大瑶山调查，留给费孝通最大的痛楚，就是王同惠的牺牲。王同惠的牺牲，促使费孝通坚定不移地去实践他们年轻时的梦想，使他义无反顾地毕生用“一人的体力来做二人的工作”，造就了一个不平凡的费孝通。

第二节　类型加比较　行行重行行

大瑶山的调查研究，在学术上也对费孝通产生了深刻的影响。费孝通在1988年江苏人民出版社再版《花篮瑶社会组织》一书的“重版前言”里写道：“作为一本我在青年时代和亡妻合作的学习成果，我也无意在此作自我评论，只想说在重读时不断发现我后来所发表的许多学术观点的根子和苗头，因而想到这本书对于那些想了解我学术思想发展过程的朋友可能也是有用的。”②

上个世纪的30年代之前，中国社会学尚处于起步阶段，创办不多的社会学系也带着浓厚的“舶来品”色彩，教材是外国的，教师是外国人，甚至授课也用外语。以吴文藻为代表的留学生回国后，一直努力在寻找一条社会学中国化的道路，虽然在一定程度上改变了这种面貌，但隔靴搔痒的社会学离中国的实际还非常远。

费孝通在解释为什么他们要到大瑶山调查时，就说明了这种情况：“我们是两个学生，是念社会学的学生。现在中国念社会学的学生免不了有一种苦闷。这种苦闷有两个方面：一是苦于在

---

① 费孝通：《论人类学与文化自觉》，华夏出版社，2004年，第11页。

② 费孝通、王同惠：《花篮瑶社会组织》重版前言，江苏人民出版社，1988年，第2页。

书本上，在课堂里，得不到认识中国社会的机会；一是关于现在一般论中国社会的人缺乏正确观念，不去认识，话愈多视听愈乱。我和同惠常在这苦闷中讨论，因为我们已受了相当社会学理论的训练，觉得我们应当走到实地里去，希望能为一般受着同样苦闷的人找一条出路，换言之，想为研究社会的人提供一个观点，为要认识中国社会的人贡献一点材料。”①

费孝通这一到实地里去，就走出了一条独特的社会学研究道路。大瑶山成为他真正意义上的社会学调查研究的起点，这一走就一发不可收拾，除了 1957～1978 年这段特殊的历史时期外，他几乎沿着实地调查研究的路子走了一生，行行重行行。社区研究的方法，文化完整性的视野，类型加比较的路子，应用研究的目的，理论联系实际的作风，体现了费孝通学术思想和研究方法的不断完善。

大瑶山调查，费孝通和王同惠出版了《花篮瑶社会组织》，作者沿着家庭、亲属、村落、族团及族团间的关系层层深入，以简短的六章数万字的篇幅，就给人们展现了一个完整的花篮瑶社会结构和文化结构。吴文藻先生评价道：“我们看过这本花篮瑶的社会组织以后，就不能不承认该族社会组织的严密，文化配搭的细致。”② 在养伤期间，费孝通在家乡做了开弦弓村的调查，由此写出了他的博士论文《江村经济》，得到导师马林诺斯基的高度赞誉。留洋归来的费孝通，立即在抗日战争的烽烟中扎进云南农村调查，他的《禄村农田》指向内地农村的土地制度，也带着比较研究的视角，标志着他的社会学思想的进一步成熟。

---

① 费孝通、王同惠：《花篮瑶社会组织》编后记，江苏人民出版社，1988 年，第 64 页。

② 费孝通、王同惠：《花篮瑶社会组织》吴文藻先生导言，江苏人民出版社，1988 年，第 9 页。

下古陈村当年停放王同惠遗体的巨石仍在，
见证着那段令人难忘的历史

改革开放以后，费孝通受命担负起恢复社会学的历史重任，社会学得到空前的发展，费孝通更是马不停蹄地奔波在祖国的大江南北，沿着城乡发展和民族研究这两条大线索，行行重行行。1998 年他从国家公职上退休，总算成为了一名单纯的教授，在这一年里，88 岁的费孝通外出调查的时间是 166 天；同时笔耕不辍，又写下了 10 余万字的调查研究文章[①]。16 卷本的《费孝通文集》，有 9 卷是 1981 年以后的著述，可见老人的勤奋和才华。

当我们在回顾费孝通的学术思想史时，不能不读一下他的

① 费皖：《一生富民的费孝通》，群言出版社，2001 年，第 46 页。

《师承·补课·治学》这本书。他在书中详细回顾了影响他一生的重要导师和学术经历。帕克来华讲学，将关注现实社会生活的新风吹了过来，一句“我不是来教你们怎样念书，而是要教你们怎样写书”[①]，让青年学子们兴奋不已。以吴文藻先生为代表的“社区研究派”，将人类学与社会学学科理论方法进行了嫁接，使得社会学研究从空中降落到地下，找到了一条社会学中国化的实际道路，吴文藻还帮助促成了费、王的大瑶山调查。史禄国在清华大学对费孝通进行的两年体质人类学训练，也给费打下了坚实的学科基础，尤其是类型和比较的概念，以及生物性和社会性的关系对费以后的学术发展产生了深远的影响。史氏还为他们在大瑶山的实地调查提供了设备和知识，一双马靴使得费孝通没有落下太严重的残疾。

对费孝通产生重要影响的当然还有他的博士生导师马林诺斯基，他还翻译出版了马氏的《文化论》一书。费孝通撰文深情地回顾了他在马老师门下的学习情景，特别是马老师有名的《今天的人类学》的“席明纳”上的烟雾，给人留下深刻的印象。费孝通和其他新加入的小伙子一样，“先躲在墙角里喷烟，喷喷就慢慢喷得懂了一些，也觉得他的味道不薄了”。[②] 后来马老师亲自做他的论文指导，使他写出了成名作《江村经济》。

费孝通之所以得到名噪一时的著名人类学大师的青睐，并且很快就做出了成绩，除了吴文藻先生的推荐之外，很大一部分得益于其他几位老师教给他的思想里，已经包含着当时最流行的功能主义理论。特别是史禄国先生的体质人类学训练和坚持要他在

---

① 费孝通：《师承·补课·治学》，生活·读书·新知 三联出版社，2001 年，第 213 页。

② 费孝通：《师承·补课·治学》，生活·读书·新知 三联出版社，2001 年，第 28 页。

出国前做的大瑶山调查，使他在实地调查研究的基础上，已经做出了符合最新学术潮流的成果来。费孝通先生在和美国学者巴博德谈自己的学术经历和思想形成时，专门强调指出："我在去伦敦经济学院之前就是一个功能主义者。这是从我对体质类型研究——从体质人类学自然出现的方向。我随后把它应用于人类文化类型。因此我要说我的主要观点和研究方法在三十年代早期已经形成。我作为体质人类学者进入瑶山而出来时成了社会人类学者。"①

费孝通在晚年的学术反思中，专门写了一篇《从马林诺斯基老师学习文化论的体会》。在谈到如何认识文化这个复合的整体时，他特地回忆了在花篮瑶的调查经历。当他和王同惠到达六巷村的第一个晚上，在语言不通、风俗不明的情况下，他们被友爱而好奇的瑶民所包围，"我们进入了一个友好但莫名其妙的世界里。我们明白我们的任务就是要搞清楚这些人是怎样生活的。这样的混沌一团，头绪在那里呢？"他们按照自己文化中的友好交往规则，努力与唯一懂汉语的房东蓝济君接近，特别是王同惠出色的语言和交际能力，很快和当地人建立了亲近的关系。"我们进一步设法有意识地去了解他们的家庭成员之间的关系。我们就这样很自然地把家庭这个团体作为主要的了解对象，摸进了这个不熟悉的人文世界"。"回想起来，我当时还没有去伦敦接受过马老师的'文化论'。但在实地调查工作中我们自动地并非有意识地跟着马老师当时正在构思的《文化论》和'文化表格'所指导的方向行动了"。②

① 费孝通：《城乡和边区发展的思考》"经历·见解·反思"，天津人民出版社，1990年3月版，第203页。

② 费孝通：《论人类学与文化自觉》，华夏出版社，2004年2月版，第65页。

费宗惠夫妇在当年费孝通和王同惠居住过的六巷村小屋留影纪念

大瑶山的社会调查，不仅确定了费孝通实证主义的社会学发展方向，也确定了他功能主义的理论框架。他以后许多的学术思想，都是在这棵老根上发的芽。在上个世纪40年代末期费孝通发表的著名作品《生育制度》和《乡土中国》是费孝通前半生学术思想的总结，费孝通自己介绍说："依我这种对社会学趋势的认识来说，《生育制度》可以代表以社会学方法研究某一制度的尝试，而这《乡土中国》却是属于社区分析第二步的比较研究的范围。"[①] 从这两本费孝通早期的代表性著作中，我们不难看出大瑶山调查研究的痕迹。

① 费孝通：《乡土中国·生育制度》，北京大学出版社，2002年3月第4版，第94页。

在《花篮瑶社会组织》一书里，费孝通用了三章的篇幅来描述分析家庭，占了全书的一半。对花篮瑶婚姻家庭的研究内容，我们不难在《生育制度》里找到进一步的理论解释。通过对花篮瑶的调查研究，费孝通体会道："我认为性的满足和生育孩子应当是可以分得开的两件事，不仅在现代社会里实际上早已分开，即使在许多经济文化不太发展的民族里，如我所调查的花篮瑶，和尚未受现代化较深影响的农村如江村，性交和生育事实上是可以脱钩的两件事。"得出了"文化不仅是用来满足人的生物需要，而且可以用来限制人的生物需要。于是(《生育制度》)走出了单纯满足'生物需要'的老路。"[①] 特别是它的核心观点"三角结构理论"，认为父母子三角才能构成稳定的社会结构，而这正是大瑶山花篮瑶不重结婚仪式，更注重长子出生后的"双喜酒"给他的启示。

在谈夫妇关系时，他也引用了坳瑶的情人制度的事例，说明乡土社会的家庭是一个抚养的事业单位，"在夫妇间没有互相满足对方感情的义务的地方，各人去找各人的情人，并不对夫妇关系有什么冲突，反而他们可以因之而得到配偶的情人在家庭事业上的协助。同时我也得补充一句，不讲感情的合作并不是感情的破裂，或是有恶感之谓，不讲爱，也没有恨；两人在爱恨之外，还是可以相处得很和睦，共同担负这家庭的事业。"[②] 在《乡土中国》的各章节中，我们一样可以看到大瑶山的影子，特别是在"礼治秩序"、"无讼"、"无为政治"、"长老统治"等内容上，大瑶山的世外桃源印象、石牌制度下的社会组织、瑶老统治下的礼治和秩序，诸如"同意权力"和"横暴权力"的概念，也是以大瑶山社会作比较基础的。

---

① 费孝通：《论人类学与文化自觉》，华夏出版社，2004年，第60页。

② 费孝通：《乡土中国·生育制度》，北京大学出版社，2002年，第150页。

改革开放以后，费孝通受命恢复社会学学科，面对百废待兴的祖国，社会学应当做些什么，能够做些什么？费孝通从宣传社会学的基本概念入手，面对当时大批知识青年返城带来的待业问题、住房紧张、家庭关系等人们身边随处可见的社会问题，深入浅出地讲解社会学的意义和作用。按照类型加比较的基本思路，他从重访大瑶山和重访江村开始，通过不断地认识新问题和新矛盾，逐渐在层次上加以上升和比较，从村到镇，再到区域比较，形成费孝通密切结合中国实际、面对中国问题，为富民强国服务的社会学思想体系。这套体系形成的基础，依然可以追溯到大瑶山的调查。花篮瑶主动控制人口，每对夫妻只能生育两名子女，人口规模得到有效控制，使其种族在贫乏的山区得以顺利繁衍生息，给费孝通留下了深刻的印象。

面对中国的人口问题，费孝通通过对大瑶山和江村两地的重访，在1983年春正式提出了做活人口这盘棋的“两个眼”理论：“要做活这块棋，拿围棋的语言说，必须做两个眼，就是要为新增的人口找到两条出路，使他们不成为一个消极的包袱，而成为一个促进经济发展的积极因素。去年我带着这个问题访问了我家乡的农村，又访问了广西、新疆和内蒙古等少数民族地区，看出了可以为人口这块棋做两个眼的地方。一个是在作为农村经济文化中心的小城镇，一个是在亟待开发的少数民族地区。”[①] 从此以后，费孝通就沿着城乡关系和边区开发这两条大思路，行行重行行，从各种“模式”的总结和比较，再到区域经济的合作和发展，费孝通的社会学思想不断丰富。

---

① 费孝通：《社会学的再探索》，天津人民出版社，1985年，第240页。

第三节 多元一体 共同繁荣

民族问题的调查研究，是费孝通学术思想的重要组成部分，也使费孝通不仅是一位著名的社会学家，也是一位著名的人类学家、民族学家和社会活动家。他一生十分重视民族问题，长期从事民族研究工作，对少数民族有深厚的感情，一直为少数民族和民族地区的发展呕心沥血。正如他在 1987 年 7 月的临夏—海东经济开发协作区会议上的发言：“用我过去所学到的知识，为我们各民族同胞的经济发展，多想一想，多看一看，多出点主意。”他对实现中国少数民族地区现代化充满热情，在民族问题上不断提出新思想。费孝通在他九十岁高龄时，深情地回忆道：“我算得上是一名老民族工作者，建国后一段时间还有幸参与民族工作一些大的活动，在这以后，民族研究一直是下功夫下得最多的学术领域。”①

大瑶山调查是费孝通实地研究的开始，也是民族研究的起点。费孝通在他的《暮年漫谈》中说道：“自从进大瑶山与瑶族同胞接触以后，‘少数民族’这个概念才在我的脑筋里比较清晰起来。”② 新中国成立后，费孝通适应新社会的需要，重新转向民族工作。1950 年费孝通参加中央访问团到民族地区调查访问，并担任了贵州分团和广西分团的团长，深入贵州和广西两省的少数民族地区，历时两个年头。1952 年调到中央民族学院担任副院长，1955 年到贵州进行民族识别工作，“从民族识别工作中，我深切地感受到我们对少数民族的知识实在太少了，必须赶紧补

① 《费孝通文集》，群言出版社，2001 年，第十五卷，第 128 页。

② 费孝通：《暮年漫谈》，载《中央盟讯》2005 年第 5 期专刊，第 31 页。

上，于是向有关部门提了一个建议，希望能够抽调力量，对每个少数民族的历史、现状进行调查研究，整理记录下来。”因而在1956年，费孝通亲自参加了由他倡议的人大常委会组织的少数民族社会历史调查。“令人欣慰的是，经过了我们民族工作者几十年来的努力，我国的几十个少数民族，基本都有了一部简史，这项工作已经搞出个模样了。”[①] 1957年反右运动后，费孝通沉寂了20年。

改革开放以后，费孝通重新焕发了学术活力。先后担任中国社会科学院民族研究所副所长和社会学研究所所长、国家民委顾问、中央民族大学名誉校长等职务。他受中央委托，承担起恢复社会学学科的繁重任务。1984年他初步完成江苏省的小城镇调查后，将研究的重点转向边区和少数民族地区，着重做农牧结合和城乡结合两个题目。他不顾年事已高，抓紧一切时间利用所有机会在祖国南北东西穿梭不息。除台湾和西藏外，费孝通走遍了各个省市自治区，走访了许多少数民族聚居区，从东北呼伦贝尔草原森林，到南方海南岛黎族村寨，以至海拔3000多米的甘南藏区，都留下了他的足迹。

费孝通的民族思想，起始于他在大瑶山的调查研究心得。在他和王同惠的《桂行通讯》里，就记述了广西北部特种民族杂居区在1932年2月19日～3月25日发生的变乱，“经驻军全力扑平，死亡土人达一千多”。费孝通当时就评价道：“若是多用武力镇压，在剿匪的名义下大规模地减少他们的人口，既和政府所采取的优待同化政策相背，而且反而增强他们与汉人相对立的民族心理。[②]” 再加上费孝通在大瑶山的实际遭遇，费孝通非常赞成和拥护中国共产党的民族平等、民族团结和各民族共同繁荣的

① 费孝通：《暮年漫谈》，载《中央盟讯》2005年第5期专刊，第32页。

② 《费孝通文集》，“桂行通讯”，群言出版社，1999年，第一卷，第311页。

政策。

在他看来，“当前地球上各地的居民，尽管由于地理与历史条件的差别，经济文化发展的程度有所不同，所采取的生活方式有所殊异，但是他们都是人，都具有人所共有的发明创造的才能，都具有发展进步的资质。他们都是通情达理、有思想、有感情的人。在人和人、民族和民族之间划下具有质的差异的不可逾越的鸿沟，是完全出于一些人的偏见、臆度或别有用心，和客观事实绝不相符，所以是不科学的。”① 他总是怀着深厚的感情，来看待少数民族。在他文章里，随处可见到用他生花之笔，传神地描绘各民族在长期的生产生活中积累的物质文化和精神文化，讴歌少数民族解放后特别是近几年的巨大变化和进步，同时他又对少数民族和汉族在经济文化发展上的差距而忧心忡忡。

费孝通认为，中国现代化面临两个差距：一是中国和世界发达国家的差距；一是中国内部的东西部或者大体上说是汉族同少数民族经济文化发展上的差距。这是中国现代化课题中不可分的两个部分。作为社会主义国家的中国，要坚决防止重演大民族压迫和剥削小民族的悲剧。因而，开发边区必须注意那里的少数民族自身的发展问题。在西部大开发的过程中，不仅要时刻想到世代生长在那里的少数民族，同时还必须扶持和帮助他们，力争使少数民族和汉族、边区和内地在现代化过程中同步前进。美国学者阿古什在他所著的《费孝通传》中说：“他同其他大多数人类学家一样，总是想保护自己研究的土著居民免受高度文明民族的欺凌和轻视。”② 其实，更准确地说，费孝通时刻思考着如何让少数民族尽快地发展起来，达到各民族事实上的平等，促进各民

① 费孝通：《民族与社会》，天津人民出版社，1981 年，第 67 页。

② ［美］大卫·阿古什著，董天民译：《费孝通传》，时事出版社，1985 年，第 183 页。

族的团结合作和各民族共同繁荣与发展。

1978年广西壮族自治区成立20周年，费孝通应邀前往，顺路重返大瑶山。他欣喜地看到在中国共产党的民族政策指引下，大瑶山发生了翻天覆地的变化。他在《四十三年后重访大瑶山》一文中，用“换了人间”来表达自己的感受。以后专门委派胡起望等学者到金秀继续进行瑶山调查。1981年费孝通三上大瑶山，通过调查研究发现20世纪50年代的“大跃进”和六七十年代的“以粮为纲”，对大瑶山的生态和经济都产生了重大的破坏。而且“由于自治县划界时没有充分考虑新情况的需要，没有强调山区和平地的经济交流，把原来山区贸易所依靠的集散点划在界外，加上山区公路建设困难，自治地方得不到发展经济的具体条件，反而受到县界的束缚，有点像‘划地为牢’”，① 阻碍了山区和平原、瑶族和汉族的经济联系，反而影响了经济发展和民族关系。费孝通在《民族社会学调查的尝试》一文中，通过几次大瑶山的调查研究材料，对新时期的民族政策提出一系列的建议：“民族区域自治的目的不是民族分割，而是民族团结，要帮助少数民族发展。这样对汉族、对少数民族都有好处。所以我们应当根据发展的条件来划定自治地方的区域。”② 1982年费孝通参加金秀瑶族自治县成立三十周年的大庆活动，第四次上瑶山。在《四上瑶山》一文中表达了对大瑶山发展多种经营和科技致富的赞许。1988年费孝通五上大瑶山，这次不仅是到金秀县城，听说从县城到六巷乡的公路建成并通车，他不顾路途艰险，执意奔赴当年的调查地六巷，见到了当年的老朋友，也拜谒了王同惠的纪念亭。

---

① 费孝通：《关于编写〈中国少数民族自治地方概况〉的一些意见》，《费孝通民族研究文集》，民族出版社，1988年，第248页。

② 费孝通：《从事社会学五十年》，天津人民出版社，1985年，第87页。

通过五上大瑶山的调查研究经历，引发了费孝通很多的思考。他认为要发挥民族优势，发展民族经济，首先要在观念上加以变革。我国少数民族长期以来生活在广阔的自然环境里，建立了自己独特的文化体系，比较容易满足于简单的生活水平。自足自满心理必然会带来保护现状，抗拒外来影响的反应，而封闭和拒外，实际上会保护落后，使距离越来越大。依赖心理的形成，会使一个民族失去自信、自尊，变得毫无活力，这个民族必然衰落。要防止这些不宜于民族地区发展的思想观念，先要搞好民族教育，提高各民族文化素质，在保持和发扬本民族优秀文化的基础上，大量吸收先进民族文化科学技术知识；其次，对于还处于自给自足自然经济的封闭状态的少数民族，要靠商品经济来冲击其旧有的经济结构，打开封闭的大门。通过商品流通交换，引导他们从自然经济走向商品经济。

费孝通先生 1988 年与外孙女张勤在王同惠纪念亭前的合影

中国要实现现代化必须开发西部地区，从而也必须重视民族关系，将民族间团结协作的关系进一步推向新阶段。开发边区要注重扭转自然生态和人文生态的两个失衡。自然和人文生态环境的变化，一方面当地少数民族不可能继续保持传统的游牧、打猎、游耕，他们逐渐失去了从事传统生产、生活的条件；另一方面他们又不可能很快完全进入新的生产生活方式，必然要引起矛盾，影响民族团结。因为“团结是不能脱离经济基础的，民族矛盾的产生根本在于经济的原因”。[①] 因此我们在思考民族地区社会经济发展时，必须着眼于当地少数民族自身的发展。民族地区只靠少数民族自己是不可能实现现代化的，还必须取得汉族的帮助，但帮助不是救济，要使外力内化，让少数民族用自己的腿走路，“保而不护”，在商品经济的大风浪中接受锻炼。民族地区必须发挥自身优势，充分利用外在条件，寻找适合本地区发展的道路。既不能盲目模仿，也不能依赖国家，更不能等待帮助，要走自身经济发展之路。

面对与新世纪一起到来的西部大开发战略行动，费孝通备受鼓舞，这是他长期从事民族工作的一个心愿，早在80年代中期他就提出了“边区开发”的概念，一直为民族地区的发展奔走不息。他总结道：“现在，民族工作又迎来了第二次发展机遇。这就是西部大开发。这次的主要任务是发展少数民族和民族地区的经济文化，逐步消除事实上的不平等和缩小发展差距，最终实现共同发展和共同繁荣。我相信，抓住西部大开发的机遇，围绕西部大开发的大局，既继承前人，又勇于创新，既志存高远，又脚踏实地，民族工作一定能够再创新的辉煌，为全局做出新的更大贡献。”[②] 他专门撰文支持由国家民委发起的“兴边富民”计划，积极响应党中央西部大开发的战略部署。

费先生在关注西部开发中少数民族发展时，特别强调要研究和解决好人口较少民族的问题，称之为“小民族，大家庭”。由于自然条件和社会环境的改变，人口较少民族在生产能力和谋求职业方面出现了某些不适应，发生了自身文化如何保存、如何更好地适应现代化的问题。为了深入了解这些民族目前的实际情况，在费孝通的倡议下，国家民委组织北京大学、中央民族大学

① 费孝通：《话说呼伦贝尔森林》，载《瞭望》1988年14、15期。

② 《费孝通文集》，群言出版社，2001年，第十五卷，第128页。

和国家民委民族问题研究中心共同组成了“中国人口较少民族经济和社会发展研究课题组”，于2000年7月开始深入内蒙古、黑龙江、云南等8省区，对22个人口较少民族开展了实地调查活动。这是继20世纪50年代全国民族识别工作以来，第二次全国范围内进行的大规模民族调查活动。对更好地解决我国的民族问题，促进民族发展具有深远意义。

2005年8月20日，课题组向下古陈村捐赠现金

在金秀瑶族自治县，不同时间、不同路线、讲着不同语言的五个瑶族支系，长期共同生活在大瑶山，逐渐认同瑶族这一共同称呼的现象，也引起了费孝通的深思：“大瑶山的具体情况给我很大的启发。我想过很多问题：什么叫瑶族？瑶族的分布怎样？……

过去我们的民族研究很多是以现有的民族单位为范围的。《中国少数民族》这本书的体例就是如此。这当然有它的好处。但是在研究工作上已经遇到它的局限性。因此，这几年里有人提出要研究各民族历史上的联系。如果再进一步就是要把中华民族看成一个整体，研究它怎样形成的过程和它的结构和变化了。”①

美丽的大瑶山

费孝通在晚年回忆道：“30年代我所调查的花篮瑶就在今金秀瑶山，当时称大瑶山。金秀瑶山里现在的瑶族居民是不同时期从山外迁入的。这些从不同地区迁入这个山区的人，都是在山外站不住足的土著民族，进山之后这许多人凭险恶的山势，得以生

① 费孝通：《从事社会学五十年》，天津人民出版社，1985年，第88～89页。

存下来。他们为了生存不得不团结起来，建立起一个共同遵守的秩序，即维持至解放时的石牌组织。对内和平合作，对外同仇敌忾，形成了一体。山外的人称他们为瑶人，他们也自称是瑶人，成为一个具有民族认同意识的共同体。在我的心目中，也成了一个多元一体的雏形。后来我和各地的少数民族接触多了，对各少数民族的历史知识也多了些，又联系上汉族本身，感觉到由多元形成一体很像是民族这个共同体形成的普遍过程。”①

从大瑶山的调查，再到 50 年代参加少数民族慰问团以及少数民族社会历史大调查，特别在中央民族学院任教期间，费孝通为了解决教学需要而编写了一本《民族历史概论》，将各民族的历史综合在一起，亲自给学生在课堂上讲授，初步奠定了费孝通中华民族“多元一体格局”的思路。改革开放以后他在广大的民族地区来往穿梭调查，进一步完善这一思想。直到 1989 年夏天到威海暑休，他终于将其最后总结出来，在香港中文大学的 Tanner 讲座上发表于世，立即引起海内外的强烈反响。1990 年国家民委专门召开学术讨论会，1991 年出版了《中华民族研究新探索》一书。

在中华民族形成的长期历史中．我国各民族人民共同缔造了伟大祖国，形成了不可分离的血肉关系。占人口绝大多数的汉族，是在长期的历史中不断融合不同语言和文化的共同体的基础上混合而成的，正如滚雪球似的越滚越大。中国历史上有许多显赫一时的民族，如匈奴、鲜卑、契丹等，“他们从森林里狩猎开始，下山到草原上放牧，壮大后驱骑南下，入驻农区，然后在中原的文化大熔炉里化成其它民族的一部分”。② 少数民族的形成也是一个复杂的混合过程，如藏族、瑶族就包含有许多语言不同

---

① 费孝通：《论人类学与文化自觉》，华夏出版社，2004 年，第 164 页。

② 费孝通：《话说呼伦贝尔森林》，载《瞭望》1988 年 14、15 期。

的成分，很可能也表明是不同成分互相混合的结果。

因此，费孝通认为“民族”这一概念应当包括三个层次：第一是中华民族；第二是汉、满、蒙、回、藏、彝、维等56个民族；第三是这56个民族中有些民族还包含着的若干具有一定特点的集团，如藏族中的康巴人、安多人、白玛人，苗族中的红苗、青苗，汉族中的客家等。“多元一体格局中，56个民族是基层，中华民族是高层。……汉族就是多元基层中的一元，由于他发挥凝聚作用把多元结合成一体，这一体不再是汉族而成了中华民族，一个高层次认同的民族。……高层次的民族可说实质上是个既一体又多元的复合体，其间存在着相对立的内部矛盾，是差异的一致，通过消长变化以适应于多变不息的内外条件，而获得这共同体的生存和发展。”①

费孝通还进一步总结了中华民族从多元走向一体的历史过程和发展趋势，指出：“中华民族，作为一个自觉的民族实体，是近百年来中国和西方列强对抗中出现的，但作为一个自在的民族实体则是几千年的历史过程所形成的。它的主流是由许许多多分散孤立存在的民族单位，经过接触、混杂、联结和融合，同时也有分裂和消亡，形成一个你来我往，我来你去，我中有你，你中有我，而又各具个性的多元统一体。这也许是世界各地民族形成的共同过程。”② 费孝通的中华民族多元一体格局思想，为全球化时代中国各民族的团结和发展提供了强大的认同基础，有力地增强了中华民族的凝聚力。

---

① 费孝通：《论人类学与文化自觉》，华夏出版社，2004年，第163页。

② 费孝通：《中华民族的多元一体格局》，载《北京大学学报》1989年4期。

第四节　文化自觉　和而不同

从大瑶山实地调查开始的文化探索，伴随着费孝通一生的学术追求，越到老年越发出醇厚的味道。他晚年提出的“各美其美，美人之美，美美与共，天下大同”、“文化自觉”、“和而不同”等观点，号召重新认识中国文化，发掘中国传统文化的价值，通过文化的反省来实现文化的自主。目的是面对全球化时代的到来，重新树立中国人近百年来在强大外来文化压力下丧失殆尽的民族自信心，理清传统文化与现代化的关系，“找到接榫之处”。这些观点不仅在海内外的学术界引起震动和思考，也在社会上产生了极为广泛的影响，甚至对人类怎样面对21世纪“经济一体化、文化多元化”的时代特征，建立一个和谐的地球家园，都具有指导性的意义。

费孝通晚年的思想，其核心可以归纳到“文化自觉”上，这是费孝通毕生认识文化、研究文化的必然结果。最早的思想根源，一直可以追溯到他青年时代的求学生涯，但真正的发芽是从少数民族的实地调查中产生的。他在《关于“文化自觉”的一些自白》一文中写道：“学习社会人类学的基本态度就是‘从实求知’，首先对于自己的乡土文化要有认识，认识不是为了保守它，重要的是为了改造它，正所谓推陈出新。我在提出‘文化自觉’时，并非从东西文化的比较中，看到了中国文化有什么危机，而是对少数民族的实地研究中首先接触到了这个问题。”①

在1997年北京大学举办的第二次社会学人类学高级研讨班上，费孝通针对一位鄂伦春族青年学者根据本民族情况提出的

① 费孝通：《论人类学与文化自觉》，华夏出版社，2004年，第193页。

“文化存亡”问题，联系到他多次调查过的人口较少少数民族的生存与发展问题，看到文化转型的重要性，提出了“文化自觉”的概念。“可以说文化转型是当前人类共同的问题。所以我说‘文化自觉’的概念可以从小见大，从人口较少的少数民族看到中华民族以至全人类的共同问题。其意义在于生活在一定文化中的人对其文化有‘自知之明’，明白它的来历，形成的过程，所具有的特色和它的发展的趋向，自知之明是为了加强对文化转型的自主能力，取得决定适应新环境、新时代文化选择的自主地位。”①

在晒八角的场地上，下古陈坳瑶为我们跳起传统的黄泥鼓舞

费孝通对文化的概念和意义，真正产生切身的体会，是在大瑶山调查中才有的。他的老师吴文藻极力主张要认识中国文化，应先从相对汉族文化更简单明了的少数民族文化开始，“我们若要训练一个实地研究员，使他获得比较的观点，莫如让他先去考察一个和他本族具有最悠久亦最深长的历史关系，而同时却仍保有他在体质上，语言上及文化上不同的特性的非汉族团。”② 史禄国先生本身就是富有经验的人类学家，他也极力主张在费孝通出

① 费孝通：《论人类学与文化自觉》，华夏出版社，2004年，第194页。

② 费孝通、王同惠：《花篮瑶社会组织》吴文藻先生导言，江苏人民出版社，1988年，第8页。

国深造前，必须先做一个国内少数民族的调查研究，不能空着手出国，甚至担心那样会遭到同行们的笑话。而费孝通和王同惠，也是本着要认识中国社会和文化，先从少数民族开始的思想进入瑶山的。

费孝通在《花篮瑶社会组织》的编后记中，明确表示进瑶山调查，是想为研究社会的人提供一个观点，为要认识中国社会的人贡献一点材料。“我们所要贡献的是什么观点呢？简单说来，就是我们认为文化组织中各部分间有微妙的搭配，在这搭配中的各部分并没有自身的价值，只有在这搭配里才有它的功能。所以要批评文化的任何部分，不能不先理清这个网络，认识它们所有相对的功能，然后才能拾得要处。这一种似乎很抽象的话，却正是处于目前中国文化激变中的人所最易忽略的。现在所有种种社会运动，老实说，是在拆搭配。旧有的搭配因处境的变迁固然要拆解重搭，但是拆的目的是在重搭，拆了要搭得拢才对。拆时自然该看一看所拆的件头在整个机构中有什么功能，拆了有什么可以配得上。大轮船的确快，在水滩上搁了浅，却比什么都难动。

“当然谁也不能否认现在中国人生活太苦，病那末重，谁都有些手忙脚乱。其实这痛苦的由来是在整个文化的处境变迁，并不是任何一个部分都有意作怪。你激动了感情，那一部分应该打倒，那一部分应该拆毁，但是愈是一部分一部分的打倒，一部分一部分的拆毁，这整个机械却愈来愈是周转不灵，生活也愈是不可终日。在我们看来，上述的一个观点似乎是很需要的了。在这观点下，谩骂要变成体恤，感情要变成理智，盲动要变成计划。我们亦明白要等研究清楚才动手，似乎太慢太迂，但是有病求艾，若是中国文化有再度调适的一天，这一个观念是不能不有的。”①

---

① 费孝通、王同惠：《花篮瑶社会组织》编后记，江苏人民出版社，1988年，第64--65页。

从上面这段长长的引语，可以看到费孝通和王同惠70年前的瑶山调查，就是要贡献一个观点，这个观点就是在文化剧变中必须考虑文化的整体联系和功能，或者说是要注意文化组织中各部分间有微妙的搭配和作用，从而“谩骂要变成体恤，感情要变成理智，盲动要变成计划”。这与费孝通晚年提出的文化自觉“其意义在于生活在一定文化中的人对其文化有‘自知之明’，明白它的来历，形成的过程，所具有的特色和它的发展的趋向，自知之明是为了加强对文化转型的自主能力，取得决定适应新环境、新时代文化选择的自主地位”的观点，非常明显地存在着一脉相承和不断完善的关系。可以说，大瑶山的社会调查，已经埋下了费孝通“文化自觉”的根。

这个根是如何埋下的呢？大瑶山使他们真正体会到与熟视无睹的本民族文化完全不同的冲击力，第一次强烈感觉到文化的差异和相通之处。在一个“友好的但莫名其妙的世界里”，“主客之间存在着区别，主人们相互间也存在着不同关系，而这些关系是相当固定的，大家互相明白应当怎样对待对方，而且分明地看得出亲疏之别。我认为这是任何社会的常态，最亲密的团体是父母子女形成的家庭。我就抓住这个团体去了解他们在这个团体里各方面具有规范性的活动。这就进入了他们人文世界的大门，并为进一步扩大观察和了解建立了基地。我们逐步地跟着这些已经熟悉的人，从一个家推广到和这家有一定社会关系的人，和这些人的家。再进一步可以到各家去串门时就看到各家相同的和区别的情况，对他们家庭这个制度有了一定的概念。又从一个村里存在着不同地位的人和家，清理出村落这个社区的结构。”①

从大瑶山的调查开始，费孝通接着又在家乡江村和抗战时的后方云南禄村进行社会调查。留下印象最深刻的还是大瑶山调

---

① 费孝通：《论人类学与文化自觉》，华夏出版社，2004年，第65页。

查，因为“第一次我是汉人去研究瑶人。既不能说我是研究本土文化，又不能说完全是对异文化的研究”，在我中有你，你中有我的感觉中还是“同多于异”，“我是从比较自己熟悉的文化中得来的经验去认识一个不熟悉的文化的。我认为这就是利奇所说的‘反省’的一种具体表现。”[①] 可见，从大瑶山调查开始，费孝通的人类文化同多于异，即本质上是相通的观点已经确立，文化的比较和反省的体会也相应产生了。此外，费孝通自己也明确意识到：“我通过瑶族调查，对社会生活各部门之间的密切相关性看得更清楚和具体了。这种体会就贯串在我编写的这本《花篮瑶社会组织》里。我从花篮瑶的基本社会细胞家庭为出发点，把他们的政治、经济各方面生活作为一个系统进行了叙述。”[②]

2005 年夏天调查时下乡的摩托车队

① 费孝通：《论人类学与文化自觉》，华夏出版社，2004 年，第 84～86 页。
② 费孝通：《论人类学与文化自觉》，华夏出版社，2004 年，第 105 页。

从大瑶山、江村和禄村的调查研究，使费孝通理解到一个社区中众人初看时似乎是纷杂的活动，事实上都按照一套相关的各种社会角色的行为模式而行动的。再看各种社会角色又是相互配合，各个方面构成一个网络般的结构。但同时也影响了他对社会的看法，指导社会看成自成格局的实体。在他晚年对其《生育制度》一书进行反思时，感觉到这种思路难免导致“见社会不见人”的倾向，潘光旦先生在为本书作序时所写的《派与汇》中，就批评其忽视生物个人对社会文化的作用①。直到有了“文革”时期角色颠倒和错乱的经历，费孝通才真正意识到在过去的调查中，“始终是一个调查者的身份去观察别人的生活。换一句话说，我是局外人的立场去观察一个处在生活中的对象”，认识到社会和人是辩证统一体中的两面，在活动的机制里互相起作用。“这种自觉可说是一方面既承认个人跳不出社会的掌握，而同时社会的演进也依靠着社会中个人所发生的能动性和主观作用。这是社会和个人的辩证关系，个人既是载体也是实体。”这种新人文思想，使费孝通的学术思想产生了又一次的跃进，进入了心态研究的层次。他说：“我回顾一生的学术思想，迂回曲折，而进入了现在的认识，这种认识使我最近强调社区研究必须提高一步，不仅需要看到社会结构还要看到人，也就是我指出的心态的研究。”②

1935年的大瑶山调查，使费孝通切身感受到文化的异同，进而也看到社会和个人的关系。建国后他参加中央民族访问团工作、组建中央民族学院以及参与民族识别、少数民族社会历史大调查，“在和众多的少数民族直接接触中，我才体会到民族是一个客观普遍存在的‘人们共同体’，是代代相传、具有亲切认同

---

① 费孝通：《乡土中国·生育制度》，北京大学出版社，2002年，第339页。
② 费孝通：《论人类学与文化自觉》，华夏出版社，2004年，第108～119页。

感的群体。同一民族的人们具有强烈的休戚相关、荣辱与共的一体感。由于他们有共同的语言并经常生活在一起，形成了守望相助，患难与共的亲切的社会关系网络。”[1] 对比世界许多地方因民族和宗教问题纷争不断，费孝通深感中国共产党实施的平等、团结和共同繁荣的民族政策的重大意义，认为在一个和平大同的世界里，民族平等是绝不能少的条件。这个条件在我们中国首先实现，在人类历史上是应当大书特书的。

费孝通在完成他的中华民族多元一体格局的理论阐述后，非常有感触地说："我总觉得一个人的思想观念是在接触实际中酝酿和形成的，理论离不开实践。我这篇《中华民族多元一体格局》的根子可以追溯到1935年广西大瑶山的实地调查。同时我觉得只有实践也是不够的，还须从已有的理论中得到启发和指引。我在大瑶山的实践中能看到民族认同的层次，再联系上中华民族的形成，其间实践固然重要，但潜伏在我头脑里的史禄国老师的 ethnos 论应当说是个促成剂。”[2] 说明了大瑶山调查的重要性和史禄国含义丰富的“民族”概念对他的影响。他在《人文价值再思考》一文中，进一步阐述了多元一体思想与文化自觉、和而不同的关系：“‘多元一体’的思想也是中国式文化的表现，包含了各美其美和美人之美，要能够从别人和自己不同的东西中发现出美的地方，才能真正地美人之美，形成一个发自内心的、感情深处的认知和欣赏，而不是为了一个短期的目的或一个什么利益。只能这样才能相互容纳，产生凝聚力，做到民族间和国家间的‘和而不同’的和平共处，共存共荣的结合。”[3]

费孝通是在人类即将走过经历两次世界大战的20世纪，在

① 费孝通：《论人类学与文化自觉》，华夏出版社，2004年，第155页。
② 费孝通：《论人类学与文化自觉》，华夏出版社，2004年，第164页。
③ 费孝通：《论人类学与文化自觉》，华夏出版社，2004年，第194页。

中华民族经过屈辱、奋斗而走向伟大复兴的转折关头，在展望21世纪人类共同的美好未来的时候，通过对自己一生学术思想和人生经历的深刻反省，提出了“文化自觉”与“和而不同”的思想。当我们欢欣鼓舞拥抱新世纪到来时，却迎面遇到了“9·11”的大冲撞，更加印证了费孝通先生的远见卓识。

费孝通的学术思想，始终贯穿着“从实求知”精神。费孝通一生“志在富民”，行行重行行。正因为费孝通较好地解决了理论和实际、学术和应用、高深和普及的关系，他的学问对国家有贡献、对人民有用处、对学术有意义，成为名副其实的一代学术大师。今天，他已经带着对中华文化新生的期望，带着对整个人类的祝愿，带着对文化的反思和忧虑离我们而去，让我们牢记并思考费孝通留下的话，继续沿着他开拓的“认识中国，改造中国”的艰辛之路前进。

第二章 六巷花篮瑶社会变迁

花篮瑶是瑶族的一个支系，主要聚居在广西金秀瑶族自治县南部六巷一带的 12 个村寨，当时称作大瑶山地区，分属附近几个县管辖。花篮瑶居住的六巷一带属于象县的东南乡。花篮瑶自称“穷咧”，意思是居住在山上的人。据瑶民的传说，花篮瑶祖先早期在南京，之后到达贵州省的榕江，明朝时乘船到广西，后经柳州、象州等地，曾住在象州七里、下里、马鞍山一带，后因为大藤峡瑶民起义的失败，于明朝中期被迫进入大瑶山。他们进入闭塞的深山老林，依赖峻险的山岭生存和延续，用双手开辟自己的家园。

花篮瑶在五个族系中人口最少。1982 年的人口统计显示：金秀县瑶族人口共 31870 人，其中人口最多的是盘瑶 17832 人，其次是茶山瑶 8586 人，次之是山子瑶 2333 人，再次是坳瑶 1685 人，最少的花篮瑶 1434 人。人口较少的花篮瑶主要居住于大瑶山中部和西南一角，集中于罗香、长洞和六巷三个区内。花篮瑶部分居住在溪流两岸山脚，部分在接近山顶的山腰中。这样的居住环境决定了他们的田都小而窄，呈细小而狭长的梯田状分布，耕种起来比较困难，不能使用机械和畜力耕种，只能靠人工来种田。花篮瑶蓝、胡、侯、冯、相五姓为大族，进入大瑶山后他们按姓氏分村而居。六巷乡主要居住的是蓝、胡、相三姓的人，冯姓和侯姓的主要居住于罗香和长洞乡。

1935 年 9 月 18 日，应广西省政府研究“特种民族”的特邀，费孝通和前妻王同惠第一次到大瑶山进行调查，较长时间居住和工作在六巷村，和当地瑶民建立了深厚的感情。王同惠还和房东妻子结为“老同”。1936 年 6 月出版的《花篮瑶社会组织》，从家庭、亲属、村落、组团以及组团间关系这一社会组织脉络，全面系统地介绍了六巷村花篮瑶的生产和生活情况，也使偏僻的六巷村从此闻名遐迩。

六巷后山的风光

由于地理环境的恶劣，六巷乡是金秀县的特困乡之一，位于金秀瑶族自治县的南部，距县城 90 公里。东面与罗香乡连接，西面与大樟乡毗邻，南面与平南县大鹏镇接壤，北面与象州县中平镇交接。全乡总面积 203.1 平方公里，共管辖五个行政村和一个县办国有林场分场。截至 2005 年全乡人口是 5306 人，其中瑶族人口为 2759 人，占全部人口的 52%。六巷乡里居住着大瑶山五个族系中除茶山瑶之外的其他四个族系的人，管辖的五个行政村内有五个花篮瑶村落，分别是：六巷、门头、大凳、古浦和王桑。过去花篮瑶村落都是同姓居住，六巷村居住蓝姓，门头和王桑是胡姓，古浦和大凳则是相姓。现今由于族际和族系间的通婚，以及山外汉壮人的进入，村落中以同姓为主，也居住了不少别姓的人。今天的六巷村是一个拥有51户人家，196人的自然村，其中男性100人，女性96人。统计显示，其中花篮瑶149人（占76%），汉族30人（占15.3%），坳瑶7人（占3.6%），壮族4人（占2%），盘瑶4人（占2%），山子瑶2人（占1%）。

第一节 花篮瑶婚姻的变迁

生活在大山中的六巷花篮瑶，自古以来，就形成了一套与其独特的自然环境及生产环境相适应的婚姻家庭和社会结构的制度体系。“长毛瑶”族内婚制、人口限制的习俗、“一脉单传”的继嗣制度以及古老的石牌制度等，无不体现了花篮瑶人的智慧和对自然的适应。正是这些文化制度的存在，花篮瑶社会才能在恶劣的环境中得以生存和繁衍下来。

费孝通先生认为，由于社会需要维护结构的完整以完成其维持群体的生存作用，必须解决内部成员的新陈代谢的问题，而规定产生、抚育新成员的办法，便形成了“生育制度”。而婚姻和家庭则是生育制度中最主要的内容。

家庭主要是基于婚姻关系、血缘关系和收养关系而形成的人们的生活共同体，这些关系都由法律和风俗习惯加以规定。其基本关系是通过婚姻关系而形成的夫妇关系，以及存在于双亲和其子女之间的关系，即夫妇关系和亲子关系。费孝通先生将这种“父、母、子”的关系称为家庭中的“三角”关系。

婚姻是家庭的起点和基础，是维系家庭的第一条纽带。费孝通认为婚姻是社会为孩子们确定父母的手段，男女相约共同担负抚育他们所生孩子的责任就是婚姻，在社会的公认之下，约定了永久共处的方式来共同担负抚育子女的责任。

花篮瑶社会重视种族的绵续、“香火”的传递，婚姻和家庭是他们种族绵续中的重要内容。因此，家庭是花篮瑶社会最基本的社会组织，在种族绵续的同时，它也承担着经济、社会整合、教化等重要功能。

一、通婚范围的扩大

关于瑶族的通婚范围，有一个“律条”是必须提及的，这就是禁止汉瑶族通婚的“平王律条”，该律条规定：“准令汉民不许取瑶女为妻，棉不许与百姓为婚，盘王之女，嫁国汉为妻者□□□□□倘若不遵律令，处备蚊子作酢三瓮，开通铜钱三百贯，无节竹三百枝，狗出角作梳三百付，老糠纺索三百丈，枯木作船一只，宽八尺，厚十二寸，深长十二丈。若有百姓成亲者，无此六件，定言入官究治，依律除之，山田拨归王瑶。准令施行。”[①] 该“律条”所规定的处罚措施：蚊子酢、开通钱、无节竹、狗角梳、老糠索、枯木船等都是事实上办不到或世界上所没有的事物，以此作罚，可见其对瑶人与汉壮通婚的严格限制。换言之，瑶人是永不许和汉、壮人通婚的。此外，在瑶族《过山榜》和《金秀大瑶山全瑶石牌律法》（又称为《三十六瑶石牌法律》）中也有相似的规定，后者有这样的记载：“谁家生姑娘，不许嫁到大地方（指汉、壮地区）。我们是鸡嫁鸡，他们是鸭嫁鸭，自古鸡不拢鸭，自古狼不与狗睡。把女嫁出山，犯十二条，犯十三款。”

以上史料都表明瑶族自古以来都严厉禁止瑶人与汉人、壮人通婚。但是一些学者的调查也表明某些瑶族支系与汉壮的通婚是存在的。例如，1934—1939 年间曾在大瑶山从事田野工作的学

① 黄钰辑注：《皇券牒集编》，广西人民出版社，1990 年，第 244 页。

者唐兆民认为，除了某些“长毛瑶”或“过山瑶”集团仍较少与汉、壮通婚外，占人口多数的“板瑶”（盘瑶）实际上与汉、壮的通婚已经非常普遍。此外，梁茂春在北京大学攻读社会学博士学位期间，曾于2002年在金秀瑶族自治县作了关于县内族际通婚的调查，根据各种地方文献、相关学者的研究及他本人的调查认为，在民国时期，瑶族各族系对汉瑶禁婚的实际把握宽严不一，具体说来，茶山瑶在执行有关汉瑶、壮瑶不得通婚的规定时较为严格，而其他族系则相对宽松。同时他也认为这种“鸭不配鸡”的通婚禁忌更主要地还是发生在瑶族内部，也就是说，通婚的壁垒也存在于瑶族的“山主”与“山丁”之间。

笔者根据相关文献的记载，以及2005年8月和2006年1至2月在花篮瑶调查的情况来看，认为花篮瑶作为大瑶山的“山主”，在解放前“鸭不配鸡”的通婚禁忌既存在于花篮瑶和壮汉之间，也存在于“山主”和“山丁”之间。因此，事实上传统花篮瑶社会的婚姻制度是一种“长毛瑶”（即山主）的族内婚制。首先，对于花篮瑶和汉壮之间的通婚，从理论上讲，自古就有“过山榜”和石牌制度等的严格限制，而访谈中的花篮瑶老人也告诉我们解放前瑶族和汉壮的族际通婚是严格禁止、未曾出现过的。调查中，笔者没有发现在解放前的历史上曾有过花篮瑶与汉壮人通婚的事情。而且，六巷村里两户汉族家庭尤其引起了笔者的注意。他们分别是韦姓家庭和吴姓家庭，两家的父辈都是在二三十年代，为逃兵役或饥荒而从汉族地区拖家带口地进入瑶山六巷。当时与“山丁”阶层一样，他们靠给花篮瑶人“打工”生活，帮他们开地、种地来换取生活来源。时至今日，他们已经有四五代人生活在这里，由于没有花篮瑶传统的生育限制的习俗，这两户家庭已经发展成为当地势力较大的家族，分立为若干个小家庭。然而，就两户家庭解放前结婚的两代人来说，虽然与外界封闭、不易接触，但是两个家庭中并没有就近与花篮瑶人结婚的，而是都与外边的汉族和壮族通婚。据他们自己说是因为解放前花篮瑶不与汉人和隶属于佃户阶层的“过山瑶”通婚。其次，对于解放前花篮瑶和其他瑶族族系的通婚来说，“山主”之间的族系外通婚并不禁止，但是与“山丁”——盘瑶和山子瑶之间的通婚却不允许。在地方历史文献、前人研究成果以及笔者访谈调查所得的有关资料中，都未能找到两者通婚的事例。“长毛瑶”和“过山瑶”之间经济和政治上的不平等是他们之间不通婚的主要原因。据花篮瑶老人讲：“过去，我们（花篮瑶和坳瑶）是山主，田、山场和河流都是我们的，盘瑶和山子瑶没有田地，靠租种我们的地生活，如果与他们通婚，田地就得分给他们，会减少我们的田地，所以与他们通婚是世代都不行的。”这样看来，不与“过山瑶”通婚也是“长毛瑶”保护他们田产不外流、巩固族系之间地位差别的一种手段。

瑶族这种“鸡不拢鸭”的通婚壁垒在建国后随着土地改革的完成而逐步被打破。1949 年底，广西全境解放，剿匪过后，1952 年 5 月广西大瑶山瑶族自治县成立，被纳入中央行政体系下的大瑶山瑶族结束了“化外之民”的封闭时代，成为了中华人民共和国大家庭中的一员。1954 年土地改革完成后，废除了封建剥削的土地所有制，大多数农民成了土地的主人，自古以来横梗于山主和山丁之间不可逾越的鸿沟终究被填补，族际间和族系间通婚的禁忌在这时也不攻自破。

然而，正如美国社会学家奥格本的“文化堕距”理论所说：物质文化的变迁总是先于并引进精神文化的变迁。制度变革了，土地平均分配了，但数千年来遗留下来的风俗和人们的思想观念却难以改变。此外，20 世纪 50 年代到 70 年代末的计划经济体制束缚了人们的思想，获得了政治解放的瑶族人民在经济、文化、生活上依然被束缚在封闭的大山里。因此，这一时期花篮瑶与汉壮以及“过山瑶”通婚的情况也极为特殊。就六巷村的情况来看，首先，与汉族通婚的情况也仅仅限于与民国时期就来到六巷的两个家族的后代的通婚，且汉族都作为婚姻的被动方（即嫁方）进入花篮瑶家庭。在经过两三代人的长期定居后，这些汉人已经与当地人融合。其次，该村花篮瑶与“过山瑶”的通婚有两例，但都是在第二次婚姻中娶“过山瑶”的妇女为妻。除此之外，一直到20世纪80年代改革开放之前，花篮瑶还是在奉行着“长毛瑶”族内婚的习惯。

改革开放以来，市场经济和农村家庭联产承包责任制的实行，从根本上转变了过去僵化的体制，生产力得到了解放，农民的生产积极性有了提高。在市场经济的推动下各民族、各族系之间的交流和融合更加频繁，文化多元性、婚姻多样性也在这一时期应运而生。20世纪80年代以后，六巷村内花篮瑶与“长毛瑶”的通婚有明显的下降趋势；相反，与汉壮及“过山瑶”之间的通婚却有明显增长的趋势。据不完全统计显示，目前六巷村内，20世纪80年代以后结婚的有31人，其中有17人与汉壮族及“过山瑶”通婚，另外14人与“长毛瑶”通婚。此外，很多即将进入适婚年龄的年轻人都表示未来伴侣的民族身份对他们来说并不重要。至此，花篮瑶世代延续的“长毛瑶”族内婚的传统终被打破。

除去有“长毛瑶”族内婚的传统外，花篮瑶还有亲属外婚的习俗。据老人们介绍，同时费孝通先生的《花篮瑶社会组织》一书中也有记载：历史上花篮瑶曾有同姓不婚的习俗，但是后来由于迁徙到大山中，各村的距离很远，婚姻不便，所以传说曾出现过18年内没有婚嫁的事，由此将通婚范围扩大，只规定亲属之间不得通婚。最早有规定九代之内不准通婚的，由于通婚还是不便，后来又改至七代、又到五代。现在花篮瑶的亲属外婚规定：同祖的世代不得通婚，姻亲五代之内不得通婚。“同祖”这一概念将会在后面的社会组织中具体解释。这种亲属外通婚的习俗从遗传学角度讲有利于“优生优育”，这也解答了笔者的一个疑惑：为什么在大瑶山狭小的通婚范围内，花篮瑶社会中却少有智商不全或身体残疾的人？

二、婚姻的缔结

传统上，花篮瑶比较盛行早婚，由父母作主，当儿女长到十一二岁时，父母就要替儿女选择配偶，一经选中，就请媒人说合。因此大多数婚姻是通过“父母之命，媒妁之约”来达成。但是与汉族情况不同的是：首先，由于自古以来实行“长毛瑶”族内婚的传统，且在封闭的山区内，与花篮瑶通婚的“长毛瑶”内部贫富分化不明显等原因，门当户对的观念在花篮瑶人的思想中并不突显。其次，虽然父母总是主动地为子女选择配偶，也有“包办”婚姻的存在，但是相对来说，花篮瑶的婚姻还是比较自由。在父母作主的婚姻中，如果子女不愿意或者他们在定亲后又遇到了喜欢的人，要求退婚时，父母通常是听从的。除“父母之命”外，传统婚姻的缔结也有“指腹为婚”和订“娃娃亲”等形式。

他们自由恋爱的婚姻通常是利用集体劳动、节日、集会、红白喜事及农闲走亲串寨的机会，寻找对象，以定婚姻。以歌为媒，通过对歌来物色对象是花篮瑶婚姻的特色。每逢节日喜庆和劳动过后，未婚男女青年都喜欢聚集在一起，通过对歌谈情说爱；或在每年的集体春插和迎神赛会时以歌入手，相互认识。

传统花篮瑶通过亲属介绍和集体活动时相互认识的婚姻缔结，更多地体现了传统婚姻的缔结以血缘和地缘关系为基础的特征。建国后，特别是改革开放以来，随着经济、文化的发展以及与外界交流增多，花篮瑶婚姻的缔结渐渐表现出向业缘关系的过度和转变。当代婚姻的缔结情况有以下几种：

第一，嫁到外地或在外安家。20 世纪 80 年代末以来，年轻

2006 年春节的六巷街头，人们纷纷穿上传统的民族服装

人外出打工、上学的人渐渐出现，并有所增加。这样，适应了外界生活的年轻人很多都不愿回到山里，或外嫁或安家于外地。这些人的主要去向是广东、湖南及广西本区的一些城市及金秀县内的城镇。

第二，与在本地做生意的外地人的联姻。20 世纪 80 年代以来，到六巷做生意的外地人逐年增多，村里人与外地人接触的机会随之增多，因此与这些来六巷做生意的人通婚也呈上升趋势。这一类型的联姻主要集中在与六巷商业往来较为密切的县、乡、村的汉族、壮族或少数盘瑶族的人的通婚，包括附近的象州县中平镇、桐木镇、大樟乡、平南县、罗乡以及本乡青山村的人等。

第三，还有一部分人，他们通过来六巷读书、赶集、串亲戚、参加婚礼或其他节日活动等途径，与这里的花篮瑶认识、恋爱、结婚。这一类主要是与本乡内同支系或其他支系的通婚。如：门头、古浦、大凳、王桑等同属于花篮瑶支系的几个村子，还有附近的古陈、架梯、十架、帮家等村。

此外，亲属介绍或父母张罗的婚姻正在减少。这大多发生在已到结婚年龄（国家法律规定男孩22岁，女孩20岁）却还未有男女朋友的年轻人身上。这样的情况比较少是因为自古花篮瑶恋爱和婚姻都比较自由，而且比较早，因此，大多数年轻人未满结婚年龄就已经恋爱几年了。

花篮瑶的婚姻形式有男娶女嫁，也有男嫁女娶。

男娶女嫁，即从夫居，大体说来跟中国汉族传统的婚姻相似。婚后住男方家，女方家庭不办酒席，只准备些嫁妆，婚礼和酒席完全由男方家操办。所生子女都随父姓，将来只顶父系家族这一门。这种婚姻形式在花篮瑶是比较普遍的，一般有男孩的家庭都采用这一形式。

但是，由于生产、生活环境的限制，花篮瑶社会自古就实行着一种与自然相适应的“人口限制”的习俗。即每个家庭只生两个孩子，一个留在家中继承香火，一个则嫁出去。理想的情况是每家都有一个男孩，一个女孩，男孩娶媳妇进门，女孩嫁出去。但是，生育即为生理之事，非人为所能控制。因此，对于一个生养都是男孩或都是女孩的家庭来说，男娶女嫁的婚姻形式就受到了限制，因此，只得依靠其他婚姻形式来弥补。母系社会女娶男嫁的婚姻形式，即“入赘婚”恰好满足了人们的这一需要。笔者在六巷村随机抽取了50位已婚妇女进行问卷调查，问卷显示该50户家庭的婚姻形式情况如下：从夫居33户，占66%；从妻居11户，占22%；两边走4户，占8%；自立家门2户，占4%。

入赘婚的形式在花篮瑶社会大致有两种：一为“卖断婚”，二为“两边走”。

“卖断婚”即“从妻居”。它是一种与男娶女嫁完全相反的婚姻形式，女方为婚姻的主动方，婚礼和酒席由女方家操办，婚后在女方家生活，妻子是一家之主，有很大的权力。过去这种婚姻形式下，男方要改为妻家姓。现在，不要求男方改姓，但是所生子女必须随母姓，将来继承母系家族的香火。

“两边走”，即人类学中的“两可居”。这种婚姻形式要求男女都要参加双方家庭的生产和生活。婚礼由双方合办，或者女方家庭富裕时就由女方来办。婚后在双方家庭中轮流居住，居住时间基本均等，所生孩子要一个随父姓一个随母姓。男女双方在家中地位平等，财产为夫妻共有。这种形式的婚姻适合于双方家庭中一家只有一个男孩，另一家只有一个女孩，或者有两个女孩而另一个已经出嫁了的，这一对男女在结婚之后，两系就暂时合并了。到下一代孩子时再分为两系，一个顶父系，一个顶母系。

至今为止，花篮瑶的婚姻形式并未发生很大的变化，从夫居、从妻居和两可居的婚姻形式都存在。但是由于土地制度的改变和外来文化等的影响，某些形式下的婚姻内容发生了很大的变化。举个例子来说，笔者调查期间的房东家就属“卖断婚”：

房东家夫妻二人于1980年结婚，男方LZS由于家里兄弟姐妹多（五人），便由本村上门到女方LQ家中，婚后从妻居，所生孩子继承母系家庭。大概在他们婚姻的前十年里，家里事情是由妻子作主的，男方权力相对较少。但是随着与外界交流的增加，以及受到汉文化的影响，他们二人在家中的地位渐渐发生了变化，家中生产、经营及子女教育等作主的权力慢慢的都转移到男方手中。

至于是在什么时候、怎么发生的这种权利的转变？他们自己也说不明白。LQ回答说：“我不喜欢当家，因为要操心很多事，就让他来管事。”可见，文化的影响、观念上的改变是潜移默化、不知不觉发生的。在与外界频繁交流的过程中、在现代传媒手段——电视的广泛普及下，它们时时刻刻都在改变着人们的观念。传统花篮瑶婚姻中强调夫妻关系中的作主权，是由于当时婚姻的缔结和结束程序相对简单，离婚率高，婚姻的不稳定性大，因此双方要强调这种“作主权”以示土地及财产所有权。但是，现在法律规定夫妻离婚财产平分，而且由于离婚手续繁杂，婚姻稳定性相对较大，因此，家庭里谁来当家亦无需强调，何况“当家”事多、操心多，交出去何乐而不为呢?

三、结婚仪式的简单化和多样化

传统的花篮瑶婚姻大致经过问亲、订婚、结婚、办大酒四个阶段。旧时婚姻大多由父母做主。待孩子成年后，父母就会为孩子选择配偶。如果选中，就要请媒人上门提亲。媒人将娶方交给的订婚信物，通常包括铜钱一百文、瑶衣一套、银饰一件（手镯或项圈），带到嫁方家说亲。嫁方如果同意，就收下礼物，双方就此订婚。从此以后逢年过节，娶方家长要送礼物给嫁方，嫁方家长则需带着这个订婚的儿女到娶方家里吃一餐，借以表明双方的关系。婚约可以解除，提出解除婚约的一方只需给另一方赔偿即可。

结婚要选择吉日，结婚前一天，娶方请媒人和一个族亲（当地人称为“挑担者”，即挑彩礼的人）去接亲，二人挑着彩礼，通常是十二斤米、十二斤酒、十二斤酢肉（也有的是米、酒、酢肉各八斤）。嫁方收下彩礼，招待接亲者吃一餐饭后，就将新人接回到娶方家里。娶来的新人须在天亮之前进屋，进屋时娶方的父母要回避。进入厅堂后要有一些简单的仪式：即一位师傅在祖宗牌位前向祖宗介绍新人的到来，让祖宗来认亲。两位新人要在厅堂内共坐一条长凳，共喝一杯师傅给的酒之后，仪式就此结束。天亮之后，娶方请媒人和一些较近的亲戚吃一餐饭，介绍新人给亲戚认识，这样结婚“小酒”就结束了。

第一个孩子出生满月的日子，娶方家长就要举行“大酒”

（结婚酒和满月酒同时办），宴请宾客。“大酒”通常要办三天三夜（头尾三天），第一天下午外家和主家亲戚都陆续到来，晚上举行结婚酒的宴席，第二天上午举行满月酒的宴席，入席前要请老人们为孩子安名。同时，由于花篮瑶重视亲戚间祖祖辈辈不断的联系和人情的交往，这样的宴席正给了他们谈论亲戚联系的机会，以酒以肉为媒传达他们所希望的保持亲戚联系世代不断的愿望。因此，酒席通常是三天两夜不间断的。来吃酒席的外家亲戚，即嫁方的亲戚，通常包括新媳妇或新姑爷的家长、兄弟姐妹以及其他三代以内的直系亲属。一般坐两桌或四桌，视人数而定，但通常都是双数桌。尤其是新人的兄弟——“舅姥爷”，是贵宾，来吃酒的人都要听舅姥爷的。主家要以花篮瑶最隆重的礼节——簸箕肉（大块的煮熟的猪肉和猪内脏堆成小山状放在簸箕里），来招待他们，外家亲戚的桌上都摆有簸箕肉以示他们的尊贵，每桌要有1－2个能说会唱的、能喝酒的主家亲戚来专门作陪。吃饭前，舅姥爷要先发言，要从盘古开天辟地、伏羲兄妹造人造物开始讲起，讲花篮瑶祖先迁徙的历史，再讲到自家传承的历史（哪代哪个公配哪个婆，哪代哪个留在家，哪个嫁出去，一直要讲到新娘本人为止）。这一仪式通常要持续很久，但是现在由于大多数年轻人已经不会讲这些，因此这一仪式正在渐渐消失。

由于经济贫困，村民的生活较为简单、粗糙，过去的花篮瑶酒席比较单一，每桌上就只有“簸箕肉”和一些煮熟的青菜。“簸箕肉”的做法是：将猪肉和猪内脏切成大方块，放到锅里加水煮，再加入盐、八角、香料等，煮熟后就找容器来，一块一块的将其摆放成小山状，端到席桌上。盛肉的容器是有讲究的，外家亲戚是尊贵的客人，他们桌上的肉要用“簸箕”来装，“簸箕肉”由此而得名，成为花篮瑶人招待尊贵客人的一项礼俗。外家亲戚的桌上要有差不多25－30斤的肉。而主家的亲戚，他们桌上的肉是用芭蕉叶来装的，每桌上的肉和内脏也比较少，只有七八斤。与过去的酒席相比，现在的花篮瑶传统婚礼中，饭菜丰富了很多，上桌的有“十四大碗”，包括：四碗扣肉、鸡、鸭、鱼、炒排骨、叉烧肉、牛肉、炒杂菜（木耳、白菜梗和肉片一起炒）、瘦肉煮青菜、腌制的酸菜和一个汤（猪脚、莲藕、萝卜汤）。如果花篮瑶之间的通婚，外家亲戚的桌上还是要有“簸箕肉”。

簸箕肉——花篮瑶最高待客礼仪

到第三天上午，早饭过后，婚宴接近尾声，亲戚朋友各自返回，主家的亲戚或村里人要敲锣打鼓将外家人送到村口或村外更远的地方。这样大酒也结束了。

现在的花篮瑶婚姻，婚礼习俗发生了很大的变化，很少有按传统礼俗举行婚礼的。主要原因一是通婚范围扩大，各民族、各支系之间婚礼习俗区别很大，因此在同其他民族或支系的婚姻中，婚礼习俗也有相应的变化；二是随着民族融合、社会发展和进步，花篮瑶的婚育、家庭观念也发生了巨大的变化。正如费孝通所说，在中国乡土社会中，家庭中稳定的三角关系是在孩子出生后才开始形成的，没有孩子的夫妻关系是不稳定的，“是不宜向社会宣布的”，因此花篮瑶婚姻中最重要的一节仪式，向社会公布婚约的“结婚酒”，一直要到请“满月酒”时才要举行。但是，受现代外来文化的影响，许多年轻人在结婚之后不想很快要孩子，用较为流行的话来说是想多过几年“二人世界”的生活，因此，他们大多都是结婚酒和满月酒分开办。此外，随着市场经济的发展，经济观念深入人心，简单实用越来越成为人们结婚办酒的原则，因此，现代的婚礼也简单了很多。

四、离婚和再婚

在较为自由的婚姻制度下，传统花篮瑶的离婚和再婚现象较为普遍，离婚者或再婚者也不会受到歧视。在花篮瑶社会离婚的原因主要是娶来的媳妇或上门的姑爷不能尽责劳动；其次是感情不和，而有另婚的企图；妇女不能生育也常常会成为离婚的原因。与汉族社会不同的是，不守贞操并不常成为离婚的原因。

六巷村 196 人中，有过离婚行为的人有 24 人，其中 60 岁以上的 13 人，50—59 岁之间的 4 人，40—49 岁之间的 3 人，20—39 岁之间的 4 人。上年纪的老人中，有过三次以上婚姻的人也不少，听村里人讲，一位几年前刚过世的七旬老妇人曾经有过七次婚姻。从上面的一组数据可以清楚地看出现今花篮瑶的离婚率比过去有明显的下降，婚姻更趋向于稳定。分析其原因，造成过去花篮瑶离婚率较高的主要原因是：首先，解放前田地和财产私有制下，离婚不牵涉财产所有权问题，这是造成他们可以自由离婚的最主要的原因。在山区农耕社会中，田地是瑶民们最重要的财产。花篮瑶社会中婚姻的娶入方通常是拥有田产的一方，而嫁出方则往往不继承过去家庭的任何田产，“空手”来到新家庭。

因此，一旦婚姻走向灭亡，嫁出方不带走任何田产离开该家庭，主动离婚方只需给对方为数甚少的金钱补偿就可以。这样的土地制度确实为他们的离婚提供了方便。其次，自古以来较为开放的两性关系及婚姻自由制度。费孝通在《花篮瑶社会组织》一书中，也指出花篮瑶并没有“处女”的观念，“在婚前和未婚对象以外的人发生性关系并不视作‘奸、淫’……”①。而且“花篮瑶存在着一种‘半公开’的情人制度，……情人制度和婚姻制度在实际生活上是同样重要的，两者有时平行，有时交叉，构成花篮瑶两性生活的特具形态。”② 这样的制度下，结婚、离婚不需要办手续，步骤较为简单，提出离婚的一方给对方补偿之后就可以分开，如有合适的再婚对象也不用大操大办，双方住到一起即可。再次，经济贫困是造成旧时花篮瑶离婚率较高的一个重要原因。过去，居住在大山深处的花篮瑶生活是十分艰辛的，依靠狩猎采集、简单粗放的耕作技术维生，不靠辛勤的劳动很难维持全家人的生活。在这种条件下，因为不辛勤劳动、家庭生活太过艰辛等原因离婚的人时有出现。六巷村早年有几个妇女就是因为家里生活太过贫困，就跑到山外去谋求新的生活。

相应地，可以理解解放后花篮瑶离婚率逐渐下降的原因：第一，经济发展，村民们温饱问题得到解决，生活逐渐富裕，导致过去花篮瑶离婚的主要原因已经基本解决；第二，建国后，实行土地改革，将土地归为国家或集体所有，农民按人头承包土地，土地不再为私人所有。因此，在离婚问题上就会出现家庭土地财产的分化。此外，《婚姻法》保障了夫妻双方的权益，使得结婚、离婚程序变得繁杂，不像过去那么自由。第三，受外来文化，尤其是汉文化的影响，花篮瑶在两性关系、家庭婚育等观念上都发

① 费孝通、王同惠：《花篮瑶社会组织》，江苏人民出版社，1988年，第5页。
② 费孝通、王同惠：《花篮瑶社会组织》，江苏人民出版社，1988年，第6页。

生了很大的变化。情人制度由半公开变得隐蔽或者很少见，离婚也被认为是不光彩的事。

再婚，包括离异再婚和丧偶再婚，在花篮瑶亦是不受约束的。男女均可再嫁或再娶，但有了孩子的寡妇或鳏夫再嫁或另自上门，不能带走子女，所有财产都留原家。如寡妇或鳏夫不愿离家，可以招人入门为夫或另娶一女为妻，这样一家中两代亲属就没有血缘关系了。若寡妇将儿女带走另嫁时，待儿女长大后仍送回前夫的家。有些寡妇、鳏夫如果不愿意再嫁娶，则可以另外找一鳏夫或寡妇来往，一起"搭伴"生活。在调查中，笔者遇到了这样"搭伴"生活的一对老人：

LMH，女，1938年生；LCS，男，1928年生。

LMH老人一生有过三次婚姻，与四个男人生活过。第一次婚姻是与本村来上门的LYS的婚姻。结婚三年，由于没有孩子而离婚。两年之后，再招第二郎——门头村的HZG，生活五年，也是由于没有孩子离婚。一年之后，LMH嫁给了在六巷工作的大凳村的花篮瑶——XZQ。XZQ在六巷工作六年，与LMH的婚姻是他的第二次婚姻，他与前妻有一个儿子、一个女儿。在结束六巷的工作回大凳时，LMH与XZQ便离婚。原因是：因为两人都是家中的老大，都要留在自己家里传承家业，相持不下，便在亲戚面前说清楚之后离婚。之后，XZQ又在六巷娶了第三个妻子回大凳。而LMH在第三次离婚后就没有再婚。1958年，粮食紧张时期，她与同样离过婚的LCS搭伴生活。有意思的是，LCS是LMH第一任丈夫——LYS的哥哥。如今两位老人已经搭伴生活近五十年。他们在户头上不是一家人，都各有孩子为他们养老（LMH不能生育，后认了一个女儿来养老）。平时各干各家活，各吃各家粮。各自带着粮食，吃住在一起。这样一来，倒也省去了不少繁杂的工作，既保证了两个家族的延续，又不会因为财产的分合引发矛盾。

五、婚姻观念的变化

花篮瑶婚姻观念的变化主要表现在经济因素在婚姻中的作用加强；两性关系趋于保守；离婚率降低，离婚被认为是不光彩的事。

首先，经济因素在婚姻中的作用加强。过去花篮瑶的婚姻虽然也是以经济为基础，田地多、家产多的一般为娶入方，而家庭贫穷的通常只娶一个或一个都不娶，全都嫁出去。再穷他们都不会在婚姻中谈金钱交易，因为花篮瑶认为谈钱是卖儿卖女，是不光彩的事。而现在的婚姻中经济因素发挥着重要作用。除了要考虑结婚对方家庭条件以外，现金做彩礼已经是这里比较普遍的现象。彩礼钱也越来越多，从1000元到5000元不等。如果说过去“山主瑶”和“山丁”不通婚是以经济作为基础的阶级差别割断了他们通婚的链条，这种婚姻背后的经济关系是隐藏于阶级差别之后的；那么，在现今的婚姻中，经济因素已经拨开了隐藏于其表面的一些其他因素，已经名正言顺地成为结婚的一项重要条件了。

其次，两性关系趋于保守。上文中已经提到传统花篮瑶社会中的“半公开”的情人制度以及未婚男女性关系的自由，这些观念在现代《婚姻法》的推行和现行教育体制下，加之汉文化的影响，已经逐渐发生改变。“半公开”的情人制度已经减少，或隐藏起来，夫妻间的相互忠诚观念也进入人心。未婚男女自由的性关系在接受现代教育的年轻人心目中已经变为一件羞耻的事情。

第三，离婚率降低，离婚也被认为是不光彩的。举个例子来说，在六巷作调查期间，上了年纪的人离婚率高，她们在谈自己多次的离婚经历时，像是在将别人的故事，很自然的讲给我们听。但越是年轻的人，他们都不愿意讲，也羞于讲。有些人甚至极力地隐藏自己离婚的经历。

第二节　花篮瑶家庭的变迁

家庭是花篮瑶最基本的社会组织。家庭是指因婚姻、血缘关系所产生的一定范围的亲属所组成的生活单位，是以婚姻和血缘为纽带的社会生活组织形式。

一、家庭的规模和结构

由于生存环境的限制，花篮瑶自古以来就实行着与自然相适应的“计划生育”习俗以及“一脉单传”的继嗣传统。通常每家每代只留一对夫妇，每对夫妇只生两个孩子，一个留在家中继承香火，一个则嫁出去。这既是为了实现人与生态、自然的平衡，同时也是为了保持人与人之间的平衡。一方面，生活在大山里，田和土地都是有限的，实行“一脉单传”的继嗣制度，不会使各家的田产越分越小，同时也不会因为不断开垦而破坏自然，这样就实现了人与自然的平衡；另一方面，在花篮瑶的观念中，每个家庭娶回一个继承香火的人时，也有义务嫁出一个去继承别人家的香火，这样家家都有进来的和出去的，就可以维持社区或社会人与人之间的平衡。因此，这就决定了花篮瑶的家庭规模一般都比较小，家庭结构也不复杂。即使有四代、五代同堂的家庭也不会出现像汉族大家庭那么复杂的情况。

从历史上来看，花篮瑶是大瑶山瑶族五个支系中人口增长最缓慢的族系，一度曾出现过负增长的情况。据老人们的回忆和资料的记载，1957 年之前，由于人口控制，再加上恶劣的自然环境、历代战乱、医药卫生知识缺乏、各种疾病流行等原因，花篮瑶人口消减甚多。六巷乡过去曾有的七个自然村也不复存在，村民大量死亡，也有迁往他地的。六巷村原有 60 户人家（约 100

年前），到 1957 年，该村人数仅为 33 户，减少了 27 户，减少 45%，六巷乡的其他花篮瑶村落户数也有减少。①

新中国成立后，由于社会稳定、经济发展、医疗卫生改善等原因，花篮瑶人口得到发展，从 1957 年全县共 822 人到 1982 年全县花篮瑶人口数 1877 人，增长率为 128.35%。虽然人口数有所增加，但是家庭规模仍然不大。目前，六巷全村 51 户人家，共 196 人，平均每户为 3.84 人。

从家庭结构来看，花篮瑶社会中，主干家庭占多数，扩大家庭和核心家庭都比较少。这也是由花篮瑶的“计划生育”习俗和“娶一嫁一”的传统决定的。各家“娶一嫁一”就不能形成扩大家庭；由于家中只留一个孩子，因此，一般老人和孩子不分家，组成主干家庭，因之核心家庭的存在也就很少。当孩子在刚成家之时，家里事情通常还是由老人来作主，老人带着年轻的孩子们一起生活，教他们如何经营一个家庭，如何抚育、教育孩子，如何做一年的生产、生活计划等等。等到年轻的夫妇成熟之后，老人就将一生的重担卸下，将家庭的管理交由孩子们来接手，自己则在干活之余享享清福。

虽说花篮瑶社会从整体上来说贫富差距相对较小，但并不是绝对平均。也有一些田产相对较多的家庭，或者是在改革开放后慢慢富裕起来的家庭。在这样的家庭中，如果孩子愿意，都可以留在家中娶媳妇或招姑爷。在这类家庭中就会有一段时间的扩大家庭的存在。一般第一个孩子结婚生子后不分家，等到第二个孩子结婚生子，并且孩子长大一些后，老人认为他们可以独立经营自己的家庭后才分家。分家时，有两位以上老人的家庭，一般根据情况各家分别赡养老人。如果只有一位老人，则由老人自己决

① 广西壮族自治区编辑组：《广西瑶族社会历史调查》（第一册），广西民族出版社，1984 年，第 296 页。

定在谁家养老。

二、家庭功能分析

同中国传统的农村经济一样，花篮瑶的基本经济组织形式也是一家一户分散生产的小农经济，“家”是基本生产和生活单位，家庭的主要功能是组织生产。除此之外，家庭还具有生育功能、赡养功能、消费功能、教育和抚育功能及精神生活的功能。

虽然今天的花篮瑶家庭不像过去那样几乎可以解决一切人生事务，但是，家庭依然是社区中最基本的组织单位，它在不同程度上仍旧承担着经济、生育、抚育、赡养及感情支持等功能。

1. 经济功能

自古以来作为生产和消费的基本单位的花篮瑶家庭，经济功能一直居第一位。物质资料的生产和再生产以及消费都是在家庭进行。但是在人民公社时期，同中国其他民族和农村地区一样，花篮瑶家庭作为生活的基本单位受到了很大冲击，“大集体”和“平均主义大锅饭”使得家庭的生产功能几乎消失殆尽。

但是改革开放以来的家庭联产承包责任制，恢复且推动了家庭生产功能的发展。掌握了生产自主权的农民，大大提高了积极性，在党和政府的引导下，六巷结束了农业自给自足的自然经济时代，调整产业结构，改变了过去以粮食生产为唯一目标的单一生产结构，因地制宜，在种植水稻、玉米等粮食作物来满足村民基本生活需求的同时，引进和推广了八角、生姜、油茶、茶叶和杉树等经济作物。家庭的生产功能也从单纯的农业生产向农、林、副业生产并举发展，在改变传统农业经营方式的同时也大大增加了村民的收入。

如今，八角、生姜、茶叶、杉树等经济作物已经成为农民现金收入的主要来源。现代化的电视、电话、手机、电磁炉等高档消费品进入了普通老百姓的家庭。同时，经济的增长也带动了商业的发展，一些村民抓住机会，避开外地老板的收购，自己在村民手中收购八角、生姜、木材等，向各地发售，做起了“商人”。

现在花篮瑶夫妇下地干活时，除携带传统的干粮袋、砍刀外，腰里多了现代化的通讯工具——手机

农、林、副业并举发展的花篮瑶家庭经济，在生产上与过去有了很大的不同。由于农作物品种的改良和农业技术的提高以及商业和地方建设的发展，农民们改变了年复一年、“日出而作，日落而归”的纯农耕生活，出现了村民所说的“农忙闲、农闲忙”的情况。农忙之所以闲是因为农业技术提高了，农作物的品种改良了，这样一方面提高了粮食的产量，另一方面又节约了劳动力和劳动时间，过去需要一家人干几个月的活，现在一个人几天就可以干完。而农闲之所以忙则是因为农民们寻找副业赚“活钱”的机会增加了，每到收获的季节就有大批的外地老板来到六巷收购八角、生姜、茶叶、木材等。村民们为老板们捡八角、挖生姜、采茶叶或砍木材，或者为在乡里搞道路等基础设施建设的包工头打临工，类似这样的“散工”这几年也成为村民家庭中现金收入的另一主要来源。

2. 生育功能

生殖和抚育是花篮瑶家庭的又一重要功能。花篮瑶社会重视种族的绵续和“家”的传承，因此，孩子的生养在花篮瑶家庭中的作用是至关重要的。因不能生育而离婚的现象在花篮瑶社会比较常见，也合乎情理。费孝通在《花篮瑶社会组织》一书中也有记载：

> 夫妇生活正式的开始是在产生第一个孩子之后。在结婚到产生第一个孩子的这一个时期中，男女两造还是在“试婚”的状态之中。在这时期中若发生离婚的事，所需履行的手续，和解约相同，因为这时期中的夫妇关系和未婚夫妇的关系并没有发生重要的改变。……产生第一个孩子是夫妇关系确定的表示，所以在第一个孩子满月那天才举行盛大的结婚宴……①

从上面的叙述中可以看出，在传统花篮瑶社会，孩子的出生是被社会认可的婚姻家庭确立的重要标志。反过来，家庭也是花篮瑶唯一认同的生养单位，未婚生育或婚外情生育的孩子在花篮瑶社会要承受巨大的社会压力。

历史上，由于山区生产、生活环境的限制，花篮瑶社会有限制人口数量的习俗。但是由于医疗卫生条件差，又缺乏避孕知识，人口的限制是靠人工堕胎和杀婴的方法完成。“花篮瑶妇女十之八九都知道堕胎的方法，当发现初次月经停闭时，立刻吃药，所以对于妇女的健康并没有直接影响。不懂堕胎的妇女，他们称作‘笨老婆’。这种笨老婆要受怀孕和生产的痛苦，等孩子落地后采用绳子绞死，或用凳角砸死，或不喂奶饿死。”② 笔者在调查中访谈的一位老妇人，她在年轻时曾杀死四个婴孩。此外，解放前花篮瑶都采用传统的接生方式，即由老人来接生，因

① 费孝通、王同惠：《花篮瑶社会组织》，江苏人民出版社，1988 年，第 13 页。

② 费孝通、王同惠：《花篮瑶社会组织》，江苏人民出版社，1988 年，第 2 页。

此婴孩的死亡率也很高，故有“只见娘怀胎，不见儿走路”之言。

解放后，县卫生院和各区乡卫生所相继成立，配备了妇幼保健和助产人员。1957年县妇幼保健站成立，积极开展妇幼保健工作，分期分批培训农村新法接生员，推广新法接生，每个村公所均有新法接生员。到20世纪80年代末，全县新法接生率达92.66%。六巷花篮瑶村由于是乡政府所在地，乡医院就设在村里，因此，新法接生及妇幼保健知识普及率较高。近20年来，村民们基本上都到医院或请医生来家里接生，婴孩死亡率有了大幅度的下降。同时，80年代以来，计划生育工作也在逐渐展开。花篮瑶因为有人口限制的习俗，计生工作开展起来较为容易。在医院和计生站的配合下，乡里开展了大规模的节育宣传，村民们的避孕知识逐渐增加。在生育了两个或两个以上孩子的家庭中，经过宣传和教育，村民们大多做了结扎手术。这样20世纪80年代以来花篮瑶堕胎的现象越来越少，以杀婴、溺婴等残忍手段来限制人口数量的情况已消失不见。数据显示，在花篮瑶采取避孕措施的一般都是女人，做结扎的都是妇女，问其原因，她们回答说：“男的做这手术危险，他们干的活重，做手术对他们身体不好。”

花篮瑶社会在生育上与传统汉族社会最显著的差异在于：第一，与汉族“多子多福”的观念不同，花篮瑶社会有限制人口的习俗，这种与环境相适应、保持自然与人和谐生存的古老习俗，是花篮瑶引以为傲的智慧。他们骄傲的说：“我们的祖先很早就在实行计划生育，他们（政策）是从我们这里学来的。”这一习俗前边已有介绍，这里就不再赘述。第二，花篮瑶社会对孩子性别基本上没有偏好，这与汉族传统社会中强烈的男孩偏好形成鲜明对比。重男轻女、男孩偏好被认为是中国传统生育文化的核心。但是花篮瑶由于从妻居婚嫁模式的流行以及由此裙带的女孩在家庭养老、家庭生产和生活、传宗接代等方面发挥的重要作用，没有男孩偏好的传统，生男生女都一样。在调查中，老中青三代人的回答几乎都一致，认为“生两个孩子最好，男女都行，最理想的就是一个男孩一个女孩，不过也不论（不计较）的。”花篮瑶都赞同国家实行的计划生育政策，但是近年来随着瑶汉通婚率的增加，一些瑶汉通婚的家庭对于他们与“双少”家庭的不同政策待遇表示了不满，认为有些不公平。例如，生育政策规定，夫妻双方都是少数民族的家庭，可以要两个孩子；但如果夫妻双方一方是瑶族，一方是汉族，若第一胎是男孩就不准生第二胎，生第二胎要罚款，若第一胎是女孩就可以生第二胎。一位60多岁的大爷对此表现了不满：“这样规定是不对的，农民应该有两个孩子最好，不分男女，男女都一样，要两个孩子是最好的。孩子有个伴，不会孤单，家里劳动力足一些，以后父母养老负担也不会过重。”

3. 养育功能

“家庭是孩子成长的摇篮”，传统的花篮瑶家庭承担着孩子的抚育和教育功能，既要将子女抚养长大又要将他们培养成为合格的社会成员。

花篮瑶妇女在孩子还未满月时就参加劳动，从这一时期开始到孩子断奶之前，大概八九个月的时间，由于哺乳的需要，孩子一般是由母亲来带。母亲背着婴孩做家务、干农活，一直要到孩子可以脱离母乳、吃饭菜时才交给老人带。带小孩的老人，在花篮瑶家庭中一般是新生儿的曾祖父母或高祖父母，当然也有是身体健康欠佳的祖父母。自古花篮瑶社会盛行早婚早育且不分家，这样四五代同堂的家庭不少见。家大业大，需要的劳动力也多，只要是能干活的人就不会在家闲呆。用花篮瑶自己的话说“只有干到干不动的时候才会歇下来”。所以，这种隔三代或四代抚育的情况在花篮瑶中很常见。小孩长到五六岁就可以跟着大人们到

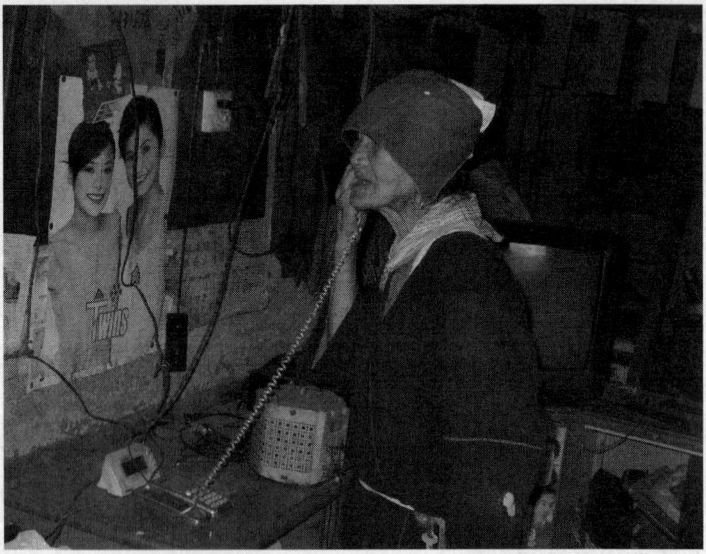

电话进瑶家——身着瑶装的老太太兴高采烈地
接听在外打工的曾孙女打来的电话

处去劳动，边玩边劳动边成长，在这种不被视为正式劳动的“耍着玩”过程中，孩子们同时学习谋生的技术。15 岁是儿童成年的时候，举行过成年礼仪后便进入了可以结婚生子的阶段。但是没有结婚的孩子，在家中还不被视作正式的劳动分子。结婚生子组成家庭的年轻夫妻，在最初的几年里，要在父母的带领下生活，学习如何经营一个家庭；如何计划和组织生产、操持家务、建立和维持人际交往等等。待到父母认为夫妻二人足以胜任管理和经营家庭的责任，家庭的“做主权”就自然地转交到他们手中。这一段时期通常有 10 年或更久的时间。

新中国成立后，国家提倡和普及学校教育，设立各种山区小学。六巷乡于 1953 年成立小学，1984 年改为九年一贯制学校，到 2004 年，为集中资金办学、提高教学质量，六巷乡撤掉中学，集中力量办小学。学校的成立，分担了大部分花篮瑶家庭的“教育”功能。从六七岁开始，孩子就在学校里度过他们的童年和少年时期。家长对孩子们的学习通常不会要求很严格，都抱着顺其自然、能学到什么程度就什么程度的态度。对于“是否希望孩子考出山外上大学”这样的问题，他们大多数人都回答“当然希望”。但是也有一些人认为“出不出去都无所谓，留在家里传宗接代也好，祖上留下来的田地总得有人种!”随着九年义务教育的普及，六巷乡大多数孩子都能上到初中。初中以后，由于经济条件和山区地理条件的限制，学生的辍学率开始很高。十六七岁不上学之后又进入了“耍着玩”的非正式劳动过程，这样过上几年就到了结婚生子的年龄，新的一代重复着同样的成长历程。

4. 赡养功能

花篮瑶家庭既承担着养育下一代的作用，也承担着反哺老一代的任务。调查显示，59%的花篮瑶认为“传宗接代”是生孩子的首要目的，28.2%认为“养儿防老”是首要目的，另有10.3%的人认为“传宗接代”和“养儿防老”都是自己生孩子的主要目的，选择“生孩子是天经地义”、“为增加劳动力”的人仅为 2.5%。可见，生育和赡养确是花篮瑶家庭两项基本的功能。

留在家里“娶媳进门”或“招郎入赘”的子女承担赡养老人的责任。富裕人家留在家中的子女多，则在分家时将老人分给各家赡养。例如，六巷村有两户这样的家庭：

家庭一：房东——LZS 家。

LZS 的妻子——LQ 家过去是有名的富裕家庭，家里田地和财产比较多，一家三代孩子都不外嫁，男的娶媳妇回来，女的招郎上门。LQ 和妹妹 LY 两人在 80 年代结婚，也是各自招郎上门。最初几年一家四代（包括祖母、父母、夫妻俩以及孩子）一起生活，家里事情由其父母作主。待到妹妹 LY 结婚生子，且孩子稍大一些后才分家。老大 LQ 一家住在祖上传下来的老房子里，成为该家庭传宗接代的正牌，LY 一家从家庭中分出。两家协商解决老人的赡养问题，两代三位老人，祖母和父亲、母亲，原则上是老人自愿去谁家都可以。最终考虑到小女儿 LY 的家庭刚成立不久，生活经验和生产经营等各方面的力量都相对薄弱一些，相对健壮的父母就跟小女儿一家生活，祖母跟大女儿生活。

家庭二：LQB 家

该户兄弟两人。20 世纪 80 年代以后，一家人由于善经营、勤劳肯干，家庭渐渐富裕起来。兄弟两人都是在 90 年代娶媳妇回家，经过一段时间的扩大家庭生活后分家，兄弟两人于 2002 年各自建起了村里少有的砖瓦房。分家时两位老人一家一个，分别在两家养老，认为"这样每家负担轻些，公平"。虽然分两家住，但是二位老人平时还是一起出去干活。今天帮这家，明天帮那家，谁家需要就去谁家。吃住方面两位老人也都随意，两家都有他们的房间。农忙的时候，老人们跟儿子、媳妇去田里锄草、插秧、收谷等；农闲时，壮劳力要出去打散工找"活钱"，老人们就各自在家里做些家务，出去放马，顺路砍柴、割马草回来，时间还早就帮着做饭。

不能生育、没有子嗣的夫妻或老人要领养或接养孩子来承担传宗接代和养老的任务。接养子嗣要按照"先亲后疏"的原则，例如兄长无嗣，可招外出的弟弟或姐妹的儿女；反之，外出的弟弟或姐妹无嗣，也可以接外家兄弟姐妹的儿女。还有一种情况，花篮瑶夫妻若无子嗣，可以接"花灯"，是以灯引路的意思。即接一个子女来引带自己生育子女，这是一种带有宗教色彩的做法。汉族社会也有类似的做法，或抱养孩子来引带自己生育，或生下女儿的家庭，给孩子取名"引弟"、"招弟"，希望能引来男孩。这种接花灯如果真的"引带"出弟妹来，将来接来的子女就得出嫁，而亲生的子女留在家中传宗接代。

除以上功能外，花篮瑶家庭还承担着成员间情感支持及社会整合等功能，在此不再赘述。

二次葬俗：停在野地的棺材

三、家庭成员的关系

花篮瑶的家庭关系按其性质可分为两类：一类是血缘关系，一类是姻缘关系。这两类关系按垂直方向和水平方向再划分，可分为四类：1. 直接血缘关系，即父母和子女的关系；2. 水平血缘关系，如兄弟姐妹关系；3. 垂直姻亲关系，如婆媳关系或姑翁关系；4. 水平姻亲关系，如夫妻关系、姑嫂关系。此外，在花篮瑶家庭中还有一种比较重要的关系，即隔代关系，如祖父母和孙子、曾祖父母和从孙之间的关系等。

从直接血缘关系来看，花篮瑶的父母比较溺爱孩子，打骂孩子的现象在花篮瑶中很少见。对于孩子的要求，老人和父母总是尽量予以满足。给笔者的感觉是，花篮瑶家庭总是在一种和谐的气氛中，父母不会将自己的意志强加到孩子身上。同样的，孩子也不会向父母提出太过分的要求，或太过反抗父母的意志。简单的举例来说：孩子上学的事，困难再多，孩子想上学，父母总是想办法让他们去读书；但反过来，若孩子不喜欢读书，家庭条件再好，他们也不会逼迫孩子上学以满足家长“望子成龙”的心愿。拿孩子结婚的事来说，虽然自古花篮瑶就有父母替未成年子女选择配偶的习俗，但是，他们并不会强迫孩子，如果孩子长大后对父母安排的亲事不满意，可选择退婚，父母通常是会同意的。现在，孩子们的婚事大多是由他们自己作主。

笔者在调查中还发现，父子同桌喝酒、猜拳是正常的事，一般家庭中子女和父母偶尔的玩笑、说笑话不被视作侵犯权威。在笔者看来，在花篮瑶家庭中，父母和子女之间比汉族家庭更多了一种“朋友”关系的内容。

从水平血缘关系来看，花篮瑶家庭兄弟姐妹不多，一般家庭就两个孩子，因此他们之间的关系很亲近。大人们忙着为一家的生计奔波，生活中相伴的兄弟姐妹就是他们彼此的依靠。年龄相近的是玩伴，年龄相差较远的，大孩子在玩的同时要兼当小孩子的“保姆”，要替父母看管小孩子。长大成家后的兄弟姐妹们，虽然分立两家，承担不同家庭绵续的任务，但是花篮瑶社会以家庭为基本生产单位，大小事上要相互帮助。如农忙时节和办喜丧大事及建房屋时，家庭有兄弟姐妹的得到的人力、物力和财力方面的支援就多，相反家庭中只有一个孩子的，总是抱怨自己没有兄弟姐妹，没有人来帮助，家庭势力单薄。

从垂直姻亲关系来看，婆媳和姑翁矛盾在花篮瑶家庭中虽然存在，但并不突显。问卷调查显示，“婆媳矛盾”并不构成花篮瑶家庭矛盾的主要内容，相反“经济问题”和“生活琐事”是花篮瑶家庭矛盾的主要问题，当然有不少家庭选择矛盾很少或没有矛盾。在访谈的50户家庭中，有两个家庭存在着明显的婆媳矛盾，第一个家庭是三代“光棍”——祖父、父亲和儿子，一起生活。该家庭中，祖父丧偶、父亲离婚、儿子近三十岁还未婚。二十多年前，父母离婚的原因是婆媳不和，婆婆不给带孩子，男方又懒，不出去做工，生活非常艰辛，因此，女方带着另外一个孩子跑到平南再嫁了。第二个家庭，公婆和儿子媳妇一家住在一个院子里，但是吃饭、做工都不在一起，在父母和子女不分家的花篮瑶社会，该家庭是一个特例。老两口现在有一个从小就跟在身边的外孙一起生活，老人说将来这家的香火和田产就靠外孙来继承了。

从水平姻亲关系来看，传统的花篮瑶家庭的夫妻，如费孝通先生所说，“男女只在行为上按着一定的规则经营分工合作的经济和生育的事业，他们并不向对方希望心理上的契合”，[①] 共同经营家庭固然会有感情，但这种感情比之夫妻间亲密的爱情，更多的是长期生活养成的默契。感情生活的需要是通过婚姻制度之外的另一种制度——半公开的情人制度得到满足的。这种半公开的情人制度弥补了夫妇在家庭中不能满足的情感需要和性需要，从而更加维持了家庭作为经济合作单位的功能。

在夫妇二人以高度的默契经营的事业中，男女双方的权力不会因性别的差异而不同，而因双方是婚姻中的主动方和被动方之分而有所不同。通常，婚姻的主动方是家庭事务中作主的一方，而被动方则是服从的一方。因此招郎上门的家庭往往是由女方来作主，一位招郎上门的老妇人如是说：“他（指男方）吃我的、喝我的，种我的田，当然就得由我来作主。我要是嫁过去，就由他来作主。”从中可以看出，经济是基础，财产关系的所有权决定了婚姻的主动方和被动方，进而决定了家庭中的掌权者。

---

① 费孝通：《乡土中国·生育制度》，北京大学出版社，1998年，第46页。

如今的花篮瑶社会，随着生活水平及受教育水平的提高，婚姻质量也逐步提高，感情因素在青年人的婚姻家庭中扮演着越来越重要的角色。受汉文化的影响，半公开的情人制度在《婚姻法》颁布后逐渐消失，或者变得更加隐蔽。由于家庭承包的土地财产关系的变化，夫妻双方在家庭中的地位也发生了变化，夫妻之间有事互相商量，共同讨论，夫妻关系呈现民主化的趋势。

四、继嗣体系

“亲属的偏重可以在父亲方面也可以在母亲方面，可是在人类社会中还没有双系并重的亲属体系。”① 同其他社会一样，花篮瑶社会也遵循着单系偏重的亲属体系。但是与汉族社会都偏重父系亲属体系不同的是，花篮瑶父系和母系制度是同时并存的。男的可以在家娶媳妇，也可以上门做姑爷；女的可以在家招姑爷，也可以出嫁做媳妇。因此，偏重父系亲属或偏重母系亲属现象在花篮瑶社会中都比较常见。一个家庭这一代从父系，下一代也许可能从母系，这样下来世代从父系或是世代从母系的家庭存在的可能性就很小。

但是，这并不意味着男女在花篮瑶社会就完全平等。根据调查情况来看，随机调查的 50 位已婚妇女中，33 位从夫居（66%），11 位从妻居（22%），还另有 4 位两边走（8%），2 位自立门户（4%），可以看出父系在花篮瑶占绝对的优势。如果一家有男有女，男的总会被留在家中传宗接代，而女的就会被嫁出去。而没有将女的留在家中，男的嫁出去的例子。在没有儿子的家庭，女儿可以招婿上门，但下一代有了儿女则仍然由儿子继承。富裕的家庭，同时存在女招婿、男娶妻的双系继承。费孝通先生也认为“在花篮瑶中父系比母系为基本，甚至觉得母系制度

① 费孝通：《乡土中国·生育制度》，北京大学出版社，1998 年，第 240 页。

的通行是因为他们有限制人口的习俗，可视作一种后起的适应。”① 此外，在两头走的婚姻形式中，男女双方家庭在这一代中暂时合并，到下一代的孩子出世后再分开，分别继承父系和母系家庭。

现代年轻人中，从妻居婚姻形式减少，两头走的婚姻形式相对增加。笔者认为这与外来文化的影响有关。受汉文化的影响，现在男子都不愿意上门到别家。

财产继承逐渐由单系向双系过渡。原因有：村民富裕了，可分的财产不仅仅是土地；多种经营的发展使得村民不像过去那样过分依赖土地，田少已经不成为他们单嗣继承的理由；孩子们可做的选择多了，一些男孩通过上学、打工等途径在山外发展，家里并不会要求他们回来继承家业；此外，没有性别偏好的观念，也是他们在家庭富裕后实行双系继承的原因。

第三节　花篮瑶社会组织的变迁

一、传统的社会组织特征

建立在自给自足的自然经济基础上的花篮瑶组织结构，其基本特征是以家庭为中心而逐步推衍的社会结构。

1. 差序格局：家为核心

花篮瑶社会组织呈现出“差序格局”特征。家庭是花篮瑶社会结构的核心，所有的社会关系围绕这一核心层层展开。费孝通先生在《乡土中国》一书中提出“差序格局”这一概念，他认为中国传统农村的社会结构是以“己”为中心，按照亲属关系的远近向外扩展的亲属关系网，像一颗石子投在水面上所出现的一圈

① 费孝通、王同惠：《花篮瑶社会组织》，江苏人民出版社，1988 年，第 5 页。

圈推出去的波纹，愈推愈远，也愈推愈薄。同样，传统花篮瑶的社会结构也是以血缘关系为纽带，由己及人的水波纹式的结构。但是，在花篮瑶差序格局的社会结构中，处于核心的“自我”实际上是家庭。家庭是社会结构的核心，因为，“自我”总是作为家庭的一员，代表着家庭的利益与社会发生关系。它与西方社会的“个人”完全不同。西方社会讲求个人主义、人人平等，个人是通过参加各种社会组织与社会发生关系。所以，与其说花篮瑶传统社会结构的核心是个人，倒不如说是家庭，家庭在社会中处于中心地位。

2. 亲属关系：家庭的放大

以家庭为中心的同祖和四代或五代之内的姻亲，花篮瑶视之为亲属。

花篮瑶的祖先在进入大瑶山时，是按姓氏分村而居的。在六巷乡的五个花篮瑶村落中，蓝姓的在六巷村，相姓的在古浦和大凳，胡姓的在门头和王桑。最早，一个村落里居住的往往是一个或几个同姓的血缘亲族，可以将其称为“族”。在同姓同族之下，子孙后代不断繁衍，分出个各支系，这些支系又按照血缘关系的亲疏以及祖宗是否共用同一个坟山而分成大小不同的“同祖集团”。

“同祖”之下便是家庭。在花篮瑶社会中，这种由血缘亲属和祖宗共坟山的家庭所组成的“同祖集团”，彼此间的联系十分紧密，需要承担一定的权利和义务：第一，同祖的亲戚不能通婚，男女之间不得发生性关系；第二，如有鳏寡孤独者，同祖的亲戚要给予照顾；第三，某家无子嗣要先在“同祖集团”中选择继承人；第四，互相帮助，互通有无。同祖中某家有婚丧大事，各家不仅要出力去帮忙，而且所需财物（如钱、猪肉、米、酒等）不足时，各家有义务将自己家的先借出，待到自己家办大事时，同样地，也是同祖家的人一起帮着办。在平时农忙、建房等活动中，同祖家庭也是互相帮工、换工，提高工作效率。

六巷村传统的竹笕引水已经被自来水取代

姻亲关系在花篮瑶也非常亲密。平时，互相帮助，互通有无，逢年过节相互拜访、赠送礼物，这都是亲家间基本的礼仪交往。如果是同村，孩子回去的时候很多，两个家庭的相互往来也就更加频繁。

调查期间，大年初二笔者曾随六巷村 LJM 一家人到门头村其亲家那里拜年。

LJM 是金秀县政府办公室的退休干部，他和妻子、两个女儿、上门的大女婿和小外孙都住在金秀县城。LJM 离开六巷已经二十多个年头，但每年春节都回六巷陪父母过节，而且每次回去都要去门头村亲家家里去拜年。“这是必须的，我们花篮瑶人很讲究维持这种亲戚关系。”亲家上门拜年，好酒好肉招待是必不可少的，大大小小、老老少少摆起了两大桌宴席。席间论亲戚、讲交情，相互表达着要维持这亲戚关系、世世代代传下去的愿望。你来我往互相敬酒的过程中，一餐晚饭能吃到夜里。按例第二天早晚又会是丰盛的宴席（花篮瑶由于白天要到地里干活，早餐和晚餐吃得比较正式，午餐比较简单）。

姻亲间亲密的关系还表现在舅父的权力上。结婚仪式上舅父的权威最大，孩子取名时要得到舅父的同意，离了婚的妇女，若有孩子带回家便由舅父来养大，因为妇女再嫁时不能带孩子去。在离婚中所得的赔偿也归舅父支配。六巷村有这样一例，父母离婚，孩子在舅父家长大。离婚的父母又各自再婚并生了孩子，他们也生活在六巷村里。原本是一家人的三个人，虽然生活在一个村里，经常见面，但是彼此间的联系却甚少。

3. 乡土结构：血缘和地缘交错

过去，瑶山的村落分布有两种形态：一种是分散的，一种是集中的。集中居住的往往是“长毛瑶”，而分散居住的则是“过山瑶”。“长毛瑶”耕种水田，土地生产能力强，且集中居住有利于他们自卫及合作耕种，因此可以形成永久集中型的村落；而“过山瑶”是靠租山种山为生，土地生产能力消耗快，在吃完一山后就要另觅他山，迁移不定，此外，山地产量少，每家需要耕种的面积大，因此，他们只能暂时地、分散地居住。

六巷村周围集中的“长毛瑶”村落，除了先前提到的四个花篮瑶村落外，还包括坳瑶的两个村落——上古陈和下古陈。传统的农业社会，人们安土重迁，缺少流动，习惯于在村落附近生活和交往，人际交往一般只限于亲属关系和邻里关系。长期以来的“长毛瑶”族内婚制，使得“长毛瑶”村落中户与户之间以及村落与村落之间形成彼此盘根错节的亲密关系。你嫁我娶，你娶我嫁，经常有母亲从该村嫁出去，儿女又上门或嫁回该村的事情发生，这样来来往往，数百年下来，几个村落之间都是沾亲带故的。因此，地缘关系成为血缘关系在空间上的投影，血缘关系在很大程度上与地缘关系是重合的。

村落之间虽然有血缘和地缘上的联系，但是也有发生冲突和争执的时候。村落之间发生争执最多的是由于地界问题，常以械斗为解决的办法，尤其在不同族系的村落之间更是如此。在发生大规模的争执事件中，村落和族系会因各自的利益而联合起来，组成自卫团体，共同奋战。

4. 礼治秩序和长老统治

费孝通先生认为，与现代“法治”社会不同，乡土社会是“礼治”社会。“所谓礼治就是对传统规则的服膺”，“每个人知礼是责任，社会假定每个人是知礼的，至少社会有责任要使每个人知礼”。使人知礼，就是教化，贯彻礼治实际成为一种教育过程。所以乡村里解决纠纷的方式是找一位长老来评理，因为这样的人最富有传统规则的知识，也会自觉维护传统规则，这就形成了所谓长老统治。

大瑶山的石牌制度就是这样一种礼治社会中的“长老统治”。石牌制度的执行者——石牌头人通常都是通晓传统规则、为人公道、能说会讲、有胆有识，且在群众中有威信的人。村中遇到大小争端，就去找他调解处理。处理得好，威信增加，就可能成为更大的头人；处理不好，村民们就会想法将其换掉或除掉，另找他人来当头人。

费先生当年曾亲眼见识过乡村长老调解一起因为老父亲和二儿子抽大烟和大儿子引起的家庭纠纷。他注意到，负责调解的是一位乡绅，调解的方法是按照伦理原则把老父亲和两个儿子每个人都指出短处教训了一遍，让他们认罚。保长也在场，但从不发言，因为他在乡里并没有社会地位。

花篮瑶社会的稳定性、不易流动性是这种礼治秩序和长老统治存在的基础。长老统治维护着社会的礼治秩序，世世代代遵循着传统的经验和规则生活。

二、花篮瑶社会组织的变迁

20世纪的中国经历了翻天覆地的社会变革，辛亥革命摧毁了两千年的封建王朝统治；军阀混战、抗日战争，使中国人民饱受了战争的苦难；中国共产党带领中国人民推翻三座大山，结束了被压迫、被奴役的时代，建立了社会主义社会；“大跃进”和“文化大革命”使社会主义建设走了弯路，人民饱尝了饥饿和阶级斗争之苦；改革开放、家庭联产承包责任制彻底解放了生产力，人民在党的领导下，走向富裕、迈向小康，解决了中国十三亿人民的温饱问题。潮起潮落，古老的花篮瑶民族又经历了怎样的社会变迁呢?

1. 中央行政体系的介入

历史上，瑶族是一个受封建统治者的残酷压迫而被迫不断迁徙的民族。

明朝时期，持续了100多年的大藤峡瑶民起义（从15世纪初到16世纪30年代）最终以失败告终，居住在大藤峡地区的广大瑶族人民被迫从土地肥沃的平原地区迁居于山重水复的大瑶山中。之后明、清两代的统治者都对大瑶山地区的瑶族采取了围困于山的灭绝政策，禁止各种物资出入瑶山。瑶族人民以顽强的生命力生存下来，并得到了发展。

封建统治者欲以围困使瑶民自毙，瑶民则欲凭险来自存。因此而造成了瑶山与外界隔绝的状态。瑶民常说:“瑶还瑶，朝还朝”,“先有瑶，后有朝”,“先立瑶，后立朝”等谚语，其含意是指瑶族是瑶族，朝廷是朝廷，两不相干。瑶族自立于朝廷之外，朝廷管不着瑶人，瑶人依靠石牌制度来实现自治。

19世纪40年代，国民党的势力深入瑶山，强制瑶民“开化”。在瑶山设立金秀警备区署，后改为金秀设治局，属县级派出机构。署局下设立乡、村、甲等行政区，设有乡长、村长和甲长。

1952年5月金秀大瑶山瑶族自治县成立。1954年进行土地改革，实现了耕者有其田。紧接着掀起了互助合作化运动，建立了初级合作社、高级合作社。1958年开始实行人民公社。对此，老人们回忆起来仍然心有余悸:“那个时候，附近的村落如上、下古陈村、帮家村、大岭村等都搬到六巷村这里，集体生产，集体分配，按人头平均分配，壮劳力一天不到一斤米，只有九两米，妇女和儿童就更少了。那时候人们吃不饱，饿死的、病死的也有。人民公社坚持没多久就进行不下去了，各生产队又搬回原来的村。”

1960年中央开展整风运动，纠正各地人民公社出现的不良现象。1961年，调整人民公社，实行“公社、大队、生产队”三级所有制，以生产队为基本核算单位，将生产资料和生产工具落实到生产队。同时贯彻“按劳分配原则”。

1966至1976年“文化大革命”期间，政治上以阶级斗争为纲，农业上大搞“学大寨”运动，“以粮为纲”，盲目开田、大面积毁林，导致大量劳力和财力的浪费，人民公社的各项事业停滞不前。

从房顶看六巷住房的变化：树皮和竹木、
瓦和土墙、钢筋水泥和砖

1980年以后，开始实行家庭联产承包责任制，解放了生产力，调动了广大农民的生产积极性，有效提高了农村生产力的发展。农村经济和农民生活水平都有了大幅度的增长。大瑶山的经济在 80 年代之后也得到了飞速发展。

2. 转变中的花篮瑶社会组织

被纳入中央行政体系的花篮瑶社会在经过一系列的制度变迁后，其社会组织也经历了由传统向现代的转变：过去从家庭→亲属→村落→族团这样由小到大、由近及远的结构体系已经被打破，转变为：从家庭→生产队→村民小组→行政村→乡→县，这样由下至上的结构体系。从其变化来看，传统的社会组织结构体系从形式和内容上都是一种以血缘关系和地缘关系为基础而构建的社会组织体系，地缘关系又是血缘关系的扩大与延伸。现行的组织体系，虽然还是以家庭为基本的组织单位，但在形式上看是一种被纳入中央行政体系下的组织体系，看似已经脱离了血缘关系和地缘关系的基础。但是从本质来说，转变后的行政体系下的村民自治制度，包括行政村、村民小组和生产队，仍然是以血缘和地缘关系为基础。乡土社会的礼治秩序和长老统治在很大程度上还在发挥着其社会整合的功能。

现行行政体系下的村民自治组织，在内容上还是以血缘关系和地缘关系为基础：行政村的划分很大程度上是根据地缘来划分；村民小组即是由过去的同姓村落转化而来；生产队则是依据村民的意愿，自行组合，结果是以前有亲属关系的，经常彼此换工、帮工的一些家庭分为一个村民小组，依然没有脱离血缘的联系。此外，传统礼治社会中的社老制度和石牌制度等，虽然已经消失，代替社老和石牌头人解决村中事务的是由村民们选举产生的村民小组长。但实质上，村民小组长解决纠纷时，基本上还是依据传统的规则，无需现代社会的“法律”。“礼治秩序”下的乡土社会依然还是“无讼”的社会。

笔者曾跟随几位村民小组长参加了一起纠纷事件的调节处理。

甲乙双方，甲在烧山开地时，不小心烧毁了乙方 21 株已经种植 8 年以上的八角树，一些八角树已经结出果实。双方因赔偿问题争执不下，因此请村民小组长出面处理。甲乙双方说明事发经过，并提出各自的解决方案：甲方提出两个解决方案，其一，希望以树换树，替乙方在原山上补种 21 株八角，并为其护理 8 年后还给乙方。但是由于 8 年之后，乙方这 21 株被烧毁的八角已经种植有 16 年了，这些成年的八角每年都能为乙方带来收益，因此，乙方不同意甲方的方案。其二，将自己地里已经种植了 8 年的八角树转给乙方，但是由于两家的八角林距离太远，这 21 株树还要单独护理和采摘，是很麻烦的事，因此乙方也不同意。乙方希望得到现金赔偿。政府修路砍倒八角树补给农民的标准是：1—3 年的八角树 50 元/株，3—8 年的八角树 115 元/株，8 年以上的 210 元/株。双方僵持不下。

村民小组长在了解了情况之后，批评了甲方的不小心，认为按照甲方的方案对乙方确实不公平。但也认为由于甲方经济条件不好，希望乙方能降低赔偿金额，并延长赔偿时间。最后在他们的调节下决定每株以 50 元钱来赔偿，共计 1050 元钱，两年之内还清。这样双方达成协议，立字盖手印，四位小组长以见证人的身份在字据上签字画押。

由四位村民小组长代替了社老或石牌头人，但解决事情的实质却近乎相同，传统的道德规则才是他们裁定案子的依据。

事后一位小组长说，平时村里类似这样的纠纷相对较多，一般都由村民小组长出面调解。如果遇到大一些的事件，小组长调解处理不了，则由行政村主任等出面解决，还不行就交给乡里司法站，再后到县法院解决。但是真正要上法院解决的案子村里几乎没有发生过。

传统的道德规则，礼治秩序在很大程度上还在发挥着社区整合的功能，但是在一些方面或在一些人身上，这种传统道德规则的整合已经失去了效力。

一个明显的例子是，现在六巷村有一大批初中毕业之后无事可做的孩子，上学多年，不会干农活，也懒得去干，整天不务正业，在街上游荡，吸烟、喝酒、聚众赌博，引起了老年人的很大不满，总是在抱怨现在社会风气太差。对这群孩子，村里人都觉得反感，但却无人能管，这确实是个令人担忧的问题。20 世纪 80 年代以来现代化的发展给花篮瑶社会带来了巨大的冲击，电视、手机、互联网等现代化的传媒技术已经进入这些古老的社区，并对青年人的思想观念产生了巨大影响。在接受外来文化的过程中，许多不良思想和恶习也侵蚀着青年人的心灵。传统礼治秩序下的“长老”统治由于其道德规范体系已经被打破，在接受外来思想的青年人身上，其整合作用已经失去效力。但是，现代的法治秩序又尚未完善，难以进入大山深处，因此现在花篮瑶社会的青年人在某种程度上是处于一种“失范”状态。在新的道德体系尚未出现之前，他们处于道德规则迷失的边缘。长此下去，染上不良习好的、不会种地的农民将如何继承传统的家业？这一代人将怎样在这大山中生存？这确实需要引起更多人的关注。

3. 业缘关系的出现和发展

农村家庭联产责任制的推行，恢复了花篮瑶家庭的生产功能。家庭生产功能的恢复看似向乡土社会结构的复归，但实际上却是乡土结构弱化的开始。由于农业生产率的迅速提高，剩余劳动力的大量出现，农村多种经营的发展，促使花篮瑶社会生产经营打破了家庭界限，出现并加强了血缘以外的业缘关系的发展。在市场经济的推动下，大瑶山内部各民族、各族系之间以及大瑶山与外界的交流都日益加强。六巷村村民除经营农业外，家家户户都在从事副业，甚至也出现了少数从事商业的家庭。随着这些外出打工人员和从事各种工商副业的人员不断增加，业缘关系有了实质性的发展，并在社会生活中起到越来越重要的作用。

六巷村业缘关系的发展主要表现是：

首先，随着瑶民们生活水平的提高，来到这里开商店、做生意的外地人不断增多。80 年代以前，作为乡政府所在地的六巷村没有固定的商店，来这里做生意的仅仅只是偶尔过往的行脚商人。80 年代初六巷村渐渐出现了固定商店，随后，各种各样的商店越开越多，来这里做生意的人也越来越多。如今，六巷村的一条主街已经发展成为一条规模较大的“商业街”，大大小小的店铺加起来有 20 多家，经营各种生意。有规模较大的超市和小的杂货商店，也有村寨饭店、摩托车修理、蔬菜水果摊和卖肉摊等等。村民们与这些生意人通过业缘发生了多种联系，如通婚、交朋友，买卖往来或有的村民干脆加入到他们的行列，与他们成为竞争者，在当地做起生意。

其次，大瑶山物产资源丰富，每年都有大量的土特产运往全国各地。因此，经常有大批的汉族老板来这里收购土特产，八角、生姜、茶叶、木材等经常发往外地。还有一些包工头来山里“搞建设”，如：修路、建医院等。因此，在给老板们砍木材、搬货物或修房、建路的过程中，村民们和这些老板们建立了“雇佣与被雇用”的业缘关系。勤劳肯干、人际关系较好的村民，这种打散工的机会多，赚的活钱也多。

第三，外出打工人员越来越多，与外界建立了广泛的业缘关系。笔者根据六巷村的户籍统计显示，2005 年六巷村外出打工的人有 18 人，占六巷村总人口的 9.3％。随着教育质量和科学文化水平的逐步提高，出去打工或上学的年轻人将会越来越多，血缘之外的业缘关系将会得到进一步加强。

此外，笔者发现近年来，六巷村的亲属体系在过去互相帮助、互通有无的功能上，又承担了一项额外的重要功能，即成为花篮瑶村民们业缘关系得以发展的重要纽带。现在六巷村出去打工的人大多都是在亲属、亲戚或乡邻的帮助下出去的。

六巷村有一家到外地打工的大户，家里三个孩子，一个女儿两个儿子，现已成家且都有孩子。90年代初，大女儿和女婿最早去广东打工，孩子留在家里由老人抚养，一去十几年，平时除了过节回家，常年都在外头，积攒了不少钱。几年前，两个弟弟也相继成家，在姐姐、姐夫的帮助下，弟弟和弟媳也都去打工。如今又是几年过去了，老人带大了外孙，再帮着带孙子。一家人一年下来纯收入有十几万元。

另外有一家，由于父辈是从广东迁移来六巷的，也在广东亲戚的帮助下，去广东打工，现在已经在那里结婚生子。

类似的例子可以举出很多。亲属、乡邻之间除了血缘和地缘上的关系外，也带动了业缘关系的发展。随着市场经济的发展，这样产生的业缘关系将会不断增加。

第三章　六巷花篮瑶的经济变迁

六巷自然村属于六巷行政村，是一个花篮瑶聚居村落。全村有51户196人，分为四个村民小组。整个村落构建呈阶梯型排列，坐落在半山腰，周围环绕着广阔肥沃的山地和茂密的森林。从经济上看，在六巷行政村中，六巷自然村属于中下水平。然而六巷村发展经济的外部条件并不差，人均占有土地相对较多，地处乡政府的所在地，村前形成一条颇具规模的商业街，而且乡卫生院和学校都在本村，占有一定的区位优势。在追踪调查的过程中，笔者对经济变迁的主题产生浓厚的兴趣，当年费孝通笔下的那个“距现代尚远”的花篮瑶村寨已经卷入现代化的漩涡中，六巷村发生巨大的社会经济变迁。通过乡政府提供的经济资料和田野调查可以看出，这个贫困村早已脱贫致富。全村总体经济收入比较平均，冒尖户不多，贫困户也少，2005年的六巷村的人均收入达到1699元，远远高于全国贫困标准线的人均收入1000元。

第一节　传统生产方式的变迁

各种沿袭多年的生产生活方式，都是人们对其生活的自然环境和社会环境的积极适应。“无山不成瑶”，位于大瑶山深处的六巷村是典型的山地农耕社区。新中国成立以前，六巷村经济形态单一，农业生产是人们取得物质生活资料的最主要的手段，养殖业、采集渔猎等依附于农业而存在。当时生产力水平低下，瑶民用传统的生产工具劳作，劳动效率很低，农业生产技术粗放。解

坐落在半山腰的花蓝瑶聚居村落

放后，瑶族在政府和兄弟民族的帮助下获得新的生命，从此融入中华民族大家庭中。因国家政治、经济体制的变革，六巷村的经济体系发生很大的变化。特别是改革开放以后，随着社会大环境逐渐进入现代化进程，市场经济体制的不断发展和完善，六巷村的经济更是不断发生变化。虽然绝大多数瑶民的生计方式还是“日出而作，日落而息”的农耕型经济生活模式，但是种植业、养殖业、商业的兴起极大地改变了该村的经济体系，使其呈现一种多元化发展的态势。从六巷农业经济结构和收入来源的变化可以看出，退耕还林和水源林的保护致使耕地面积缩小，粮食总产下降，但经济总量却不断增加。经济林成为重要的经济支柱，八角、生姜是农民主要的收入来源。相对 70 年前，商业逐渐与农业分离，成为独立产业部门。

一、山地农耕：解放前六巷村传统的主导产业

新中国成立以前，六巷村花篮瑶为自耕自食的小农经济，绝大部分的生产资料为各个家庭私有。公共占有的公山、公林叫“社老林”，比例较少，一般是集体经营或出租，平均分配或分享，带有一定程度的原始状态。农业生产的基础是土地，土地分为水田和山地两种。“田”瑶语作 liŋ，水田多系梯田，田里种植水稻；山地瑶语作 la，习惯上根据土质的肥脊分为老山、青山、芒山、黄茂山等四种，种旱稻（岭禾）和玉米等旱作物。副粮以木薯、红薯为多，经济作物以六谷米和天花粉产量较大。据村里老人们说，那时候种植作物产量很低，一亩田产 40 禾把，一禾把大约 10 斤稻谷。由于六巷花篮瑶占有大量田地，粮食是足够吃的，有几家富裕户还囤积 3－4 个谷仓，一个谷仓大约装 10000 斤稻谷。当时生产工具主要是锄头、刮子、刀、木耙、竹制工具等，生产基本停留在锄耕阶段，耕作技术比较粗糙。作为“山主”的茶山瑶、花篮瑶、坳瑶因为进入大瑶山的时间比较早，开垦很多的田，占有很多的山，他们都是以种田为主，而把山地租给后来进山的盘瑶、山子瑶和外来没有土地的汉人耕作。山地主要采用“刀耕火种”的生产技术，多为休耕轮作，例如，第一年种玉米，第二年种旱禾，第三年种六谷等。一般耕作 3 至 5 年，土地肥力耗尽之后，就另找新地耕种。在六巷地区，盘瑶、山子瑶等山丁，无论是砍山种地或者是下河打鱼，吃的水、走的路、屋场、坟地等都要向“山主”交租。① 六巷村出租田地的形式主要有三种：

第一种是“当”：用 80—90 斤猪肉（相当于一头猪）当田

① 广西壮族自治区编辑组：《广西瑶族社会历史调查》（第一册），广西民族出版社，1984 年，第 138、142 页。

1—3 亩，如果退耕不种田地，花篮瑶则归还猪肉，有钱人多采取这种形式。第二种是“租”：10—20 个劳工租 1 亩田，租种田地的山丁在农忙时以还工的形式帮花篮瑶插秧、剪禾把、种树、砍树、放排等，一个工就是一天。这种形式采用较多，其中有一种特殊形式就是“种山还树”：山丁租种花篮瑶的山地，开荒种粮种树，等三五年后，地力耗尽、树木长高、不宜种植粮食时，就还给山主，树归山主所有。第三种是“货币地租”：500 银毫租一亩田，这种形式很少采用。据盘瑶的一些老人回忆，六巷村的花篮瑶很善良，经常在生活上接济他们，他们之间的矛盾并不是很严重，只是经济上的租典关系。

大瑶山为花篮瑶提供得天独厚的林业资源，经济价值很高，产量较大的土特产有油桐、罗汉果、茶树、香草、桂皮、木耳、天花粉、薯良、千金草、竹笋、药材等等，山林里的野兽虫鸟和河流的鱼虾都成为他们重要的生活来源。在 20 世纪 30 年代生产力落后的情况下，采集渔猎是一项不可缺少的补充生产部门，家畜和渔猎是荤食的主要来源。六巷的瑶民在劳动之余，利用山里现成的木材、竹子编制竹器、制作木制工具、纺纱织布染靛，种类不多，生产产品较少，质量低劣，只为满足自家的生产和生活需求。手工业作为家庭副业而存在，还没有脱离农业。瑶民的消费和需求仅限于自产的东西，基本能够自给自足，所以，商业发展不起来，一些生活必需品像盐、油、日用品和其他瑶人不能自制的铁器才依赖山外汉人的供给，经济交换只能处于简单的以物易物阶段。自入山以来，六巷村花篮瑶与大自然和谐相处，靠山吃山，种山护山，形成原始的耕作制度和自给自足的小农经济体系，即使民国时期，政府的强制开化也未能瓦解这一传统体系。

二、以农为主，兼顾林业：民主改革和社会主义改造中经济结构调整

中华人民共和国成立后，经济变迁主要是在生产关系变革的引导下进行的。大瑶山也不例外，瑶族除了长期与汉族统治阶级存在矛盾外，其各族系之间也存在矛盾，即山主与山丁的矛盾，但矛盾也并不像山外阶级矛盾那样尖锐。面对错综复杂的民族关系和阶级关系，党和政府根据瑶山特有的“石牌制度”特点，以一种比较缓和的“大瑶山团结公约”的形式来解决当时面临的团结和生产问题。1952 年，根据民族政策和民族意愿，实行民族区域自治，各地纷纷建立互助组，当时六巷村共 33 户，分为 4 个互助组，充分调动了瑶民的生产积极性，开展植树造林群众运动。

1954 年 2 月，六巷地区根据瑶山的地主阶级少而又小的特殊情况进行土地改革，确定阶级划分的标准：①地主：自己不做工而是雇工劳动，借给他人稻谷收取利息。②富农：自己做工也雇工，付给雇工报酬即 1 把也就是 3 斤左右的大米。③中农：粮食够吃，且一年雇工 10 次以上。④贫农：勉强够吃，通常每天一餐饭两餐粥或两餐饭一餐粥。⑤雇农：没有田地，帮山主做工获得的 3—4 斤米作为报酬维持生活。花篮瑶内部阶级分化不像茶山瑶那样悬殊，据 1956 年和 1957 年的大瑶山社会历史调查资料显示，六巷村 35 户，没有地主，有两户是富农，九户是中农，其余户都是贫农。土地改革和民主改革彻底打破了六巷村传统的阶级关系和经济关系，实现各瑶族支系及其内部的平等。各级政府根据大瑶山山地多水田少，森林资源丰富的特点，积极贯彻党的号召，执行“以林为主”的生产方针。随着互助合作运动的高潮，群众造林的积极性空前提高。从全县历年造林面积可以看出，1956 年—1960 年，六巷地区是有史以来人工造林最多的时

期，林业产值占农业产值的40%以上。广泛种植的用材林是杉木，经济林以油茶、油桐为主。通过访问原六巷区长了解到，1958年六巷区建立人民公社，当时大櫈、大岭、圣堂村全部搬到六巷村居住，集体劳动，共同生活，这种"吃大锅饭"的生产方式严重影响瑶民的生产积极性和农业生产的发展，加上连续三年的自然灾害，造成六巷村前所未有的饿死人现象。直到1961年整风整社运动，确立了"三级所有、队为基础"的原则后，各村又搬回原居住地，大集体结束，开始以生产队为单位落实土地政策，规划各村田界和地界。六巷村41户，成立三个生产队，集体劳动，生产的产品按劳分配，农民的生产积极性得到一定程度上的恢复。

三、以粮为纲："文革"期间的经济重心转移

"大集体，大锅饭"严重影响瑶民的生产积极性，一系列的政治和经济计划脱离山区的实际和民族生产习惯。在"一大二公"的主流意识形态的影响下，六巷村的传统产业结构受到破坏。1966－1976年"文化大革命"期间，六巷和全国其他地区一样，也陷入这场灾难性的动乱之中。经济发展偏离正常的轨道，停滞不前，生产力遭到极大的破坏。农业和林业发展失去平衡，粮食生产成为当时主要的任务。在六巷村，全面实施"以粮为纲"的农业生产方针，过分强调水稻生产的重要性，全然不顾山区的经济条件和瑶民的生产习惯。在贫瘠的山坡上种粮食，几年连种子都收不回，不得不丢荒另辟，把郁郁葱葱的山岭，刮成一片片的秃顶。山内的人劳动终日不得一饱[①]；违背作物的生长规律，水稻生产由一造改为二造，反而

① 费孝通、王同惠：《花篮瑶社会组织》附录四上瑶山，江苏人民出版社，1988年，第86页。

导致广种薄收，薄收广种，水土流失，地力减退的恶性循环。同时森林资源遭到严重的破坏，生态环境的失调，人和自然的和谐受到威胁，为后来水资源的缺乏和自然灾害的频繁发生埋下隐患。笔者访谈的一位六巷乡老干部讲到，当时罗运的爬沙界村偷偷种植八角树，村干部因“走资本主义道路”而遭到残酷批斗。六巷村当时是区政府的所在地，生产上更容易受制于政府的行为和政策。

四、农林商并举：改革开放后的经济结构

改革开放以后，随着全国各地社会经济的快速发展，六巷村也由单一的农业经济结构，迅速向农、林、商等多种经济形式并举发展。在发展农业的同时，大力发展养殖业和种植业，农产品商品化程度大大提高。产业结构的调整和新的生产组织形式的进入，使这个自然村的经济类型呈现为一种复合型的结构。畜牧或农林种植也不再是传统意义上的经营，农林种植逐渐向以市场为导向的经济林和经济作物的种植多样化发展。大瑶山交通条件的改善，也大大改变了瑶民的生活、生产和文化。由政府拨款和村民集资，先后修建起三级公路——乡级公路、村级公路、屯级公路。交通环境的改善，使六巷丰富的木材、八角、生姜、木薯、茶叶等副产品源源不断地运往大瑶山外，过去封闭的瑶区，如今已经打开山门，与更广阔的市场联系起来。经过20多年的发展，六巷商业街已经发展到二十五六家，商品齐全，竞争与日俱增。随着生产能力和生产技术的提高，富余的劳动力向外转移成为必然的趋势。经济体制改革从生产关系变革的主旋律转变到利益诱导的多元经营方式，经济变迁的主体行为，也从整体性转型转变为个体行为的选择。在经济层面上，六巷实现了多元化和多样性的发展；在运行机制上，赋予整个经济体系更多的活性因素。

第二节　产业结构的变化和调整

一、农业生产结构的调整

1. 耕地的变化

六巷村在1982年实行家庭联产承包责任制，农业经营由集体化转型为个体经营即家户经营。当时六巷村田地的分配原则是：水田分配标准，第一生产队每人平均1亩田，第二生产队每人平均1.5亩田，第三生产队每人平均1亩田，第四生产队每人平均1.3亩田；已开垦的林地按每户15—16亩分配。家庭承包后，政府鼓励积极开田造林，“谁种谁有，谁种谁收”这一原则成为现在六巷村各户田地不均的主要原因。一些家户因为当时家庭劳动力多，开垦的耕地就多，一些家户因为劳动力少或者懒惰而开垦荒地少。当时六巷村在乡政府各部门工作的很多公职人员，也因此辞职回家开荒。笔者的房东就是一个典型的例子：他1963年出生，19岁高中毕业，因为喜欢上本村的一位姑娘，1981年早早结婚做了上门女婿。其父亲是乡干部。自己刚毕业时还满怀热血和抱负，做过两年生意，在1985年到六巷供销社工作，还有可能去乡企业办工作，个人很有发展前途。但是当时正逢承包，政府鼓励自由开荒。那个时候，“土地”是他们的命根。在数量上占着最高地位的神，无疑的是“土地”。① 土地越多表示越富有。妻子和家里人都希望他辞去工作回来种田，“儿女情长”和传统观念使他放弃了大好的前途。谈起这些，房东略有一丝惆怅，说自己的同学现在发展的都很好，其中一位同学还在省里工作呢。但是他对现在的生活也很知足，家里10多亩水

① 费孝通：《乡土中国·生育制度》，北京大学出版社，1988年，第7页。

田，30 多亩山地，靠勤劳吃饭，每年收入也不低，在村里属于中上水平，自己还开玩笑说："30 不高就是矮子，40 不富就是穷人，现在只能寄希望于儿女身上了。"像他这样放弃稳定工资收入而自愿还乡的人据说还不少，可见土地权对农民具有非常大的吸引力。

六巷村的耕地情况一览表

年份	户数	总人口	耕地面积（亩）	人均耕地（亩）
1885 年	41	187	279（水田 268）	1.49（水田 1.43）
1995 年	47	200	421（水田 241）	1.59（水田 1.20）
2005 年	51	196	186（水田 169）	0.95（水田 0.86）

上表是根据六巷村公所农业统计报表资料所做。由此可以看出，六巷村耕地逐渐呈现减少的趋势，原因可以归结为以下几个方面：一是受国家森林保护、退耕还林政策的影响。2002 年开始，政府有计划地对粮食产量低而不稳定、水土流失严重的坡耕地，特别是大于 25 度的陡坡耕地以及易造成土地石漠化的石质山地进行退耕还林。到目前为止，全乡退耕还林面积为 800 多亩，其中六巷村公所为 300 多亩，六巷自然村的退耕面积是 80 多亩。二是开垦荒地的越来越少。因为荒地大半处于高半山坡上，距离村寨路途远，行走不便，人们已不大愿意再去开荒。三是由于解决了吃饭的问题，而市场上粮食价格又长期偏低，农民投入多，效益低，种田的欲望不强，所以干脆丢荒或无偿送给其他村的亲戚朋友耕种。据我们对瑶民种田态度的调查统计：愿意多种些田占 19%，愿意种好现有的口粮田占 33%，愿意少种些田占 10%，不想种田占 38%。而且呈现出明显的年龄分布：老年人更愿意多种田；中年人愿意种好现有的口粮田；年轻人基本都不愿意种田，他们认为只要有了

钱，可以买粮食吃。

2. 生产工具的变化

传统生产工具如犁、耙、锄头、刮子、柴刀、竹制工具等，在现在的生产活动仍然发挥着十分重要的作用，只是在构造和质地上有所改进，很多木制或带木质工具都改为全铁制工具。以前，铁制工具都是请山外的汉人进来打制或用土特产交换来的，现在六巷商贸已经发展起来，这一类生产工具在六巷街上的商铺就可以买到。80 年代后，一些现代化的农业机械已开始进入六巷村，如拖拉机、铁牛、脱谷机、粉碎机、打米机等。铁牛取代黄牛，成为耕田的主要工具，六巷村有十多户有小型拖拉机，其他农户多是租用小型拖拉机耕地，每亩租金 30 元。脱谷机是使用最普遍的谷物脱粒工具，全村有六七台，在市场上买一台脱谷机大约 2000 多元，对购买的农户来说是一件大型生产投资，买的脱谷机主要用于加工服务，脱出一包 80 斤左右谷粒收费 2 元。打米机或粉碎机，主要是用来将大米玉米等或磨成粉或面。这些农业机械的应用充分显示了农村综合经济实力及科技的应用。

3. 农作物种类

六巷村传统农业是以种植粮食作物为主，经济作物次之，现在却恰恰相反。粮食作物包括水稻、旱禾、玉米、红薯等。水稻是当地最重要的粮食作物，水田全部种植水稻。据村民介绍，60 年代以来，当地推广种植过十多种水稻品种，直到 80 年代初，在政府扶贫办的努力下，大力推广种植杂优水稻，专门的技术人员下乡给村民培训，传授他们科学种田的技术。加上化肥的使用，水稻产量大大提高，由过去的亩产 200—300 斤提高到现在亩产 800 斤，有的高达 1000 斤。由于地力条件和气候条件等客观因素的制约，六巷地区只能种单季稻。旱地种植玉米、红薯等，家家户户都会种一些，除了少部分供人食用外，主要用来喂

大瑶山的旱地农作

猪。经济作物主要有生姜、木薯、木耳、甜茶等。经济作物在农业生产结构中的比重越来越大。近几年，八角价格持续跌落，而生姜的市场前景却看好，2005 年鲜姜价格高达每斤 1 元左右，成为家庭经济收入重要来源之一。但是农作物都有一定的生长规律，例如生姜只能在开垦的新地种植，第二年就要轮种别的作物，硬是违背规律，出力也无结果。各家各户生姜种植除了因地制宜，还要受市场规律的影响。比如价格高，多种；价格低，就少种或不种，虽然老百姓不能把握市场，但是瑶民根据多年的市场经验也总结出一条规律："贵不要追，便宜不要丢。"八角今年价格低，也要继续打理，或许来年价格就有所回升，就像生姜一样，以前连续几年价格都是几毛钱，今年却卖到 1 元左右。虽然他们处于市场边缘而信息有限，但多年积累的经验使他们有了一定的市场观念和独特的多元经营理念。

4. 一年的农事安排

花篮瑶在长期的农业生产实践中，摸索出了一套较为完整、有效的与当地的土质、气候特征相适应的农事耕作制度。从农历时令上看，杉树、八角树苗的种植最早，从正月开始就要整地种树苗。三月份清明过后，开始种生姜，玉米、木薯等。四、五、六月份分为三个阶段“蒙姜”，用特殊方式施肥加泥，十、十一、十二月份是收姜季节。玉米成熟后，接种红薯，大多赶在六月底完成。六巷种植的水稻是中稻，一般五月种八月收。插秧抛秧和收割稻谷是一年中最忙的时令，家户之间是通过换工或帮工进行农事协作。每年七月十四以后开始采摘八角果。至十一月份，田地里的农活基本结束，有的农户在当地打散工，有的到山上打些干柴准备过冬，村里的年轻人整天往深山里钻，打些野味用来招待客人或自己享用。

六巷村生产活动周期表：

月份	农事安排
1	农闲、砍柴、烧地、锄草（八角草）、种杉树、八角苗、挖地（种姜）
2	种竹笋、杉树、八角苗、耕地
3	种姜（清明后开始）、种木薯、种玉米、种花生、种豆、种瓜、种芋头、开八角草、采甜茶果和茶叶、
4	耕水田、灌溉、蒙姜（4、5、6月分三阶段施肥加泥）
5	插田（抛秧插秧）、放稻草隆（一个礼拜后放）、蒙姜
6	耘田（原来是耘田，用脚为禾苗松土除草，现在改用放稻草隆技术）、管理禾苗（施肥、杀虫、灌溉）、蒙姜、收玉米、种红薯
7	摘八角（7月14日以后）、收花生
8	摘八角、收禾苗、砍杂竹、打散工
9	摘八角、收禾苗、打散工
10	收木薯、红薯、芋头、生姜，打猎
11	收生姜、打散工、打猎
12	收生姜、打散工、打猎、收柴、农闲

注：1－2月农业生产准备阶段，3－5月忙种，6－9月忙收，10－12月相对农闲，多出去打散工挣钱。

5. 农耕礼仪

这是当地瑶人在长期的生产活动实践中积累并传承至今的祈求丰收、祝愿健康的仪式活动。从春播到秋收都贯穿着丰富多彩的仪式活动。直到现在，六巷村还保留着“送春花”和“送秋花”等农耕仪式。每年农历十二月二十四和七月十五，春播之前、秋收之际，全村每家每户都要派一位代表，多数是男子到甘王庙祭祀甘王，祈求保障春耕生产和秋收活动的顺利，祈求人丁兴旺，五谷丰登，驱邪祛灾。最早是由石牌头人和瑶老组织，现在由村委组织。仪式全过程由大道公来执行，主要的过程如下，请神、烧香纸、喃魔、和神灵交流、送神等。全村共同出资杀一头猪，一只鸡、米等，祭祀完毕，参加祭祀的人就在庙前一起共餐，然后回村。仪式不仅仅具有象征意义，这种生产实践中的年度周期与礼仪中的历史文化积淀相结合形成特定社区的文化体系，在生产中发挥着维护社区规划，组织协同劳动，传承生产经验等功能，对农业的协调运行发挥重要的作用。

二、林业地位的提升

20 世纪 50 年代以前，当地的原始森林和自然植被保护相对很好，瑶民具有朴素的保护自然生态的意识。他们认为，山有灵性，受神灵的保护，不容侵犯，谁触犯会使全村人遭致灾祸，就要受到石牌制度的惩罚。由于政策上的几度失误，在“大跃进”和“农业学大寨”、“文化大革命”期间，大面积的毁林开荒，原始森林资源遭到破坏。据金秀县统计资料，1952 年水源林面积 79 万亩，1982 年，下降到 50 万亩，下降 31.59%。80 年代以后，政府充分认识到绿化造林，发展林业的重要意义，决定加强森林资源的保护和管理工作，同时鼓励当地瑶民积极配合植树造林，森林的覆盖率有所回升。1982 年县政府发文禁止乱砍滥伐杂木林。1984 年为了更好地发动群众，以营造用材林和经济林为条件发放林业开发性贷款，杉木每亩贷款40元，经济林每亩贷款10元。1987年大瑶山被划为广西主要的水源林保护区，为了维护下游农区的水资源保障，使农业主产区稳产高产，1997年县政府实行扶贫攻坚计划，结合山区发展林业的政策，调整林种结构，大力发展经济林，把林业办成富民的大产业。六巷乡人工造林计划是6700亩，其中经济林6500亩。2002年起，政府实行退耕还林政策，对产量低而不稳，水土流失严重的坡耕地，经林业部门统一规划，按照有关技术指标进行造林绿化。国家每亩退耕地给退耕户350斤粮食，20元现金作补偿，自2005年开始改为补贴现金230元。公益林和水源林保护也有报酬，每年按人头，公益林补助130元，水源林补助60斤米，2005年按每公斤1.6元折合为现金发放。

1. 杉木种植

长期以来，林业经济一直是当地瑶民重要的生计来源。大瑶山为六巷提供了得天独厚的林业资源，希望在林，潜力在林，致富在林，给村民带来经济效益的主要是杉木和八角。杉木的种植历史悠久，解放前瑶民的先辈就开始种植，但因为交通运输困难，杉木只能通过河道放排运出山作为商品交换，六巷村花篮瑶因为以前是“山主”，占有很多的山地，以“种山还树”方式租给山丁耕种，而且经过的河流较深，方便放排，种植的杉木比较多。在八角树大规模种植以前，六巷都是以杉木生产为支柱产业，它给予瑶族经济上的影响是不能低估的，是相对稳定的家庭经济收入来源。家家户户都种有杉木，根据村民估计，每户一般有20—40亩杉木不等，没有办法进行确切的统计。

杉木的种植，一般采用两种方法：一是可以采籽育苗然后移植，一是在原树桩上斩取茁壮杉枝用杆插法繁殖。过去瑶民多采用杆插法，现在多是杉苗开坎种植，成活率高而且管理相对容易。杉木成材周期一般都要15年，是一项长期的投资项目。祖辈种植杉树多的家户，现在能卖的杉木就多，收益也就高；祖辈种植少的，杉木收益也就低，可谓“前人种树，后人乘凉”。现在一般家庭，每隔几年就能卖二三亩的杉木，获得四五千元的收入，多的高达万元。一株规格是直径 10 厘米，长 6 米的杉木能卖 10 元左右，大株的能卖到 15 元。杉木带来的经济收入并不是年年都有，因为森林保护政策，六巷每年用材林的砍伐都有严格的指标控制，加上运输费、税费的提高，村民对用材林种植积极性大大降低，一些家庭因为八角经济效益的吸引，将精力转移到八角树的种植上，加上土地资源紧张，砍了杉树后不再复种而是种八角树。

2. 八角种植

八角是六巷地区主要的经济林。八角，又名茴香，是一种长绿乔木，八角果炼制的油可以广泛应用于食品工业和医药化工，八角果可碾成细末，加入菜肴中作调味品。八角树适宜土质层厚，气候温暖，排水良好的峡谷土壤，大瑶山为八角树生长提供良好的环境条件。最早栽种八角的是罗运乡和罗香乡。六巷地区种植很少，其大量种植是在 80 年代以后，罗香乡种植的八角已经带来经济收益，他们很多靠此发家致富，成为远近闻名的万元村。政府根据上级指示把发展林业生产作为振兴六巷经济，帮助群众摆脱贫困的措施，为了充分发挥林业生产的经济效益，科学地调整林业结构，重点发展八角林。六巷乡最早种植八角树的村是上、下古陈和架梯，他们距离罗香很近，受其影响早，另外他们卖杉木的收入很少，因为经过他们村的河流太浅，很难通过放排往外运输木材。大量种植八角成为他们脱贫致富的新出路。六巷村因为是乡政府所在地，在改革以前，其经济行为都要受行政力量的牵制，当时政府不太同意种八角，瑶民观念也较保守，不见效益不投资，所以他们种植相对要晚一些。1990 年以前，八角价格在每斤三四元左右，农户只是零星种植。1992 年至 1994

年出现了市场价格的高潮，价格达到七至十元，村民开始转变思想观念，自发地广泛种植八角并形成一定的规模，六巷乡成为国家命名的“八角之乡”。2000年八角市场价格高涨，又形成一次种植高峰。八角逐渐取代杉木成为六巷村的经济命脉，而且影响到瑶民生活的方方面面，实际上是八角改变了整个村子，使得今天我们看到的大瑶山和当年费孝通先生看到的几乎完全不同。八角从种植到成材需要8—10年的时间，生长5年后可以结果，而且年年挂果，家户年年都有经济收益。这中间的过程需要长期的护理，包括杀虫、施肥和采摘。这些工作细致而繁琐，需要耗费很多的时间和精力。扶贫办和有关技术部门，对农民进行了八角种植技术培训和施肥低改示范，使八角的产量大大提高，一年可两收，春天收的八角，无核，产量占全年产量的90%以上，叫“大红果”，湿卖比较合适；秋天收的八角，产量较小，叫“四季果”，因为价格较高，干卖比较合适。八角采摘下来之后先由村民自行晒干，卖给当地的商人或上门收购的外地商人，然后运输到金秀和城镇，或卖到广西八角最大的交易市场——玉林，远的发往河南、山东等省区。

1985年至2005年八角市场价格表：

年度	1985	1986	1987	1988	1989	1990	1991
价格（元）	3—4	4	3—4	3	3—4	2—2.2	3.4—3.6
年度	1992	1993	1994	1995	1996	1997	1998
价格（元）	5—7	7—10	7—8	4—5	5	6	2.5—3
年度	1999	2000	2001	2002	2003	2004	2005
价格（元）	5.5	10—20	6—7	5	4—5	4	2.5

通过上述表格可以看出，价格是市场经济的杠杆，它仿佛一只“无形的手”指挥着生产者的行动，追求更高的回报。市场成为六巷林业结构的导航，在市场利益的驱动下，经济林逐渐取代

杉木成为新的经济增长点。瑶民对经济林的重视程度也越来越高，1992年、2000年两次价格高潮，导致六巷地区出现两次八角树的种植热潮。近几年，由于供过于求，八角市场价格持续下跌，六巷整体经济情况也陷于低迷状态。2005年，很多家户的八角收入只有100元左右，因为价格太低，严重影响农户经营八角的积极性，很可能会导致六巷村新贫困现象的出现，寻找新的出路是六巷村瑶民面临的选择。

正在晾晒的八角

笔者在实地调查期间发现一种新的现象，古陈有几个头脑灵活的村民已经开始搞八角油加工业，在土制作坊里，四五个人合作，100斤八角果可以榨出6斤油，一斤八角油可以赚取10元钱，一年可以赚到3－5万块钱，经济利润很可观。八角果对农民而言仅仅是初级产品，在市场中能获得的平均利润很低，一旦参与加工和流通环节，就能获得更多的产品加工流通所增加的附加值，具有很好的市场前景，并能带来更多的经济收益。当地瑶民可以通过集资的方式，引进八角深加工的技术设备，在市场引导和政府扶持下，突破家庭作坊式的经营模式，推动八角油加工业走规模化、产业化的道路。

三、养殖业、副业和运输业

1. 养殖结构的变化

首先是牛的功用发生了改变。过去几乎家家养牛，主要用作耕地。随着生产技术的提高和铁牛的使用，现在只有三家养殖专业户还养牛，LQG 家养牛 18 头，羊 60 头；XYS 家养牛 13 头；LMC 家养牛 3 头，主要是外卖获得经济收入。其次是马成为大瑶山新兴的畜力，主要用途是驮运石头、水、稻谷等，是当地农家的好帮手。六巷村从 1994 年开始用马，现在全村有半数家庭有马，有的家庭养 2 匹，全村共 30 匹左右。马大多是象州寺村的马贩子卖进来的。

第三，养猪仍是六巷村家庭养殖业的第一大宗，但性质已经发生变化。全村 53 户，除了几户人家因为经营小卖部或经商无暇饲养外，其余家庭都养，少的一二头，供自家食用，多的七八头，半数以上的家庭一年养 2 批猪，每批猪养两头或三头，用饲料（一头猪需要两包饲料，每包饲料 120 元）和草料、木薯、红薯等喂养。六巷村猪的品种是蒙山猪，猪苗是从桐木、中平买的，每只猪苗 100－200 元。除去成本、劳力，一头猪的利润只有 150 元至 200 元，按半年出栏周期计算，养一头猪日均利润只有一元左右，从经济学的角度看，是很不划算的。但是从社会学的角度看却有着充分的理由。一是养猪是瑶民的一种传统，是一种生产技能的体现。二是养猪不仅可以使日常生活中剩饭得到合理的利用，还可以产生一定经济价值，补贴家庭日常开支，两全其美。三是生态价值大，猪粪可为耕地提供优质的农家肥，对于保持各家各户长期承包的土地的肥力，防止单纯使用化肥导致的土地硬化具有非常重要的作用。

在市场经济条件下，虽然都是养猪，但性质却发生很大的变化——卖与买分离。随着经济发展水平的提高和货物供应的便利，日常消费猪肉很方便，六巷街有三个卖肉摊，每个摊点每天一般都要宰杀一头半或两头猪才能满足六巷一带的消费者需求。据卖猪肉的摊主说，仅靠六巷村养猪户供应，并不能满足当地人的需求，他们还需要去山外中平或桐木购买饲养猪，平均每月需要宰杀 40 头猪。如此算来，当地养猪并不能完全自给自足，主要还是依赖外部市场的供应。

第四，其他养殖未形成规模。家庭养鸡少则两三只，多则十多只，基本用于自食不外卖。六巷还有两家卖鸡摊，鸡的销售市场也很好，鸡每斤8元。农户很少养鸭子，但是他们每年都需要从外面市场购买，每年七月七请祖先和七月十四送祖先，家家户户都要用鸭子祭祖，当地瑶民不愿养鸭子，原因是鸭子吃的多，拉屎多，对家居环境影响较大。

2. 传统的狩猎和采集活动

当地猎杀的野生动物有山猪（市价12—14元/斤）、山鼠（市价7元/斤）、山鸡（30—40元/只）、茫鼠（15元/斤）、白鹇（市价50元/只）、野鸟（大的3—5元，小的1元）、白狐（也叫飞鼠，20—30元/只），8—9月份猎物最多，也较容易捕捉，一般家庭捕获的猎物腌制或烘烤，以备招待贵客或过年过节自食，增加蛋白质的供应。在六巷村也有几个捕猎高手，每年打猎能获得上千元的收入。

大瑶山的植物资源也很丰富，野生茶叶在清明季节采摘叫做清明茶，还有石崖茶、甜茶，瑶民都喝自己采摘的茶叶，不需花钱购买，采集多者还可以外卖；9月份开始生长很多野果子，有山菠萝、山枇杷、木竹果、野桔子、野柑子、山葡萄、山荔枝等等，天然绿色的果子是大自然的恩赐。大瑶山有国家二级保护植物罗汉松和松柏树，国家一级保护动物果狸、穿山甲、猴子。政府明确规定，保护人人有责，违反者轻者罚款，重者坐牢。当地的瑶民很理解，也很支持，所以狩猎和采摘有一定的范围和适度，因为他们原来就有维护大自然的和谐的良好传统，他们祖辈都相信万物有神灵。

3. 酿米酒

把米煮熟，米饭盛出后打散，等米凉了以后放入酒饼粉，20斤米加1—2斤水，在木盆放7—15天左右，然后放到锅里再加水10—20斤，加热3—4小时。一斤米能酿制1.5斤酒，1000斤酒大约需要600多斤米。瑶人喜好喝酒，以前他们没有不会酿酒的，家家都自酿自喝，现在因为市场经济的影响，很多家庭都不再酿酒，而是买酒喝，也出现专门的小型酿酒厂和家庭酿酒作坊。

4. 缝纫

过去瑶民都是穿自己织锈的传统瑶族服装，解放后，随着民族文化的“消融”及汉化程度的提高，穿汉族服装和鞋子越来越多，六巷村有了两个专门做汉装的裁缝，在商品经济的影响下，村民都不愿再穿做的衣服，而是直接到兼营服装鞋帽生意的六巷街店铺或山外的集市去购买成衣。

5. 交通运输业的发展

六巷村位于大瑶山深处，交通不便是阻碍六巷经济发展的最大因素。传统的运输靠的是徒步肩挑，去中平赶“墟”需要花费两天两夜。山路30公里，爬山越岭，需要步行8个小时，一般要在中平住一晚上，第二天再返回。60年代—70年代，供销社的货物仍是肩挑进山，肩挑出山。现在这种情况已成为历史。费老曾经说过“在一个农村或内地都市已失去其自足性质时，要减低该地的生活费用，或救济该地贫穷，发展交通和工业是重要而切当的方法。”在党和政府的领导下，县拨款和村民集资修建三级公路——乡级公路（六巷—中平）、村级公路、屯级公路。1978年从青山到中平的公路修好，青山到六巷这段路直到1982年才开始修，至1986年，六巷到中平的第一条公路完全开通。公路开通后，乡内外的交通工具主要是手扶拖拉机。90年代以后，私人的中巴、面包车成为乡内外的主要运输工具，六巷街上有四辆面包车，三辆货车跑运输。六巷村有11辆摩托车，主要用于乡里载客载物。六巷至古陈的公路是2003年开通，至朗冲、蒙冲、六庙、架梯、大岭尾等屯级公路基本能运行；现在六巷至门头村级公路、六巷至中平乡级公路正在改建为柏油路过程中，这极大地改善了六巷乡交通条件。

第三节　打工经济与商贸发展

一、艰难的剩余劳动力转移

由于长期处于封闭状态和小农经济意识的制约，大瑶山的瑶民缺乏走出山门的勇气。在市场经济、现代化浪潮冲击下，年轻人的思想观念发生很大的变化，面对“外面的世界很精彩”的吸引，六巷村民利用农闲时间外出打工的越来越多，成为六巷村经济发展过程中的一大亮点。

1995 年，村里出现个别外出打工现象，LFZ 的大女儿和女婿是当时最早外出打工者。20 世纪末开始，外出打工人员增多，据笔者调查，全村外出务工的劳动力有 25 人，男性村民 14 人，女性村民人 11 人。外出打工多去深圳及广东所辖的其他中小城市如东莞、惠州、四惠、中山等。广东作为改革开放后发展起来的加工制造业基地，需要大量的劳动力资源，为外地人到这里打工提供了机会。现在青年人出去打工，多是先去找亲戚或老乡落下脚跟，然后再发展或转移阵地。

从劳动力素质上来看，这些瑶族农村劳动力的文化素质普遍低，基本都是小学和初中文化程度，高中文化程度的只有 3 人，而且都是女性。这种现状使得农村劳动力在参与职业的竞争中处于明显的劣势。从职业分布来看，该村务工者从事的职业较为单一，且层次偏低。绝大多数人从事技术含量低，劳动强度大的体力劳动或是对智能要求低、劳动报酬不高的第三产业，主要在电器厂、玩具厂、模具厂、纺织厂、手机外壳厂、空调厂做工人，月薪 700—800 元；村里几个男孩曾在酒吧、餐饮业或超市从事服务招待职业，包吃包住，月薪400－500元。两个人因为工作资历深，在工厂任会计或部门经理，月薪1000－2000元；外出经商的很少，有一人曾和姐夫在江西合作加工樟树油，现在去了上海某工厂工作；还有一个人和其他人合伙经营饭店，也没有赚到多少钱。

从时间来看，年轻人外出打工时间普遍较短。外出打工者基本是20多岁的未婚青年，已婚夫妇只有3对。男孩子一般不会长久（半年以上）的在某地方或某工厂工作，工作一两个月或更短的时间，就返回家乡，在家待烦了，再出来工作。女孩子相对男孩子容易找工作，适应环境的能力强，在外工作时间相对较长。男孩们出去工作的主要目的，是为了到城市增长见识，改变原在六巷的传统生活方式，自己缺少工作的动力和责任感，家里对他们的期望很低，只要养活自己就行。结婚的夫妇都是一起出去，留有老人在家种田和照顾孩子。婚姻赋予他们责任感，家庭经济的重担落在他们肩上，他们外出打工的目的就是获得经济收入，维持家庭生计，一般都是半年或年底才回家。

个案：LLH、LSL、XGZ的打工经历。2005年9月他们结伴一起去荔浦衣架厂打工，工作时间只有5天。工作是由县政府组织介绍的。第一天上班，主管没有向他们讲明白是按件计酬，第一天就挣了7元，中午因为他们错过餐饮时间，去食堂吃饭时只剩下残羹冷饭，冲动之下，他们跑去饭馆吃了一顿，花销30多元，晚上下班后，又一起出去玩，喝啤酒。三个人五天做挂衣架9000多件，大多因为不合格被要求返工，他们因此不干了。出来打工时，家里给LLH300元，LSL和XGZ也只拿了400元。他们决定去广东闯闯，用所剩无几的钱购买车票到达广东东莞，通过招聘进了一家私营鞋底企业，底薪550元，结果只干了一个晚上，因为上夜班很累又危险，他们吃不了这份苦。后来经LLH的婶婶介绍，他们进了一家手提袋厂工作，月工资底薪

400元，加班费2元/小时，一个月下来工资也就是600元左右。因为老板脾气太坏，他们不愿忍受。工作一个月后，LLH和LSL应聘到东莞一家购物广场工作，超市的店长没事老爱找茬，他们看不顺眼，只干了21天，按超市规定扣除新职工半个月的薪金和两套工作服，只剩下90元，XGZ则进了一家玩具厂工作一段时间。在广东这两个多月的时间，因为下班后经常出去玩，吃夜宵，喝啤酒，所以开销很大，入不敷出，LLH只能借叔叔的钱，还让家里寄了1400元。最后他们还是回到六巷，让家里帮忙还清欠债。

通过此个案以及笔者对外出打工者的深度访谈，分析外出打工时间不长的原因，主要有以下几点：

1. 工资待遇低，最低工资400元，高的800—900元，仅能维持个人生活，有的甚至难以保证个人在外的消费，还要依靠家里补贴。

2. 受人欺负，在工厂或迪厅工作，老职工（也是打工仔）总是找茬打他们或偷抢他们的东西，新来的打工仔敢怒不敢言。

3. 广西仔爱打架，在广东的名声不好，找工作难。

4. 文化程度太低，进工厂需要很多证明，其中包括文凭证件，在职业竞争中处于劣势。

5. 老板对职工太苛刻，私企或外企的老板、管理人员打骂他们的现象很普遍，他们不愿意受别人的管制。

6. 缺少家庭压力和工作的动力。生活上不习惯，适应工作环境的能力差。

7. 恋土恋乡情结严重，认为在家乡生活得更自由。这些外出打工的年轻人，把老家作为他们永远的安全保障，不断的做循环流动，男孩子更是出去一回来一再出去的反复，起点和终点都是原来的农村社区。

劳动力流动是经济发展到一定程度的必然产物，它加快了民族之间、地域之间的经济文化交流。虽然很多年轻人的打工收入微薄，女孩子每年给予家庭的经济支持只有两三千元，男孩子基本没有什么贡献，只有结婚的夫妇才能为家庭经济添砖加瓦，但是正如欧美学者提出“明灯效应”，城市丰富的现代化的条件，众多的经济机会，如同明灯一样产生强烈的示范效应，间接促进经济的发展。外出打工和经商者见识到城市的现代化、社会化大生产和快节奏的生活方式，增强市场意识、竞争意识和风险意识，返回家乡向当地人传递城市的信息，促进少数民族价值观念的转变；加速山区对外开放的程度，鼓励更多的人向外发展，外出的打工者的打工收入为地方经济发展注入一定数量的资本，带回新的技术，产生新型农民，更重要的是推动经济致富带头人大量涌现。

二、六巷街商贸的发展历程

解放前，大瑶山里的瑶族受社会历史条件和地理环境的限制，历来商品意识淡薄，经济以自给自足为主。各家各户生产的大米、杂粮、蔬菜、禽畜、竹木用具等产品，多为自食自用。如果自家的产品不够，多是通过一种互通有无的制度即借贷制度。谁家遇到婚、丧、度斋等大事时，所需消费的生活资料或人工不足，可以向邻里亲朋借取，将来以同类或其他产品还回，不需要通过货币。山内也不能形成满足瑶族居民需要的商业市场，因此，瑶族需要的铁制生产工具、食盐、布匹等生产资料和生活必需品，必须仰赖山外汉、壮地区输入，而瑶族所生产的木材、土特产、药材等，也必须运到山外才有销路。大瑶山的瑶族只重视农业，是不经营商业的，他们也很少出山赶墟，这些商品交换活动都要依赖行商小贩。他们徒步翻山越岭，肩挑着瑶民所需要的货物，进山兜售，同时收购土特产品。在这种交换过程中，多采用物物交换的形式，只有数量较大、售价较贵的商品如木材，才采用货币交换的形式进行。[1]

新中国成立后，在党的政策指引下，各级人民政府大力发展集体商业。1954 年六巷地区成立供销社。供销社按计划经济购销、分配物资，安排职员到山外的中平、桐木等集市发达的地区将瑶民需要的食盐、煤油、火柴、小百货等生活用品和工具、农药等生产资料挑进山，出去进货爬山路大约需要两天的时间。山里的农副土特产品和林木由供销社收购卖到山外，不允许私营商业的发展。这种商品交换模式是一种垄断经营，缺少民间的积极性。

六巷街的民间商贸是在从改革开放后发展起来的。1980 年第一个个体商业户诞生，随父亲躲避兵役进山定居的一位汉族老人开始摆个箩筐卖瓜子、糖果之类的杂货品，据老人回忆说，那时一年能收入 1000 多元，后来租用邮电局的房子，才有了固定的商业店面。ZDB、ZTY、HFC 等外村人也进入六巷，经营米粉店、杂货店、卖猪肉。1986 年，为了更好的满足瑶民生活的需要，在政府的帮助支持下，六巷村前的街道旁（现在天天乐超市所在的位置）建立一个市场，个体工商户都集中在那里经营。至 1990 年，六巷街有 14 家个体工商户，从事经营的行业主要是裁缝、电器修理、杂货店、饮食店、屠宰业。90 年代以后特别是在 1994 年，供销社、粮所实行个人承包，六巷街又增加了很多的个体经商户，商业市场逐渐发展壮大。经过 20 多年的发展，六巷街已经发展成为拥有一定规模的商业街，新的分子不断加入，市场竞争也日益增强。这条商业街没有固定的集日，随买随卖很方便。街内的小店铺有二十五六家，物品比较齐全，基本可以乡内自足。商品主要包括日常生活必不可少的日用品、食品、

① 广西壮族自治区编辑组：《广西瑶族社会历史调查》（第一册），广西民族出版社，1984 年，第 209 页。

菜类、农副产品等，大部分来自乡外（柳州或中平），主要靠客车运输。最令人惊讶的是在这偏远的山区竟然还有一家网吧，与城市网吧的收费标准相当，虽然规模很小，只有三台电脑，却给人一种与时代共同前进的感觉。

春节前夕的六巷街道人们忙着置办年货迎新年

1. 商铺规模及特点

就六巷街而言，有二十多个大小规模不同的商铺，包括十三个小商店（杂货店），一个超市兼招待所、两个旅舍、四个饭店（其中三家在街上兼卖米粉生意，另一个在开发区位置），两个摩托车修理店，一个电器修理店，一个移动通讯服务点，一个中国电信六巷服务点，三个卖肉摊，一个小菜摊。个体户经营者以坳瑶、盘瑶居多，其次是汉族，只有四个店是六巷村瑶民经营的。

"小而全"是六巷街小店铺的特点。六巷个体私营都很少进行专一的买卖活动，比较注重全面（这个全面也是相对而言）。各种各样日常生活用品，店铺几乎都有零售。如：一些店铺既卖食品水果，又经营衣服、鞋、铁器，饭店又兼备米粉店的功能；米粉店又可以大量供应纯正茶子油。经营物品比较齐全，进入店内，既有物品"琳琅满目"之感，又感到空间挤压。兼顾收购是其另一个经营特点。经营者看准市场，按季节性收购农副产品，一些个体私营者既经营小商品买卖，又收购农副产品，与收购门市部形成竞争。随着时令的变化，重点销售的货物也就不同，比如春节期间，店铺及门口摆放的都是烟花鞭炮、糖酒、大礼包等；过完春节，店铺的主要商品马上就换上刀、锄等生产工具，因为春耕开始了。店铺的经营方式一般都采用现金交易，偶尔也有赊账的现象，但是传统的物物交换已经消失。六巷商业街最早是依附于政治力量发展起来的，尤其是饭店，其经营者多是依靠当地政府部门的某某亲戚或关系，从而不同程度地分享政府消费这块蛋糕，而没有政治资本可以依靠的店铺往往在竞争中处于劣势。

六巷音像店同时也卖蔬菜水果

各个店铺因资金、经营方式、政策、经营内容等方面的差异，经营规模不同，其收益也就不同。收益最大的一家是天天乐超市，经营者是大樟乡来的壮族夫妇。他们原来在外面做生意，赶集市卖衣服和鞋袜，2001年来到六巷，刚开始租一个店铺经营百货，2002年用积累的资金买下现在经营的位置，花了8万自己盖了两层楼，一层经营商品批发兼零售，二层作为招待所，还承包养老院的一层楼改为招待所。第二年又买了两辆货车跑运输，既方便自己进货，也提供运输服务。因为货源来自柳州批发市场，与六巷街其他在中平批发货的店铺相比，商品的价格相对便宜，而且种类比较齐全，销量大，六巷乡下属的很多村上的小商店为了节约运输费，直接来这里批发商品回去卖。精于经营的超市很快在六巷街处于商业垄断的地位，每年的收益有几万元不等，与当地人当年的收入有直接关系。通过访谈还了解到，他们已经在桐木用8万多元盖了一套房子，将来积累足够的资金后，准备到山外去发展。可见六巷的市场消费潜力还是很大的。

天天乐超市的发达给予我们很大的启示：在市场经济时代，注重理性和规模的新经营模式已经进入六巷，商铺的经营越来越倚重投入资本、经营策略、市场竞争。当地那些本钱少，又不讲究经营方法，对如何吸引顾客、有策略地售卖商品并不看重的个体户，难免在竞争中处于不利的地位，六巷村LZQ夫妇开的杂货店就是一个典型的例子。他们自1998年从粮所下岗后，租用粮所的房子开起一家杂货铺，除了维持日常的生活和供孩子上学，一年还能收入4000—5000元，2002年以后由于竞争加剧，特别是天天乐超市的影响，经营惨淡，房租和基本的生活费用都难以维持。这样的店铺如果依然守着族内老顾客、熟人的思想，营利观念单薄，就只有一条被市场生存法则淘汰的道路。

2. 商品种类及价格

小商品包括生活的方方面面，种类繁多：①日常用品：桶、锅、菜刀、雨伞、香皂、毛巾、牙膏牙刷等等。②穿着：衣服、鞋、帽、袜等。③食品：蔬菜有白菜、西红柿、菜椒、芹菜、蒜、菜叶等等，鱼肉蛋类有猪肉、鱼、鼠肉、鸡蛋等；豆类有花生、水豆腐、豆腐皮等；面有米粉、面条。④水果：苹果、柑、梨等；⑤电器：煤气罐、高压锅、收音机、录音机、电视、影碟机等。⑥大宗物品：农用化肥（混合肥、尿素）。商品绝大多数从乡外运回，加上乘车费和运输费以及运输困难等原因，相对于中平、大乐、桐木等镇，街内物品价格相对偏高，尤其蔬菜、水果，比中平市场价高三分之一。（见下表）从整个乡来看，瑶民对商品的需求量是相当大的。因为距离六巷商业街很近，六巷村家家户户的日常消费基本依靠这些店铺，只有逢年过节需要购买大宗商品时，才去山外的中平或桐木。

六巷街道上的菜市

六巷街的水果蔬菜种类和价格

种类	香蕉	沙梨	鸭梨	青苹果	红苹果	桂圆	丝瓜 苦瓜 节瓜	果薯	小尖辣椒	大尖辣椒	西红柿	烟丝
单价（元/斤）	1.5	1.5	2.5	2.5	3	2.5	1	1	2	3	2	6元/包

3．对外贸易情况

六巷商业街是六巷乡的商业中心，是连接乡内与乡外重要贸易纽带。许多乡内商品来源于乡外。而乡里的土特产品也通过这里运到山外。在六巷街商贸队伍中，外地人占绝大多数，他们的经济地位和社会认同和以前相比发生很大变化，商品经济的冲击和对经济利益的普遍追求，使经商人的社会地位大大提高，瑶民的意识也有所改变，他们也清楚，商业比农业的前景广阔，收益比农业产出高，但是六巷村专业经商的瑶民很少。一是因为经商就要有资金投入，资本是限制他们的最大障碍。二是他们没有经商的经验，难以把握市场，害怕风险，缺乏冒险的精神。三是外来商人对他们的压制，自认为没有他们头脑灵活。四是青睐于不用自己投资且有钱赚的打工行业，更愿意靠劳动力获得收益。所以，六巷村除了四户经营有固定的商铺外，只有七八户务农之余兼做做杉木、八角、花草奇石等生意。对外的商业贸易主要还是依靠六巷街上的外地经商者。

农副产品丰富是六巷商业贸易得以兴旺的重要条件。在政府的引导和帮助下，瑶民大面积种植经济林如八角。由此，六巷乡成为有名的“八角之乡”。随着交通条件的改善，六巷丰富的木材、八角、生姜等运到山外，成为六巷对外商业贸易的主要支点。这些大宗物品的收购点主要设在六巷街，多数是代外地商人收购，当地的八角老板除去照料好自己种植的八角外，走村串户帮外地老板收购八角，从中获得提成，虽然利润低，但由外地老板负责出资和销售，承担的风险也小；也有的自己做老板。六巷村有名的经商户是 WSF 的两个儿子，大儿子儿媳是本地有名的八角老板，1989 年他们结婚后，先是经营一个小卖部，2000 年经营饭店生意后，平日精心经营小饭店，到八角收获的季节，一般是九月份到年底这段时间收购八角拉出山外卖。在八角的价格第二个高潮期，很多当地人转变观念加入到八角生意的队伍中，因为市场信息不灵通，对销售的渠道也不熟悉，缺少市场经验，很多人惨遭失败。WQS 夫妇刚开始做八角生意的时候，也亏损了三四万元，但是他们并没有像大多数人那样不敢再去尝试。老板娘还向我们讲述她这几年的生意经“就像炒股票一样，见市场涨势好就要大量收购八角趁势向外发，在涨势下见利润不错就抛出去，如果八角有跌落下滑的趋势就要赶紧向外抛，不能太贪，像有些人想赚大钱就放着八角，涨了还想等再涨，跌了等着价钱回升，结果往往赔得很惨。”说起来容易做起来难，这些生意经验是他们用多少血汗、教训换来的，功夫不负有心人，在八角市场景气的那几年，他们八角买卖能收益三四万元，有了资本后又扩大饭店的经营规模，投入近 17 万元盖了两层小楼经营餐旅业。餐旅店的规模在全乡是无人能及的，生意也是最火的。但是好景不长，仅仅两个多月的时间，6 月 20 日的水灾冲垮了房屋，压伤了她的丈夫，转眼间他们一无所有了。面对自然的力量，生命是如此的脆弱，转瞬间一切都可以被山洪卷到不可知道的地方；但是在这里生命又是如此顽强不屈，一无所有的人们还有一双手，只要有这双手一切都可以重来。在亲友和政府的帮助下，丈夫伤愈后，他们一家又回到了当年经营的小餐馆，一切从头开始。

小儿子 WQC 因为不喜欢读书早早辍学，脑子灵活，性格比较好，结识很多朋友并随他们走南闯北，积累一定的商业经验，15 岁那年自己独闯广东，在伯父的影响和指导下，开始做兰花草生意。后来六巷街黄婆的大女婿去湖南做竹子生意，发现奇石捡回来一些，外地的老板花 200 元收购，转手卖出高价，这件事对 WQC 的启发很大。他自己跑去湖南的大山里挖掘奇石，后来还雇请本村的几个人随他去挖掘，把采回来的奇石经过简单加工，卖到广西、广东等大城市。每年他都要培育上万盆的兰花草、铁皇冠、绿盒苔等花草药材，卖给长期合作的柳州或广州老板。因为多年在外见多识广，加上人际关系广泛，做生意一直很顺利，已经成为当地独一无二的花草奇石老板。空闲时还和其他人合伙做一些木材加工生意，因为在六巷收购原木材卖给外地商贩利润很低，每株盈利 1—1.5 元，自己收购拉出山卖又受到政府部门计划指标和征收高税费的限制，而将木材深加工成方条或板材，然后转手销售给柳州的木材商，能从中获得的更高的商业利润。

4. 商贸与当前经济建设的关系

商业贸易是社会经济的重要组成部分，它能促使社会经济在一定程度通过流通运转起来。六巷乡经济收入的来源，绝大部分靠农副产品的外销，农副产品是六巷地区的经济支柱，也是六巷商业贸易的主要商品。种植八角和生姜通过商业贸易转化为农民的收入。王钳、大岭、架梯、古陈等村屯是六巷乡种植八角较多的，每年靠卖八角的收入比较丰厚。六巷村村民说，架梯村收入最多的农户高达七八万元，少则两三万元。六巷村的八角相对较少，但靠生产八角脱贫致富确已成为事实。据六巷乡工商所统计，六巷乡在2005年财政收入30多万元，其中八角、生姜税收占一半以上。因此，商业贸易对六巷当前的经济建设影响极大，两者是互相联系，互相促进。农产品外销，市场看好，一方面会提高人民生活水平，刺激农民消费；另一方面增加税收，提高财政收入，从而有利于六巷地区基础设施和商贸流通环境的建设与营造。反过来，六巷经济建设得到长足发展，改变交通状况，加强对外信息交流的通信建设，增强人们的市场意识，又会促进六巷商业贸易进一步发展。

第四节　家庭收入和消费结构

一、收入来源多元化

随着经济体制改革的深入进行，六巷村家庭纯收入逐年增加，从1985年的293元增加到2005年的1699多元，无论是官方提供的资料（表1），还是瑶民提供的自我估计值（表2），都可以看出六巷村民的收入在数量上有了很大的提高，而且其内部结构上也有了较大的改变（表3）。

表 1　六巷村历年人均收入比较表　　单位：元

年份	1985	1995	1997	1998	1999	2000	2001	2002	2003	2004	2005
人均收入	293	485	1187	1151	1395	1479	1155	1038.5	1472.5	1603	1699

资料来源：六巷乡政府提供的经济统计资料

表 2　六巷村瑶民人均收入自我估计比较表　　单位：元

	1985	1990	1995	2000	2005
平均值	250	400	800	1500	1500
最大值	350	500	300	2000	2000
最小值	100	100	1200	1000	800

资料来源：瑶民对人均收入自我评价和估计

表 3　六巷村 2005 年家户收入构成统计表　　单位：元

	农业	种植业	养殖业	经商	务工	政府补贴	其他
平均值	1800	2900	480	4100	4400	570	820
所占比	12%	19%	3.2%	27%	29%	3.8%	6%

资料来源：2005 年六巷田野调查所得

注：1. 农业指种植的农作物收入包括没有变现的实物如稻谷、木薯、红薯等。

2. 种植业主要指杉树、八角、生姜等经济林和经济作物收入。

3. 商业和务工均为现金收入。

4. 其他主要包括工资收入和政府补贴，其中政府补贴包括退耕还林补贴、水源林补贴、公益林补贴。

1. 农业收入：六巷村虽然是典型的农耕社区，但是家庭的经济来源已不再是单一的田地耕作，农业生产的水稻、木薯、红薯、芋头、蔬菜等基本是维持家庭的口粮，很少出售。瑶民对种田种粮的积极性大大下降，认为只要够吃就可以，关键是要挣钱。

2. 经济林和经济作物的收入：家庭经济收入的主要来源是

经济林和经济作物，在村民的总收入种占到30%－40%，有些家庭高达50%－60%不等。80年代，六巷村卖杉木脱贫致富。90年代，六巷村依靠八角收入添置一件件现代化电器，大大改善了生活条件，提高了生活质量。最近两三年，因为种植八角树增多，竞争加剧，致使价格大幅度下跌，2005年八角价格跌至每斤2.5元左右，家庭的八角收入由原来的几千元甚至上万元降到几百元，而生姜成为新的经济增长点，取代八角成为家庭经济收入的重要来源。生姜由前几年的每斤0.2—0.4元上升到1元左右，年收入平均达到3000多元左右。多元的经济作物的种植结构给家庭经济带来很大生机。

3. 打工收入：近几年，打工收入在家庭经济结构中的地位在不断上升。因为六巷街是乡内外商品贸易的集散地。每年收购木材、八角的外地老板需要雇佣当地人装卸货物，六巷村民可以在附近打散工获得一定的酬劳。随着西部大开发政策的实施，国家和政府加强基础设施建设的投入，特别是2005年6月的水灾造成很多土地和房屋的毁坏，为当地的瑶民提供了很多打工机会，政府出资重修道路和房屋都需要一定的人力，报酬是轻工每天15－20元，重工每天30元，马工每天50－60元，主要是用马驮石头、木材等一些重物。但是这种打工机会不是人人都能获得的。六巷行政村副主任和六巷村长等人因为有威信、人缘好，社交广，经常被招为工头，然后由他们去组织、领导当地人干活。他们找当地人干活有一定的原则：首先是同祖兄弟或亲戚，肥水不流外人田，其次是关系好的朋友，容易领导和管理，再次是劳动勤快，做活漂亮的人。由此可见，政治资本和社会网络资源是取得更多打工机会，获得更多打工收入的条件。

最近几年，打工收入成为家庭经济收入的主要来源之一。特别是2005年，六巷村三分之二家庭就地打散工的收入远远超出种植收入，收入几千元不等，像LQF、LCG等全村有名的打工专业户，收入更是丰厚。LQF自己说，他们夫妇在2005年仅打工收入将近2万元。LCG经常带村里几个人人去附近的林场除草，每天的报酬是30元，一年收入也有1~2万元，主要依靠打工收入供三个孩子上学。六巷村还有几户家庭是通过外出打工富裕起来的，LFZ家就是典型的例子。其女儿女婿、儿子儿媳都是很早出去打工的，2000年女儿用打工积攒的钱建了三层楼房，花费8万元左右，一楼出租给移动通讯营业所，月租100元。据他儿子说2005年全家的外出打工收入有10万元左右，他们希望明年能挣更多。外出打工的多是没有结婚的年轻人，他们基本是维持个人的需要，对家庭经济收入的增加基本没有贡献。

4. 养殖业收入：这在个别专业户年总收入中占主导地位，在一般家庭中所占比例不大，只是作为日常生活开支的补贴。六巷村有三家专业养殖户，主要养殖牛和羊，多是外销，一年收入5000—6000元。半数以上的家庭一年养2批猪，每批猪养两头或三头，用饲料（一头猪需要两包饲料，每包饲料120元）和草料、木薯、红薯喂养。除了自己过年过节食用外，一头猪卖后能获得纯收入150元左右，一年能增加家庭副业纯收入800—1200元，占家庭年总收入的10%左右。

5. 商业收入：虽然瑶民的商品观念有所增强，但是六巷村民经商的还是少数，全村有七户在农闲时从事杉木、八角收购生意，两户经营花草、木材加工等多种生意，还有四户经营固定商铺。商业收入也不等，代外地老板收购杉木、八角的当地商人每年能从中获利几千元不等，经营花草生意的WQC每年平均收入四五万元，其哥哥WQS夫妇经营的饭店每年收入3万元，WQS还和他人合作卖猪肉，每年收入1.5万元左右，其他三家经营小商店，一年能收入一两万元。除此之外，其余家庭几乎没有什么商业收入。

6. 政府补贴：这主要有政府的退耕还林、水源林、公益林等补贴款。退耕还林一亩补贴 230 元；公益林保护费每人每年 130 元；水源林保护开始的时候是补贴粮食，也补贴一点现金，每人每年 60 斤米，2005 年全部兑换为现金。半数以上的家庭都有此项收入，每年收入平均 1000 元左右。

7. 其他收入：每年六巷村瑶民都种植一些甜茶，卖甜茶和甜茶果能收入几百元，另外，每年 8 月份左右，瑶民会利用农闲，上山砍些杂竹卖给收购站，获得四五百元补贴家庭日常生活。

8. 工资收入：六巷村有 19 户家庭，其成员有工资收入。乡政府各部门的退休干部、职工、教师每年工资收入达 1 万多元，村干部的工资却很微薄，每年收入 100 元到 400 元不等。

综上所述，六巷村民家庭经济收入的来源已不再是单一的农产品的交换，而是以差异性的个体选择，通过不同人的就地或外出打工、经营畜牧业、其他副业及经商，构成家庭收入的重要支柱并构筑起整个村的经济转型过程。根据瑶民的家庭经济收入情况可以看出，六巷村的 51 户家庭的贫富差距越来越明显，富裕户 10%，年收入几万不等，有的 2 万—4 万元，有的高达 10 多万元。WSL 家既经营花草、木材加工生意，又有工资收入，每年平均收入几万元；LFZ 家是典型的打工专业户，子女都在深圳打工，本人有工资收入，2005 年全家收入 10 万多元；LQF 家就近打散工多，2005 年家庭仅打工收入将近 2 万，兼有脱谷、打米等加工服务收入；PZY 家女儿在柳州打工；LLQ 家开经营小商店，与别人合伙做卖肉生意；WQS 家经营八角生意，开饭店、招待所，曾是首屈一指的富裕户。通过对富裕户的分析，家庭经营都呈多元化，主要的经济来源是商业收入和打工收入。中等户占全村的 80%，年收入在 1 万元左右，主要是靠勤劳致富，家庭田地多，八角、生姜收入丰厚，成为家庭的主要收入来源。贫困户 10%，其中两家五保户由政府照顾，另外两家贫困主要还是因为懒惰。总的来说，大瑶山遍地都是宝，只要勤恳劳作，都能解决温饱问题，而且大部分家庭发展多种经营，已经摆脱贫困状态，正在逐步走向小康生活。虽然六巷村仍然要依靠田地耕作生活，但是农业的支柱地位发生改变，通过家庭收入构成表可以看出，家庭经营越来越趋向多元化。

二、生活消费丰富化

改革开放后，六巷村已不再是一个自给自足的农村社区，它的经济生活被深深地卷入到市场经济体系和现代化建设中。随着收入的增长，瑶民的生活资料也逐步丰富起来，在瑶民的物质生活消费品中，自给性消费品所占比例不断下降，而商品性消费品日益增多，他们的日常消费品和服务主要依赖市场提供。笔者对六巷村的 53 户家庭消费支出的调查结构如下：

六巷村 2005 年家庭消费支出分项表

项目支出	生产支出	食物支出	衣着支出	燃料支出	交通支出	通讯支出	医疗支出	教育支出	三色支出	宗教支出	其他支出
平均值	920	3300	390	120	390	720	430	3600	400	100	540
比例	8.4%	30%	3.6%	1%	3.6%	6.6%	4%	33%	3.7%	0.9%	5.2%

1. 农业生产、管理费用：此项费用在家庭日常消费支出中的比例占 8.4%左右。每年支出将近千元，主要用来购买种子、化肥、农药等生产资料。随着农业生产技术的推广和产量的提高，农户越来越重视化肥、农药投入使用，每年都需要 800 多元的生产投入。

2. 食物支出：六巷村民再生产投资的比例很低，而“吃”在村民的日常生活消费支出中占很大比例。从产品消费的结构看，大部分家庭的粮食基本是自产自食，只有几户经商或劳动力多的家庭的稻米不够吃，还要买一些粮食补充家庭的需要。蔬菜、副食品则多为购买，瑶民的消费越来越依赖于商品市场，因为自家种的菜不够消费或者种类单一，偶尔也买一些菜，每年买蔬菜和水果需要200多元。鱼肉蛋、烟酒（非必需品）在瑶民的日常生活消费中占有显著的地位，说明瑶民消费能力在逐步提高。六巷村人特别重视"吃"，不像下古陈村更愿意赚钱添置家庭用品。他们笑称自己村为"老虎村"，要天天吃肉。饮食结构中，肉类和烟酒是花销最多的，平均每个家庭每年需要1000元左右买肉，瑶民有喜好喝酒的传统，过去都是自家酿酒，现在嫌麻烦，酿酒的人家越来越少，30多户人家是到店铺买酒喝，一年烟酒平均需要1000元左右。

大瑶山的宴席，少不了米酒和酢肉

3. 衣着支出：单从衣着上看，六巷瑶民与汉族人已没有太大的区别，花篮瑶的传统服饰只有少数老年人才穿，而村民平时所穿的服装一般都是从街上的店铺或中平等市场购买的，很少自己缝制。村民对衣着的要求不高，大人每年买两三套衣服就可以了，一套衣服也就几十元钱，孩子买衣服相对多一些。因此大部分家庭每年在衣着方面的开支都在 300—500 元，少数富裕的家庭可能在这方面讲究一些。

4. 住房支出：20 世纪 90 年代末，经济上逐渐富裕起来的六巷瑶民开始改造住房条件，村里的几家经商、打工的先富户都盖起二三层的楼房，WSF 与小儿子一起生活在小村，他们在 1997 年用积蓄的钱建了一栋面积 117 平方米三层小楼，费用 8 万多，装修的像城市楼房一样漂亮，在六巷村传统建筑群显得格外耀眼。由于 2005 年水灾的毁坏，他们不得不与村里的其他几户人家搬迁到另一山头，在政府的帮助下，重建房屋。因为六巷地处偏远，建筑材料又都是从山外运来，建房的成本和运输费用很高，一块转从山外拉到六巷成本就是 0.38 元，价格翻两番，盖一幢 77 平方米的房子最低需要 1.6 万元，如果建两层，需要 2—3 万。虽然政府给予每家补贴 7600 元，但是对一般的家庭来说，不能不说是一笔大宗支出。虽然一般的家庭每年都有万元收入，但是日常消费开支也不少，几乎所有建新房的都要向亲戚、朋友或银行借贷。

5. 燃料支出：六巷村林木资源丰富，使用的燃料都是干柴。每年从正月开始，抽空上山砍些木材，晾晒在山上，等到快过春节时，请人帮忙拉回家用，燃料支出几乎不花钱。随着生活水平的提高，煤气灶曾一度成为六巷村的时髦生活工具，现在由于液化气价格不断上涨和高压电的使用，很多家庭弃煤气灶，使用上电饭煲和电磁炉，所以燃料支出很低，大约每年需要 120 元，仅占家庭消费支出的 1%。

6. 交通支出：六巷村现在交通比较便利，村民外出到中平赶墟都是乘坐面包车，六巷街上有三辆面包车，发往中平、桐木。六巷至中平的交通费用是来回20元。乡里的交通运输工具是摩托车，据统计六巷村有11辆摩托车，由乡下村，根据距离定价，一般是10元左右。除了经商和外出打工人员的交通费用很高，一般家庭每年外出的次数不是很多，只是逢年过节才出去采购物品，所以一年的交通费用大约需要100元左右。

7. 水、电、通讯支出：目前，六巷村家家户户都通水（自来水）通电（高压电），40多户家庭安装电话，安装率达到90%，还有很多村民因为经商或经常外出使用上了手机，甚至个别家庭拥有2—4部手机。一般家庭每月的水电费是10元左右，而通讯费则高出很多，每月费用最低20—50元，高达200多元。

8. 医疗费用支出：这项支出的变数也比较大，大多数村民遇到头疼脑热，一般都用本地草药来治病，或者自己找点药吃，除非大病或老人、孩子生病才去乡卫生院。所以，每家每年的医疗费很不一样，一般在200元左右，生病住院者可能要花费千元以上。

9. 教育支出：近年来，六巷村民子女的教育支出，在日常家庭消费支出中的比例呈日益提高的趋势。六巷村有节育少生的传统，每户平均2个孩子，有子女上学的家庭，孩子的教育费用是家庭的主要负担。六巷乡小学的小学生每年教育费用为200—300元，因为普及义务教育和洪灾的影响，这两年的学费给予减免。2004年为了集中资金力量，提高教学质量，六巷乡中学被撤销，现在当地的学生都要到桐木、金秀、门头读初中。外出上学是一个好的机会，为子女能到一个相对好的环境学习创造有利的条件，但是对于一般及相对贫困的家庭来说，这又存在很多实际的困难。好多孩子因为年龄小不适应环境而不愿外出读书，当然，最大的问题是外出上学费用比较当地上学明显提高，相当于在当地上学的两倍，平均一个外出上学孩子费用增加 2000—3000 元，家庭负担明显增加，严重影响六巷乡的升学率。据统计，六巷村只有七个孩子正在读职高，两个孩子正在读大学，每年的费用 5000—6000 元。由此可知，在有子女外出上学的家庭消费总支出中，教育费用的支出占到三分之一。

10. 文化娱乐支出：传统的文化娱乐逐渐淡化，越来越趋向于现代的娱乐方式，比如看电视、唱卡拉 OK、看影碟、打麻将。基本家家户户都有彩电和影碟机，而且使用家用卫星可以收到比许多小城市还要多的卫视台。村里一半以上的人都参与打麻将，部分家庭全家都爱好，在这方面的支出很高，打麻将有输有赢，输赢的钱无法计量。

电视已经普遍进入瑶家，这是安装卫星接收器的情景

11. “三色”消费：“结婚”消费（红色）占家庭日常消费支出的比例一直稳中有升。过去，村民结婚，只需要消费几头猪，自己家不够消费，可以向其他家庭借贷，将来在以同样的方式归还。随着市场经济和金钱观念的深入，现在需要金钱购买大量的东西以备宴请宾客，参加婚宴的亲朋好友自然少不了贺礼。贺礼的多少要看来客与婚礼举办者的远近亲疏，关系特别近的贺礼 100—200 元（根据家庭经济情况和原来的人情基础），一般的亲戚 50 元，普通朋友或村里人最少也要 20 元。“丧葬”消费（白色）相对简单，所需费用不是很高，每逢丧礼，由村长到山

顶“喊村”，全村几乎所有的家庭都要派代表前往，带上纸钱、香、米和粑粑（不是糯米粑，而是米饭粑）、几个鸡蛋、一斤左右的肉条、鸡（亲近的亲戚需要带鸡），亲戚和外家即亲家要带三尺六的布，这些东西基本满足葬礼的需要。“人情”消费（黑色），六巷越来越流行送红包，搬迁新房送红包，亲近的自家人送的相对多，80 年代 5 元的人情费，发展到后来的 10 元，又提高到现在的 20－100 元不等。春节消费支出也很高，除了购买自家吃、用的物品外，还要购买鞭炮、礼物去串家走户拜年。六巷花篮瑶最普遍的形式是请客，年初二开始，村民大办酒菜，大宴亲朋好友，相互往来宴请，还要送老人和孩子压岁钱 10 元、5 元不等。一般的家庭都要花费 400 元左右。

12. 宗教支出：宗教支出包括请道公做道法，消灾祛病，祭祀祖先，祭祀甘王等，家庭平均每年支出 100 元左右。

13. 耐用消费品情况：现代化的结果之一就是家庭耐用消费品的日益普及。一些更加舒适，更高档次的现代生活用品如电视机、影碟机、音响、手机、摩托车等已不同程度地走进花篮瑶家庭。耐用消费品已经成为人们日常生活不可缺少的部分，且家庭拥有比例日渐增高。耐用消费品的拥有率以电视机为高。全村除了两户都有电视机，大多是彩色电视机；70％以上的家庭拥有影碟机或录像机；30％的家庭拥有洗衣机；电话安装率达到 90％；据统计全村有 50 多部手机，其中有的家庭 2－4 部手机；全村拥有 11 辆摩托车，自行车 2 辆。很多电器的拥有与六巷整体基础设施的建设有很大关系，高压电改变了瑶民的生活方式，传统用干柴烧火做饭，过渡到液化煤气灶的使用，现在很多的家庭用上了电饭煲、电磁炉。这些耐用消费品使家庭的物质消费结构从传统逐渐过渡到现代，体现了家庭生活方式现代化程度的提高。

六巷村 2005 年拥有耐用消费品情况表

项目	黑白电视	彩色电视	影碟机	煤气灶	电饭煲	电磁炉	洗衣机	摩托车	自行车	拖拉机	固定电话	移动电话
数量	8	51	37	40	11	16	12	11	2	7	48	51
拥有率	15%	96%	70%	75%	21%	30%	23%	21%	4%	13%	90%	57%

三、互助交往复杂化

很早以来，花篮瑶人就有互助的传统。费孝通先生归结为一种互通有无的制度即借贷制度。“他们普通的方法是向邻里亲朋借贷。譬如他们的猪：每家所养的猪在数量上是受制于每家所剩余的食料，普通不能超过两头。但是在需要消费猪肉的时候，如婚、丧、度斋等等，时常自家所养的不足应用，于是就得向亲朋借取。在权利的转移上讲，这是一种借贷的方式。若从整个社会经济机构上来看，是一种私家豢养，公共消费的办法。……不只是货物可以向多余的人家借贷，人工亦可借贷。……瑶人的借贷是不取利的，实是一种以习俗为保证的保险制度。”① 家庭在生产生活中的互助分为两种：经济互助和劳力互助。经济互助就是在村某成员发生难以解决的困难时给予金钱或实物上的帮助。谁家遇到经济困难主要还是向亲友借钱，实在没有办法才向银行借贷，因为银行利息太高，用当地瑶民的话来说就是“仔大过娘”。劳力互助又分为帮工、换工、打工三种形式。

1. 帮工：村某成员家有婚丧嫁娶，盖新房等重大事情，一般都是村长到山顶“喊村”，通知村里人，每家每户都要去人帮忙。特别遇到丧事，都是带点东西自愿去帮忙，不需要请。

① 费孝通、王同惠：《花篮瑶社会组织》，江苏人民出版社，1988 年，第 45～46 页。

2. 换工：在插秧、打谷子等农忙时节，通知两三家尚未进行此类劳动的亲戚劳力前来帮忙，不付报酬，只负责三餐饮食，等到对方也做同样的农活时，自己也去帮助对方，以相等的劳力、劳动时间对换，其根本目的在于追求一种合作效益。

3. 打工：进入 90 年代中后期以后，市场经济观念的日益深入，这种互助合作性质的帮工发生很大的变化，过去无偿的形式难以维持。特别是进入六巷做生意的外地人的增多，人们也开始改用付给帮工人员一定的金钱来解决，主要是针对来六巷经商的外地人，当地部分瑶民之间也开始采用这种交往方式，像有些家庭租用铁牛耕地时，就需要付租金请别人带着铁牛过来帮忙。无论借贷还是互助都形成一个人情圈，最近的一层是亲兄弟或同祖兄弟，第二层是亲戚，第三层才是朋友。

费老在《花篮瑶社会组织》中谈到“这些同出于一祖的后裔，至今仍团结成一较家庭为大的血缘组织。他们称这种组织作 zoŋ，我们可称作宗族。”花篮瑶的后人称之为“同祖”。在经济互助和劳务往来中，“同祖”是瑶民经常挂在嘴边的一个词。正如谚语所说，人类的生存靠亲友，瑶族的生存靠的是“同祖”。林立的血缘群体组织就像一张无形的网络笼罩着大瑶山，各个“同祖”就像这张网络中的大大小小的目，组成一种特殊的社会结构。同祖的各户成员，有共同的祖先来源传说，有共同的头人，共同的山林田地，共同的土地共同耕作或租给别人耕种，收获物共同分配，有公共墓地及祭祀活动如清明节上坟，每年七月七和七月十四请祖、送祖。现在更多地体现在互助交往中，家户遇到困难首先想到的就是找祖上的兄弟帮忙，可见，“同祖”在家户的经济生活中发挥着十分重要的作用。

第五节　六巷经济发展的思考

一、经济发展的动力探索

纵观六巷村70年经济变迁的过程，其变迁动力可大体分为外力推动和内生力量。而在具体层面上，表现为政府引导、市场驱动或资源约束等不同的实现方式。

第一，国家和政府起了很大的引导作用。对于落后、贫困的少数民族来说，由于经济社会发展水平低，自我发展能力相当虚弱，单靠自己根本不足以推动自身迅速走上现代化之路，外部力量就成为启动这些少数民族不断发展的关键。长期以来，各级政府和外界社会力量在生活救济、教育、基础设施建设、发展生产等方面给当地瑶族群众提供了巨大的支持和帮助，尤其是1990年以来，政府改变过去的救济扶贫策略，以项目扶贫为主，以改善当地基础设施、提高人的素质为目标，不断加大对路、水、电和科技、教育方面的投入，大大改善了六巷地区的经济条件，有力地推动了当地经济发展和人民生活水平的提高。

第二，市场经济的驱动。二十多年的改革开放，是在用市场经济的手段和方式，实现传统社会向现代社会的转变。不管村民在经济变迁中的这种市场参与或市场卷入是自愿还是强制，是主动还是被动，他们已存在于市场之中。因此，发展与落后，富裕与贫困，其症结不在于“传统”与“现代”，而在于他们在市场参与中的地位和方式，在于他们对市场的参与程度。市场经济、商品经济、货币经济的高速发育，使得我们民族的所有家庭和个人都必须依赖于市场而生存，就是偏远的瑶家，他们的自给率已经逐渐降低，市场交换成为瑶民经济生活不可缺少的一部分。市场力量成为这一时期经济变迁的主要实现方式。

第三，资源约束。如果说社会主义市场体系的建立，为六巷村日益普遍的多样化经营确立了良好的外部环境，那么，区域性自然资源和民族性文化资源优势是不可忽视的内在基础和动力之一，并且在当前正在发生的变迁过程中，其重要性和生成为主导性的趋势已初露端倪。六巷地区发展越来越倚重资源，也只有充分发挥资源的优势，才能在市场经济中占有一席之地。

二、存在的问题及对策

70 年来，六巷村发生了翻天覆地的变化，用费孝通先生再访瑶山的四个字来概括就是“换了人间”。一个村寨的变迁不仅仅体现村民的适应和发展过程，也折射了民族地区乃至整个社会的变迁。马克思的社会变迁理论认为经济结构是社会结构的基础，经济因素在社会变迁中具有优先作用，而上层建筑则对社会变迁有着重大影响。随着经济体制改革的深入和现代化的发展，民族地区发生了翻天覆地的变化。特别是西部大开发政策的推行，为民族地区的发展提供了良好的契机，经济发展与民族团结都取得了长足的进步，特别是像六巷这样边远的民族村寨，在现代化的进程中获得新的发展空间和生存资源，但是从全国范围来看，六巷村的现实是经济相对落后、地区相对贫困，摆脱贫困、追求发展仍是大问题。而政策落实的程度和基层组织的弱化，民族文化的逐渐消融，生态的失调等，都成为影响六巷地区经济可持续发展的瓶颈。在新的时代背景下，党和政府提出新农村的经济建设和发展应该是立足于均衡的发展。通过对六巷村这个少数民族村寨的实地调查，笔者针对现在发展中存在的这些问题提出粗浅的建议，希望有益于六巷地区未来的发展。

1. 加强基层组织建设

大量的事实证明，一个村庄有一个好的领导班子和一批有市场经验的精英，这个村庄发展经济的速度就快。笔者在调查中发现，六巷村的基层组织文化素质偏低，对政策的认识和贯彻明显有滞后性，对市场经济规律和市场运行知识了解甚少，在经济建设中，并没有真正起到促进经济协作、共同发展的作用。他们只管下达种植计划、催种催收催上交，转达上级指示和政策，而当生产出来的东西没有销路时，他们却事不关己。1996 年，地方政府和村委要求当地村民种植绞股蓝和黄柏皮，并承诺生产出来的产品由政府统一安排销售，结果并没有兑现，致使农民遭受损失，干部在村民中的威信大打折扣。笔者在调查中了解到，国家政策性的因素在促进这一地区发生变化方面起巨大作用。村民总体上对农民减免农业税等政策的满意度还是比较高，但是对乡、村干部政务的满意度就比较低，意见很多，这个问题应该引起重视。地方政府要适应建设社会主义新农村建设的要求，转变职能，加强服务意识，同时，还要注意培训选拔一批懂市场、善经营、信息灵、关系广的基层干部，让他们甘愿成为带领农民发展市场经济的“引路人”，帮助农民推销产品，疏通农副产品的销售渠道，打破家庭经营的局限性，推动农副产品向产业化、规模化发展。

2. 进一步完善市场体系，促进产业结构调整

从六巷村经济发展的现状来看，市场经济的发展是他们告别贫困，走向富裕的必由之路，经过几十年的建设，虽然迈上一个新的台阶，但是与发达地区相比，还存在很大的差距。主要表现在以下几个方面：一是市场发育不完善，基本处于待开发阶段。六巷地区无论是在市场建设的软硬环境方面，还是市场体系的健全和完善方面，都明显落后于经济发达的地区。二是商品经济观念相对落后，虽然当地的瑶民建立了一定的市场观念，但是没有彻底打碎“贱役轻商”的观念。三是虽然卷入市场经济，但是因为历史基础薄弱，位置偏远，它处于市场体系的边缘，完全的市场导向与瑶民相对落后的市场意识产生冲突。六巷村必须进一步

加强市场竞争的意识，发展“人无我有，人有我精”的资源，以取得市场竞争的优势，把农业和农村经济结构调整纳入市场经济轨道中，依托市场发展多种经营。改善农副产品的品种，全面提高农副产品的质量，树立产品品牌意识，提高产品的市场占有率，由市场的边缘化逐渐深入中心；要对农副产品进行深加工，延伸农林产业链，提高产品的附加值，以市场为导向，立足于现有加工能力的改造提高，促进产品加工业的发展；要建立健全一套市场信息“搜集、整理、分析、预测、发布、反馈”的网络，从而为广大的农户生产经营提供可靠的决策依据。

3. 充分发挥人文资源优势

经济的发展要实现持续增长，仅仅依靠经济建设本身以及一定的政府行为是远远不够的，发展到一定的程度将处于停滞阶段。因为经济发展成功的手段除存在于一定的主观的经济建设内部之外，也同时存在于客观的经济发展的外部条件。优秀的民族传统文化是民族地区经济发展的不可缺少的重要组成部分，要把弘扬民族传统文化和发展商品经济结合起来，相互渗透，相互促进，在寻找民族文化和商品经济发展的结合点上做出有益的探索和大胆的尝试，“文化塔台，经贸唱戏”。六巷村在长期的民族交往和互动中，其语言、服饰、宗教、习俗、民间艺术等都发生变迁，本民族的文化积淀被许多人认为是现代不融的东西，而遭到遗弃。而“文化是一种历史资源和资产”①，一个民族如果失去独特的文化内涵和根基，同时会失去很多的发展机会。在传统文化保护这方面，门头村的花篮瑶比六巷村做得好一些，所以，民族博物馆和生态村的建设选在门头村。六巷村具有更好的区位优势和学术价值，当地瑶民应该自觉意识到保护文化资源的重要

① 成中英：《文化·伦理与管理——中国现代化的哲学反省》，贵州人民出版社，1991年。

性，彻底否定传统与现代的二元对立观，使传统的民族文化转化为现代化发展的资源优势，转化为经济效益和社会效益。

4. 制度创新

经济发展是一个历史渐进过程，需要一定的经济发展制度积累。美国制度经济学家诺思认为："经济的增长关键在于制度的因素。"改革开放二十多年来，中国经济快速发展很大程度上受益于制度的创新。东部地区特别是沿海地区敢于突破计划经济的束缚，在市场机制的变革中获得巨大的经济效益。六巷所属山区在一系列的农村改革政策、山地开发政策、西部开发政策、民族政策等作用下取得一定的成效，但是随着山区农业制度环境的变化，一些制度存在不少的缺陷，比如市场机制的不完善、农村金融制度与支农的偏差等。如果这些相应的经济制度不进行创新，就会严重影响山寨经济的发展和农民收入的增加，所以，基于山区经济发展的现状和前景进行的制度创新是地区经济超越式发展的关键因素。

5. 树立生态发展观

生态环境是发展的基础，决定经济形态和发展方向；同时经济的发展又作用于生态环境。历史和现实告诉我们，对现代化和市场化的追求不可避免的，是一种进步和文明，但是经济发展的同时也造成了人与自然和谐关系的破坏，当地瑶人的生态环境已经面临着自然灾害的挑战。过渡的砍伐和肆意的捕猎带来灾难性的后果，野生动物资源的彻底枯竭，水资源的严重缺乏，植被的大面积破坏以及洪灾频繁发生，给六巷地区的经济建设带来一定程度的破坏。所以树立生态发展观迫在眉睫。国家对于贫困地区的投入和一系列的优惠政策只是一个"引子"，创造经济发展的外部条件，关键在于瑶民自己，合理适度的利用土地资源，保护好世世代代的生存环境，走生产发展、生活富裕、生态良好的文明发展道路。

第四章　坳瑶村寨下古陈

1935 年，费孝通先生应广西国民政府的特邀，偕同新婚爱妻走进广西大瑶山，曾打算对大瑶山分五个瑶族支系进行一次彻底的调查。然而，告别坳瑶小寨下古陈村后，大瑶山的深山里却酿下一死一伤的人间悲剧。下古陈也因此成了费孝通先生瑶山调查的最后一站。

经过 70 年的风雨变迁，坳瑶村寨下古陈早已今非昔比。全村 38 户人家，181 口人，90％的人口为坳瑶，以盘姓居多。古陈南临六巷，北望罗香，西靠五指山神山，东与大岭尾隔河相望。在平时的生活中，他们讲着本民族的语言，也有着本民族的信仰，但是在市场经济的作用下，随着生活水平不断地提高，经济的不断发展，与外界越来越多的接触，这个小小的村庄也在悄悄地发生着变化。

第一节　坳瑶的经济特征及其变迁

历史上瑶族的经济生活是以“刀耕火种”著称的，这种粗放经营的山地游耕农业生产方式，生产出来的粮食十分有限，需要以采集与狩猎作为补充。20 世纪 50 年代后，随着农村中分田分地和户籍制度的改变，中国境内的瑶族基本上结束了刀耕火种的游耕生活。[①] 生活在下古陈的坳瑶亦是如此，在过上定居的生活

① 玉时阶：《瑶族文化变迁》，民族出版社，2005 年，第 39 页。

后，他们依然从事着日出而作、日落而息的劳动生活，只是随着时代的发展，生活方式却在潜移默化中发生着改变。

一、下古陈村的经济特征

在下古陈村，种植的粮食作物主要是水稻。近年来，随着农业科学技术的不断进步，粮食产量的不断提高，基本满足了人们生活的需要，大多数村民家里的粮食都出现了盈余，于是便出现了瑶人贱农重商，多种经营，外出打工的情况。除此之外，采集与狩猎，也不再仅仅是为了果腹，更多的成为一种消遣，把它们当作是大自然额外的馈赠。坳瑶人喜欢吃野味，并且也把这当作上等的佳肴来招待远方的客人。其中，以竹鼠、鸟类与山猪肉尤为出名。但是，打来的野味却很少会拿出去卖，更多地是自己享用或是赠予亲友。对于生活在大瑶山，发展相对于落后与缓慢的瑶族人民来说，虽然农业的发展，在一定程度上可以满足他们最基本的生活需要，但是单一的农业生产难以提高他们的生活质量与水平。

1. 农忙闲、农闲忙

坳瑶的传统经济生活主要以农业为主，农业耕种是坳瑶人的主要生计来源。在人口相对较少、自然环境危害不大的前提下，即使生产力水平低，但坳瑶自身基本的生活还是完全可以保障。随着社会的进步，人口的增加，在土地面积恒定不变的情况下，新增劳动力的显性失业就越发凸现。坳瑶人传统的男耕女织的生活格局也因此而被彻底打破。经济生活彰显出许多新的特点。一方面，人多地少，加上耕作技术有不同程度的提高，普遍实行小型拖拉机耕地，这样，就使得农忙的时候，农民就显得相对“轻闲”。另一方面，由于坳瑶的经济起步低、发展相对滞后，这种被逼出来的清闲日子，就只能在农闲时通过找副业的方式来维持基本的家庭生活。在这样的双重背景下，坳瑶的经济发展总体上就呈现出“农闲忙、农忙闲”的特点，完全背离传统的农业生产模式。

2. 农业是老年人的“主业”，青年人的“副业”

“农忙闲，农闲忙”，明显地体现出鲜明的经济特点，在坳瑶的经济生活中，农业生产早已不是主要的收入来源。农业种植成了老年人的“主业”，年轻人的“副业”。老年人生于瑶山，长于瑶山，在安静的大山里生活了一辈子，日出而作，日落而息已经成了他们惯常化的生活方式，蕴育了一种强烈的“念山、亲土意识”。即使年老体衰，他们也舍不得走离散发着泥土清香的田野。而对于坳瑶的年轻一代来说，不但这种意识相对淡薄，而且大多数的人都有一种“向外看、跳农门”的观念意识。他们认为，“种田人吃不饱饭，不种田的人，碗里的米饭却是满满的”。这里存在着双重的话语内涵。其一，在大瑶山地区未“开化”年代，由于土地所有权归属不同，“过山瑶”种地还山，辛苦耕田种地，在生产力较为低下的年代，要想过上丰衣足食的生活，当然极端不现实，虽然种田，但碗里的米饭未必就能够吃饱。其二，不种田的“山主”阶层，由于存在一层剥削关系，因而即使不种地，碗里的米饭同样可以保证。另外，改革开放后，市场经济的影响，交通条件的便利，农作物价格下跌，山外谋业的收益远远大于种山吃山的劳作生活，相比之下，外出打工谋业就普遍受到了青年人的青睐。由于这种市场经济影响下的理性行为，转移了大批的青壮劳动力，因而农业生产的规模也相对减小，处于一种相对萎缩的局面。

3. 养猪不吃肉，吃肉不养猪

道路交通环境、水电生活设施的改善，使得坳瑶人的日常生活习惯有了大大的改观。山内山外的物质交换变得更加频繁。源源不断外输的高价木材，换回了山外的日常生产生活用品。尤其在肉食品方面表现得特别明显。按照坳瑶人的话说：“养猪不值钱，肥了一方田”。由于种田已经普遍不受村民欢迎，养猪“肥田”对村民来说就没有太大的吸引力。这样，村民生活中的肉食补充，多数是通过木头、八角等其他经济作物来和山外的人交换。这就给青山村的某村民创造了一个极佳的副业机会。

村民H是下古陈村一带人人皆知的屠户。当地人都称他是“吃白饭的人”，意思是说不种地，通过买肉跑副业，却能过上富足安康的生活。肉销量的变化是古陈人生活方式的改变，生活水平提高的一张“名片”。他们哥俩合伙经营，利润风险两人共担，根本不存在个人“私捞”的现象，生意也做得红火。他一般隔天进下古陈一次，平均一次可以在下古陈村里卖肉20—30斤，价格6—6.5元/斤。由于讲信用，不做“一次性生意”，不存在短斤少两的情况，因而深受古陈村民的欢迎。过去搭别人的车入古陈，一次费用20元左右，而且还非常不方便。除去各种成本开支，从六巷到下古陈来一次，利润非常低。现在他买了摩托车，一次只要8元钱左右的路费成本，就可以到古陈。当然如果除去各种税收，杀一头猪必须在100公斤以上才有利润可图。以前实行按头计税，杀一头猪就得向税收部门交纳50元的税金。现在政府适当放宽了一点，减免了37元的工商税以及7.5元兽医税。为了方便，通过和当地有关的政府部门商量，每个月按20头猪计算，每月按期一次性纳税，大大方便了双方的工作。

这种副业的存在，就使得下古陈坳瑶村民养成了一种“吃肉不养猪、养猪不吃肉”的习惯。

4. “双重剥削”的林场伐木

瑶民守着苍苍茫茫的原始森林，靠山吃山，砍伐出售木材一直是他们的一项基本经济来源。在市场经济大发展的今天，在国家政府允许的范围内，开发加工木材，无疑更是瑶民一条理想的经济出路。由于瑶民自古以来经济基础薄弱，观念封闭保守，缺乏足够的风险和拼闯意识，因而在伐木的过程中，瑶民又被蒙上

“双重剥削”的阴影。一般都是外来商人承包山头后，转包给当地瑶民砍伐外运。村民按工计酬，每人每天 20—25 元左右，生活费自理。由于长期生活在山里，勤劳、朴实、善良成了山民的本性，工程承包给当地人，老板十分放心，根本不用担心瑶民偷工耍赖，也不用到林场里亲自监管大家干活。

大山深处的木材加工厂

随着外来商业观念的影响，现在山里又出现新一层的承包关系。村中稍微有“头脑”的瑶民，独自和老板“说断活儿”，然后自己找村民来完成。这在瑶民头上又分流了一部分利润，大山里瑶民无形之中受到了“双重剥削”。真正到瑶民老百姓手里的钱，当然就少得非常可怜了。辛苦忙碌一天，有的时候工钱还不足 15 元钱。2005 年下古陈村就存在这样的一个例子。

村民Z从老板手里转接了一片大概200立方米木材的林场，伐木运输总承包工钱是5000元。为了更好地完成工作，3月25日他特地到桐木花了1000块钱卖了一把油锯。油锯折旧费，按照每天10元计算，一天大概用油5公斤，40块钱左右，这些都从大家的工钱中扣除。油锯修理的价格不超过40元的时候，他自己一人承担，如果更换较贵的油锯零件，超过40元就要分担到个人。除去各种费用开支，村民自己栽种的林木，到最后受惠的只是一点点皮毛之利。

妇女既不能伐木，也不能拉马，多数时间都只能在家里操持家务。在伐木的过程中，唯一能做的就是帮老板捆木板。工钱按方计算。每捆0.35元，23捆为一方。一天正常情况下可以捆70捆，能赚24元钱左右。但是这样的活一般不会天天都能遇到。在大山里辛苦一年，就连Z这个“二手”老板的收入也只是3000元左右。儿子牵马搬运木头的收入倒有5000元，明显的“人不如马”。

二、经济发展的新亮点

1. 生姜种植的后发优势

大瑶山腹地六巷乡，生姜的主要种植区是青山村。青山村现有30户，平均每户年生产量达到上万斤，多者可以突破3—4万斤。由于生姜种植对地质要求较高，青山一带常年广种，地力减退，亩产量相对降低。然而，滞后发展的下古陈，种植生姜相对较为晚，没有得到大量推广，形成一定的规模。这样从地质上保证了生姜种植的后发优势，亩产量远远高于青山村。这给古陈瑶民的致富带来了一个极好的机会。按照现在的市价，每斤生姜1.2元计算，这无疑又是坳瑶人经济收入的一大补充。但是由于古陈一带特殊的地形限制，这也是历史以来生姜没有在古陈大量种植的一个因素。因而在古陈大量种植生姜，首先就得大量的开荒劈林。在春节前后的农闲季节，古陈人就会显得非常繁忙，到处“开山场”。有意思的是，砍草劈林，种上生姜和八角后，地里就会自然生长出稀有的药用珍贵树种山苍果。山苍树三年结果，每斤生山苍果子可以卖1.5元。若就地榨油，100斤出油量在4斤左右，如果油的浓度在75度以上，价格每斤就能卖到五六十元。山苍树连续挂果三年，树木自然枯死。生姜第二年就可以有收成，而八角树成熟结果的周期在8—10年之间，这样，“一地三用”，大大提高了土地的综合利用率。

2. 八角：从采摘到加工

八角，又名大茴香，在古陈地区是一种非常重要的经济作物，也是下古陈村最主要的经济收入来源之一。金秀瑶族自治县大约共有八角林320万亩。在下古陈，家家户户都种植了八角。这里的八角主要分为春花八角、大红八角和干支八角三种类型。早在70年代，古陈一带村民开始自发种植。1993年的时候，每斤干八角突破30元左右。攀高不下的八角，使得古陈一带的八角种植达到近乎狂热的地步。2001年广西金秀瑶族自治县被命名为“中国八角之乡”。国家林业局也授予金秀瑶族自治县“全国经济林果建设先进县”的荣誉称号。

然而，令人遗憾的是，起伏不定的八角价格，高价疯狂过后，其价格就一路狂跌。到2005年7月，每斤价格就只有2元左右。最近的一次反弹是2003年的时候，由于全国上下都在全力以赴奋战“非典”，八角据说有抗“非典”的作用，在这种外部环境的影响下，干八角的价格反弹到13—14元/斤。这对于古陈人民来说，确实发了一笔“灾难财”。但是“非典”飞过，八角价格又跌回原来的老样子。更让人伤心的是，近年环境恶化，八角单株产量降低，虫害较大，每年风霜雨季过后，地上都会堆有一层厚厚的残枝和生八角。无疑给古陈瑶民的经济收入带来了巨大的“砍伤”。这些没有成熟、得不到回收利用的八角残枝，根本没有任何价值。这种让人心伤的悖境，促使下古陈村的Z萌生了发一把八角“灾难财”的想法。

下古陈村八角油加工厂，标志着当地乡村工业的起步

村民Z再三考虑，动员村民R、J和Q三人入伙，共同合股集资9000元，到广西玉林购买了一套榨油设备。2004年3月设备正式投入使用，他们以八角叶每斤0.12元和未成熟干八角每斤1.5元的价格在当地收购原材料，然后就地加工成品油。八角叶一般4个小时的时间，八角36小时的时间就可以从大桶中取出。两种原料榨出的油，其浓度也有一定差别。八角榨出的油，浓度在15度左右，且油质较高，而八角叶则在13度左右。正常情况下，100斤八角叶可以榨出8—9两成品油，按照当前市价20元/斤计算，也只有16—18元左右的收入，其成本在12元左

右。收购 1 斤八角要 1.5 元左右的成本，100 斤八角榨出 8 斤成品油，收入在 160—180 元左右。扣除成本和其他交通费用，虽然利润偏低，但这在当地算得上是一项史无前例的创举，标志着八角的发展迈上了工业化的新路子。

3. 小店铺经营

过去的下古陈，交通极为不方便。1935 年费老在大瑶山调查的时候，道路还只能沿河道进村。在这种近乎与世隔绝的情况下，生在山中，长在山里，吃靠大山，经济是完全自给自足的。偶尔有山外的人从中平乡一带购货，挑到下古陈瑶家的大门口，做起了买卖。封闭多年的古陈人，对这些新鲜的生活用品极为青睐。由于人们进山出山非常困难，即使价高物劣，也心甘情愿。

随着商品经济的发展，下古陈人也开始寻找发财的新路。村民 JX 心想，若能在古陈经营小卖店，销售村民日用消费品，不仅可以方便群众，而且很可能带来一定的经济利润。说干就干，1996 年，他把家里仅有的 500 元钱全部拿出，到中平购置了香烟、酒、蔬菜等杂货。出乎意料，第一年就净赚近 4000 元的利润。这在当时的大瑶山地区，可是一个“大买卖”了，堪称创举。有了门路，他就把家里的铺面铺得更大。村里没有通公路，他先牵马到六巷，然后搭车进中平。一次大概要进 1200 元左右的货物，有时候卖的东西太多，一匹马驮不下，就自己背着回家，就是通过人挑马驮的苦干方式，把山外的东西搬到了下古陈。几年来，给他确实带来了丰厚的收入。好的年头，利润可达 10000 多元，成了村里第一个“万元户”。

由于有较高的利润可图，2002 年 11 月，村民 YY 投资 4000 元的资金又在村里新开了一家小店。其货物渠道主要来自于六巷的“天天乐”超市。家住青山的超市老板 YL，也是靠自己白手起家的。大哥名叫 YZ，兄弟俩最初在六巷开店卖米粉。六巷乡的公路开通之后，YL 贷款投资，在六巷开了这家符合社会时尚的“天天乐”超市。由于YZ和YY属于很好的“老继”，即很好的兄弟关系。和JX相比，进货就相对有门路，商品售价与六巷基本一致。这不仅方便村民，更主要的是村民也买到满意实惠的东西。以酒为例，下古陈的酒销量最大，全村一年就要消耗10000元左右的酒。按当地人的话说：村里全部都是“酒坛子”。这10000元的资金有7000元左右的资金流进了YY的口袋里。JX家的店铺生意日减，不仅酒的销量减少，而且各种其他消费品也不如早些年头。以前基本上三四天的时间就要进货一次，现在能保持一星期进货一次就不容易了。两家同样类型的店铺经营，市场经济的竞争意识已经慢慢地涉足坳瑶人的观念中。

4.“抗灾”带来的就地打工机会

不时出现的天灾，对瑶族经济的发展造成较大的损害，但政府和社会各界救灾资金的大量投入，以及建设社会主义新农村活动，同时也给当地瑶民带来了就地找副业的机会。2005年6月21日，大山深处，村民正梦中酣睡，可这时的瑶山已经隐藏杀机，连日大雨倾盆，山洪暴发，顷刻民房消失无踪，村容换貌。六巷小村熟睡的几户山民人去无踪，尸骨未见，永久地离开了人间。“6.21”洪灾导致许多村屯群众严重受灾，农田被毁、民房倒塌，公路、水利严重受损。各级党委和政府立即拨出专款抢救灾情。借全国“社会主义新农村建设”之风，在抗灾的同时重新建造新农村形象就成了大瑶山六巷乡党委政府的工作重心。面对严重的灾情，县乡政府沉着应对，忙而不乱，救灾救济工作有序开展，及时组织干部赶赴第一线靠前指挥，帮助群众抗洪抢险，深入村屯调查、核实灾情，准确掌握灾情并上报有关数据，为上级政府实施抗洪救灾提供决策依据。在深入调研的同时，县委县政府及时调拨资金、发放救灾物资，全力搞好救灾工作。截止2005年10月，全乡共调拨发放粮食15.51万公斤，救济救灾农民621户，3102人。全乡倒房户226户，除20户放弃外，已动工162户，占71.7%。到2005年12月20日，工程全部竣工。救济粮160.7吨，折款45万元，救济衣被2323件，折款12.3万元。在政府的大力支持和帮助下，乡医院也开始恢复修建，环境道路的改造，小村的搬迁，几乎全村男女都出动了劳动力，这无疑给瑶山附近村寨带来了额外的副业机会。

5. 远闯他乡的打工族

近年来，虽然六巷乡的人口与计划生育工作，坚持以人为本，通过开展计生优生优质服务活动，创建"计生村民自治合格村"、"婚育新风进万家"以及"关爱女婴行动"等活动，计划生育工作取得了明显绩效，人口出生率控制在较低水平。但由于人口的基数大，人口的自然增长率还是居高不下。这样，在大瑶山地区，"临时"和"偶然"的打工机会就不足以吸纳多余的劳动力。这种现实逼迫下古陈年轻一代的瑶族青年迈步走闯他乡，走上打工的道路。由于广西大瑶山紧靠经济较为发达的广东，因此村里出去打工的人群，多数都奔跑在广东省的广州、惠州、深圳一带。当然，赚钱是他们出山打工的第一目的。但由于这些外出务工者文化层次相当低下，大多数为小学或者中学毕业的青年，又没有一定的经验技术，要想很好的在外施展，建树辉煌的人生也并非易事。在陌生的都市漫步多日后，无奈之余，多数人都还是进了服装厂，月收入在400－1500元。服装厂筛选后的一部分人则就连基本的饭碗都不保了，转了一圈，最终又回到静静的大山。从古陈村目前的情况来看，ZR是打工群体中相对较为成功的人。出门之前，他贷款学会了驾驶技术。到深圳先在一家建筑工地帮老板开车跑采购。得到信任后，老板就经常把一些零散的建筑工程转手给他，风险老板承担，由他找建筑工人。这样他也就成了一个间接的"老板"。打工三年后，今年就立足家乡，不再外出了。他在家建起了新房，新买了一辆汽车，并在六巷乡政府所在地开一家"五金材料经销店"，干起了自己的事业。

打工的示范效应，不断带动更多的人加入外出打工的行列。JF是ZR的侄子，初中毕业后就在家务农，为了增加一些经济来源，便决定出去打工挣钱，在广东打工的时间已经差不多有一年半了。在广东惠州，他首先做了一段时间建筑工，每个月挣1000左右，工作所要求的技术并不是很高，也是他的五叔ZR承包的一部分工程，第二年春节他便给家里带来4000元。对于这样的一个家庭来说，算是不小的一笔收入。2005年春节过后，通过朋友介绍进入了一家广州的服装厂又开始新的打工生活。他的小妹XF也在这个厂子里工作。与先前的建筑工不同，挣的是计件工资，一个月大约1300元左右。现在差不多一年的时间，他在银行已有了8000元左右存款，对于大山里的瑶人来说，已经是相当可观的一笔收入了。在平时没有工作的时候，他也会偶尔和朋友们出去玩。他认为附近打工的机会太少了，只能去广东才可以挣到钱。而且，在他的言语中不时能流露出对外面世界的渴望，“有时想回家，可是回到家里挺闷的，外面当然更好玩啦!”

打工，作为古陈地区近几年来兴起的事情，不仅给这里的经济注入了新的活力，也使得坳瑶人开阔了视野，促进了经济的发展，但与此同时一系列的问题也随之而来。越来越多的年轻人离开了大山，也离开了土地，走出去的年轻人普遍反映回来后会不习惯这里的生活，而他们也更向往都市的现代生活。长期下去，坳瑶的民族文化便会出现衰退的趋势，从而得不到有效的继承与发扬。

第二节 逝去的瑶王

一、石牌制度的演变

广西金秀大瑶山，林深水险，历代封建统治者鞭长莫及。大山里生息繁衍的瑶族同胞，为了处理民族内部重大事件和抵御外族的侵扰，于是就在一定的地域内，共同订立条规，并镌刻在石碑上或抄写在木板上公之于众，供大家共同遵守。这种既带有封建政治色彩，又具有原始公社特征的政治组织形式就是广西大瑶山地区长期盛行的“石牌制”。在金秀县的五个瑶族支系中，除了山子瑶没有本族系单独的石牌外，茶山瑶、盘瑶、花篮瑶、坳瑶均有自己的石牌。几百年来，石碑制对内维护社会生活秩序，对外防御敌对势力的侵扰，保障瑶民的利益，在瑶族地区发挥了巨大的作用。

1. 石牌的类型

大瑶山地区石牌制的形式大体可分为四种类型：

①从范围来说，可分为“小石牌”、“大石牌”和“总石牌”三种。小石牌通常是一村或邻近数村共立，大石牌是由若干个小石牌组成，一般是按共同支系或山脉自然划分居住地区的村落所立；总石牌则是整个大瑶山“三十六瑶七十二村”订立的石牌，它是最大的石牌团。

②以参加石牌组织的村寨数目来划分类型。如“七十二村石牌”、“二十四村石牌”，即以罗运为中心，北至罗丹、滴水一带，西南至六巷、古陈一带。“九村石牌”，指的是罗运、罗丹、三寨、六俄、白牛、丈二、六团、龙华、南州等村寨。

③以参加石牌的户数而定。如“八百石牌”，即两瑶大团石牌，包括金秀、长二等七个茶山瑶村，以及桂也、强仰等地的盘瑶村庄。“五百四石牌”，即由六拉、昔地等茶山瑶村寨组成。

④以竖立石牌的地点命名。如“坪免石牌”。它立于1867年，是金秀沿河10村联合设立的大石牌，在大瑶山具有很强的权威。1939年大瑶山瑶民反抗国民党的“开化”政策，召开了全大瑶山最大的“三十六瑶七十二村石牌大会”，会议的基本内容都是按照“坪免石牌”的相关规定来开展的。

2. 石牌条规

石牌条规也就是石牌法律。瑶族又把它称为“料令”、“班律”、“律规”等等。它是根据石牌所辖地区的生活环境和社会需要而制定的。其内容主要包括以下几个方面：一是保护生产发展，维护财产安全。例如，“两瑶大团石牌”规定：“瑶山香草、桂树、竹木、山货、杂粮百件，不得乱取”，“各村大小男女，入山入地，各种各收”；金秀一带“五十一村石牌”也有“我石牌何人不得谋财害命、抢劫、偷屋禾仓、猪牛、香草、鸡鸭各物”等规定。二是维护家庭、婚姻关系。六段、三片、六定三村滕构石牌规定：开棺挖墓、女人乱伦、强奸他人妻女、打劫生事、杀人害命、偷牛盗马等等，都要受到石牌组织的严厉惩处。三是防御外侮或匪盗。如“三十六瑶七十二村石牌”，从序言到正文，全部是这方面的内容。四是保护行商和财产买卖关系。如“六巷石牌”，专讲保护田地买卖之事。“平名石牌”也有“何人见客生意交易，肆作横事，莫怪石牌严惩”。

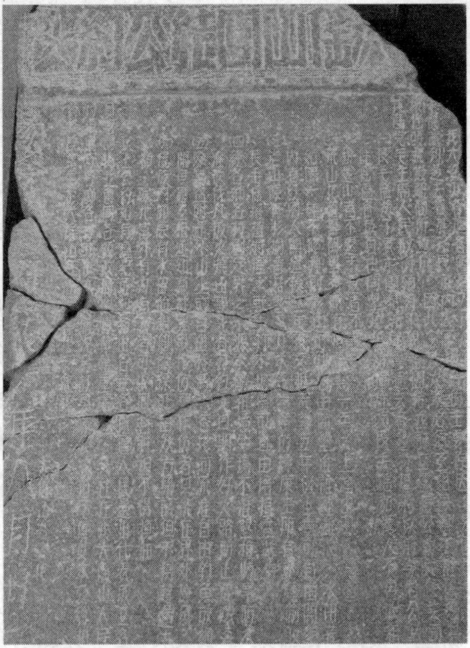

1951 年制定的大瑶山团结公约碑，在“文革”中遭到破坏，现保存在瑶族博物馆

3. 石牌制的运作方式

按照石牌法律的规定，凡群众发生争端时，必须请石牌头人处理。石牌头人进行调停时，要先听取双方的申诉，各自陈述自己的理由，直到双方的道理讲定讲透，头人才根据双方提出的理由下判断。判案后如有一方不服，他可以另请较大的石牌头人再来讲道理，然后由这些头人再判。作出判决后，就要依据石牌法律进行处罚。如果发生杀人等重大事端，石牌头人就要出面召集群众，率领大家到出事地点办理。不管案情如何，石牌群众首先杀猪宰羊，大吃大喝。在这种情况下，当事人只有两条路可走：一是彻底认输，甘受石牌的处罚；二是纠合同族亲房或同村起来对抗。不过要纠合同族同村起来对抗，绝不是轻而易举的事，一般凡是严重触犯石牌的事情是得不到别人支持的。同样，如果石牌辖区受到外来势力的侵犯，石牌头人也会负责动员和组织全体青壮年石牌兵进行还击。

二、逝去的瑶王

20 世纪 30 年代，国民党政府开始对瑶山地区实施“开化”政策，设立了金秀县警备区署，并建立起乡村保甲制度。在这种情况下，瑶族传统的石牌制开始摇摆于崩溃的边缘，风雨飘摇之后，最终被现行的行政机构组织彻底替代。然而，在这一转变的过程中，坳瑶人的政治制度还出现了一种具有石牌制特点的中间过渡形式——第三父母。

1. 第三父母

“第三父母”是一种民间形式的“民誉”石牌头人，其身份近似于石牌头人，但权力已经明显弱化。“第三父母”一般由自然村寨的村老或享有一定威望、能维护民众利益、办事公道、尊重本民族习俗的长辈组成。村寨和家庭、居民之间的矛盾纠纷，出现了不利于生产与安定团结的问题，第三父母就会集中进行全面的调查了解，弄清问题的来龙去脉，然后分清是非，不偏不袒，不护短，最后作出公正判决，酌情处理。例如：村寨中凡有人偷扛别人柴禾，偷摘别人香菇、木耳，乱搞一次不正当的男女关系等等，第三父母得知后，经过调查核实，首先，对当事人进行说服教育，情节轻者限期改正，将赃物归还原主；情节严重的时候，就要责惩当事人，杀猪杀鸡，摆餐喝酒，敬奉全寨民众，以正本民族的传统门风和规矩，以此来整治民风，教育民众。但是，第三父母的权力明显的不如过去的石牌头人，在情节非常严重的时候，可以诛杀当事人；处理民事纠纷，更多的时候还是参照村民的意见。除此之外，“第三父母”在婚姻方面也经常为年轻人“作媒”牵线，筹办婚姻大事。婚后，男女双方在家庭生活中，如出现不和睦，第三父母也会出面调解，主持公道。

2. 化圣还俗的坳瑶师公

在坳瑶人传统的生活中，师公是神灵和俗人之间相互沟通的中介和桥梁，是人们传统观念中享有较高威望、受人尊重的圣人。其特殊身份主要依靠人们的信仰来维系，经济生活来源主要靠做法事。可以说，师公“上管天、下管地”，生活中无时不彰显出师公的神威。但是随着市场经济和外来文化的影响，师公这种圣人般的角色就开始弱化了。师公化“圣”还“俗”，无奈之余，也只能下地劳作，和常人没有多少区别，即使有法事可做，更多都是义务性的、表演性的。在市场经济和外来文化强烈影响的现代背景下，师公这一特色文化的传承也面临比较尴尬的局面。为数极少的几位年轻人学习师公作法，不是因为崇拜，更多的上升到传承师公文化层面。虽然如此，但这种认识仍然还处于一种非常朦胧的阶段，跟随师公学法，中途放弃的事例并不少见。一方面，确实由于事多人忙，无暇顾及；另一方面，更多的还是因为缺乏一种真正的心理驱动。

3. 逝去的瑶王

在坳瑶居住的地区，新的政府机构成为显性机构组织后，石牌制在人们的生活中的影响就微乎其微了。但是，国民政府对大瑶山地区实行“开化”政策后，瑶王的威风就开始夕阳西下了。石牌头人通过“开化”、改造后，又都不同程度地担任了大小不一的行政职务（见下表）。

村寨名称	石牌头人	管辖地点	职　务
六　巷	蓝公宵	六巷、古卜、黄桑、门头、大凳、帮家	
下古陈	盘公西	下古陈	副乡长
上古陈	盘振松	上古陈	村　长
古　浦	相公姓	古　浦	村　长
门　头	胡公傍	门　头	村　长
六　拉	公　布	六　拉	村　长
白　沙	公　兰	白　沙	村　长

东南乡也改为六巷乡。通过“选举”的形式，由蓝辉庭出任第一任乡长。副乡长则分别由石牌头人蓝公霄的儿子蓝济军和下古陈石牌头人盘公西担任。村民发生纠纷，首先在村里请这些曾经为“王”的新任干部出面评理。事大不能达成统一意见的时候，就要借助法律手段来处理。然而，在坳瑶人的当今社会生活中，村长已经不仅仅是一个称谓，“开化”后的广西大瑶山，村长这一称谓取代了石牌头人。更多的是一种威望和能力的象征。村长在农民生活中起到了举足轻重的作用。勤劳、能干、正直、公道是衡量村长的重要标尺。村长不但负责传达当地政府的政策，协调村民纷争，而且还要组织村民，筹集资金，建设村中公共设施。出色的组织大家完成某些重大的公共工程往往会给村长带来巨大的声望和荣誉，并因此而得到大家的尊重。但由于村中事多繁琐，要在村里做好一件事往往并非易事，经常劳

力费神。尤其是在涉及到集资办事的时候，由于部分村民缺乏全局意识，很少参与集体公共事务，迫不得已，还会因村中的事牺牲自己的利益。

第三节 坳瑶精神文化的构成和变化

一、坳瑶的精神世界

1. 传统观念中的鬼神

坳瑶人传统观念中所祭拜的神鬼主要有：土地、社主、灵留社、瘟神、统主、盘王、三界、甘王、冯吉、神农、韦剑新、陈宏谋、刘大姑娘、姓谢社主、石端社、社仔、水府、甘总、猪主、本成大辉、九官、雷神、贼鬼、灶王、雷车、田头土地、五海、鲁班、上界、水府、六甲谢定神、甘王妹、统师、安坟墓青龙。土地神、社主、灵留社三神是上层领导。每次师公作法，不管出于什么目的，这三个主神都必须请到。因为，瑶族在远古的历史中，拥有一份土地极端不易，他们常常会因为没有土地而被逼得四处流浪，所以拥有土地就成了生者最大的追求，土地神也成了瑶民眼中最值得膜拜的神灵；“社主”则相当于瑶族生活中的官家，具体操办各项事务；“灵留社”是祖宗的阴魂。瑶人相信人死之后化鬼并留在村寨的附近，和生者生活在一起；“瘟神”就是专门传染疾病给人和牲畜，危害极大，但瑶族地区卫生条件极差，平均寿命也很短，由于缺少科学的方法，猪和人往往会得一种瘟病，生产力落后低下，所以瑶人对其格外敬畏，也不敢轻易冒犯；“统主”掌管狩猎类生产，对猎人相当的重要，村民每次要出去打猎都会祭拜该神，不然不会有好收成。这个猎神排在了农神之前，大概反映了瑶人过去长期以狩猎为生，过游荡的生活；“三界神”是一个汉族的神。瑶族的民间故事说：从前，瑶人躲避追杀，一直往瑶山里面逃，遇到了阻碍，河水挡住了去路，正束手无策之时，突然来了一位母婆，她说只要你们信了“三界”，就可脱难，瑶人考虑之后应允，当即拜“三界”为神，方才脱险，为了表达“三界神”的救命之恩，瑶民就将其神像供奉起来，顶礼膜拜；陈宏谋是瑶族观念中的一个大英雄，临桂县四塘乡横山村人。清代雍正元年（1723 年）春，中恩科乡试第一名举人。同年八月中会试第 108 名，殿试又中三甲第 9 名进士。乾隆年间，官至吏部尚书、东阁大学士、太子太傅等。陈宏谋一生致力发展生产，不畏权贵，为人民做了不少好事，他穷其一生著书立说，对后世影响很大。有个著名的故事，也说明陈宏谋的恩德，陈宏谋本来是广西的一个地方官，乾隆期间，皇帝南下江南，原打算到陈宏谋家乡临桂县游览桂林山水。陈宏谋担心官府会借口“恭迎圣驾”搜刮民财，苦了广西百姓，于是暗中设计阻止。他对皇帝说：“广西交通非常不便。北流县鬼门关，十人过，九不还。民乐山地更险要，俗话说：过得龙门，过不得斗口；过得筛箕，过不得罗斗。”他又把大薯和薯莨各切一块合起来烧熟，拿给皇帝吃，说“广西人就是吃这种杂粮，陛下不妨品尝是否可口?”陈宏谋拿大薯吃了，皇帝却吃苦涩辣嘴的薯莨。皇帝问：“卿何以食得如此滋味?”陈宏谋回答自小就吃惯了，皇帝说：“朕吃不消啊!”于是取消了到广西的念头。

2. 坳瑶的五大寺庙

坳瑶人的宗教信仰非常普遍。上、下古陈两村之间就有五个寺庙，庙中分别供奉有甘王、陈宏谋、冯吉、韦剑新、刘大姑娘五个主神。刘大姑娘庙是一个专门为女人参拜的神庙。寺庙历史都在 100 年以上。虽然陈旧不已，但村里人都对其敬畏不已。参拜神庙有很多严肃的规矩，人们的行为不能轻易冒犯。除刘大姑娘庙外，其他庙宇女士不能随便进入。在坳瑶人的观念里，女子身体不洁，会毁神仙神力，触怒神灵。每个庙凡过去由某人主持修建，这个人及他的后代就成为庙的守护者，守护者的义务就是负责庙的保护和修缮。凡守护者都掌握着上香的命令，家中都藏有一个大钟，每到了该上香的时候，他便会敲响大钟，钟声传达数里。五个庙中，甘王庙最具代表性。庙宇建于密林中，由于瑶民生活相对富足、忙碌，参拜人较少，多年失修，该庙早已破落不堪。庙前写有一副对联，左联：吉星高照，右联：护高安天。从左至右，神仙排位为：娇头、五官、三界、甘八、甘五、甘皇、三郎、甘卒、性主、性母、土地、九官、张天师。四周分别写有：奉请北方黑帝五气旺庙龙王、奉请中央黄帝乙气旺庙龙王、奉请南方赤地戊子三气护庙龙王、平安青醮。庙中神仙最初都是木制的雕像，“文革”时破四旧被全部毁掉了。村里人也感到相当可惜，师公曾想重建神像，但没有钱，也没人会做，因此只能用纸写上众神仙的名字，置于庙中供人们参拜。

3. 坳瑶的传统民风习俗

①送篓雷

“送篓雷”是坳瑶人举行的一种“扫懒”活动。其意是把那些吃喝玩乐、不劳而获的懒惰思想，像扫垃圾一样统统扫出门。每年农历正月初四，是送篓雷的日子。这天，当夜幕将降临之时，寨老就鸣枪敲锣，站在村头的高坡上呼喊：“各家各户注意，准备送篓雷。”人们听到寨老“喊村”，家家老少都忙开了，手拿扫帚、刮子，清扫厅内厅外，房前屋后，把垃圾装入竹篓，里里外外，一切都摆设得整齐、清洁，令人舒适。各居民户主带领全家老少，点着火把，提着装有垃圾的竹篓，聚集在寨边的“马郎坪”，即坳瑶的民间宗教活动场所。师公念着驱邪祝福的咒语，人们把一篓篓垃圾堆积在一起，纵火焚烧，此时天已漆黑，篝火愈烧愈旺，四周通明。随着熊熊的火焰，有的鸣枪，有的放鞭炮，有的敲锣打鼓，有的吹木叶，构成一支“送懒曲”。围绕着“送篓雷”的篝火，人们就开始唱《春歌》：

春到了，百样花朵发齐齐/百般树木长新叶，贤姣贤郎起相思/春到了，在屋不知春到时/出门得见竹出笋，在屋想妹妹不知/春到了，老草死了嫩草生/嫩草茸茸招牛喜，贤姣伶俐动哥心/春到了，大树新藤绊旧藤/哥进深山把藤采，捆稳犁耙好春耕/春到了，百般阳鸟齐闹春/阳鸟飞天成双对，邀双下田共耕耘/春到了，嘀嘀哒哒斗犁耙/斗得犁耙耙秧地，邀妹挑粪催秧芽/春到了，哥扛犁耙到田头/妹挑秧苗插到尾，一分耕种九分收。

歌声伴着焚烧的垃圾的烈焰。当篝火渐渐熄灭之后，人们才离开“马郎坪”，各自回家享受那丰盛的晚餐。“送篓雷”告诫人们：一年之际在于春，过了春节要勤耕苦作，夺取全年谷物丰收。

②吃众

“吃众”是坳瑶各家各户自筹钱粮，祭拜祖先的群众性活动。各种村规民约的制定和修改都是在“吃众”中完成。每年农历的二月春社、四月初八、六月初六、八月十五、冬至，各村寨都要举行一次“吃众”仪式。社头由户主轮流担任，专门负责“吃众”的筹备工作。在举行“吃众”的仪式中，一只两斤以上的大红公鸡是必不可少的，其他的肉菜多少不论。先由村里比较负责任的人筹好钱粮后，开好单子交给社头。社头便按着单子配合。杀鸡，煮熟肉，然后带领部分人员拿着香、烛、炮、纸，备好酒饭，端着肉菜去供奉庙神社主，祈祷庙社主给予保佑。一切办妥后，便共同进餐。进餐结束，大家集聚在社头堂屋，讨论处理解决村中所出现的问题。比如哪条路该修，哪座桥需要重架，怎样安排人员；哪条契约需要修改；男青年夜间单独到女青年寝室玩耍，允不允许；外寨人到本寨管辖区内毒鱼、砍伐应怎么样处理；还有孝老抚幼等许多伦理道德问题，都在“吃众”中讨论，统一制定出相关的规定。如果问题过多，难以全部解决，一些次要的就留到下次“吃众”时再议。“吃众”在坳瑶人过去的生活中，是每年必须举行的大事。发展到今天，各村寨虽然都有村长负责操办村中的大事，但“吃众”解决问题的习惯仍然保持。村长、寨老只负责宣传政策，宣读文件，传达会议精神，进行外交和对各种纠纷的处理和调解，重大问题仍然在“吃众”中解决。

③吃社

“吃社”，也叫祭“社王”。广西大瑶山的五个瑶族支系都有“吃社”风俗。它是民众聚会的一项活动，也是一种民间宗教仪式。传说“社王”姓李，称李社，出娘胎后就会笑，父母认定是怪物，就把它遗弃，抛下山冲，后被一头白牛吞食。有一次，白牛到瑶山来吃粟米，被瑶人用箭射死。众人分肉时，发现牛肚里有一个很像人形的石头，而且会讲话。忽然大地刮起一阵狂风，飞沙走石，将它吹至玉皇大帝面前。玉皇大帝便封它为“社王”，并派他到民间教百姓种植五谷，解决了人们温饱。瑶族于是认定他为五谷神，对他十分崇敬。村村立庙安坛，挂上神像，年年祭拜。每年举行两次，时间是阴历二、八月的社日。

“吃社”前，必须准备一大一小两头猪，大猪作为众人在庙里聚餐食用，小猪约重二十来斤，作祭祀社神用，统称“社猪”，由同社各户轮流饲养。全村各户分成几个小组，按组内轮流养猪供用。值年的头人早就各养大猪一头，到祭二月社时杀用。八月社时，早年是同二月社一样要由值年头人养猪分肉。这种准备循环往复，形成一种制度。值年头人所养的猪，在社日的前一天就要在家杀掉。杀猪时，同组的人都来帮忙，一片喜气。凡杀社猪的人，三天前不得行房事，否则必遭“社王”责怪而重病缠身。社猪肉除按规定数量供给同组各户外，其余归值年养猪者所有。但其肉用清水煮熟，切成肉片，配上盐水，味美色鲜。社日这天，全社各户派代表携带酒、糯米、香纸、蜡烛等来到庙堂，向社神祈祷，烧香供奉。师公先喃坛，唱《“社王”歌》，然后由社老对民众“料话”，讲祖先来历，讲民族历史，宣布有关维护生产和社会秩序的各种石牌律令，要求大家遵守执行。尔后，便开怀畅饮，席间彼此交流生产经验。

④祭甘王

传说中的甘王生于南朝刘宋时期，姓罗，名应，大樟乡古车村人。母亲是大满村陈姓人氏，罗应自幼丧父，小时顽皮捣蛋，白天跟一群娃仔帮财主看牛，经常用计捉弄财主，引起财主的怀恨。后来一位地理先生在花陈岭背为他点得三穴墓地，第一穴出阳王，第二穴出阴王，第三穴出强盗王。他将母亲杀死，背到第三穴墓地时，不孝行为激怒天神，派雷电天兵下凡捉拿，顿时电闪雷鸣，罗应慌忙将母亲尸体丢在第二墓穴，跑回家躲在大铁锅下，被天火烧得满面通红。此后，他便会使法术，能用神鞭赶石砌海，神剑斩妖除害，神巾引蜂除灾等。财主更为忌恨，到州府告发他是妖魔怪孽，将来要夺皇帝位。州官立即点派兵马要抄斩罗家九族。罗应为避免族人受害，改姓甘，因当地没有甘姓人，并用巧妙神法摆脱官兵的捉拿。甘罗应长大，时逢番蛮大肆侵略南朝疆土，占领大片国土，烧杀掳掠。甘罗应为保家护国应征随军迎击番蛮。他杀敌勇猛，屡立战功，被升为将军，率兵与番蛮主力决战，最后以撒绿豆芝麻成兵的法术消灭番兵，立下显赫战功。皇帝封他高官厚禄，他不愿接受，只要求减免家乡百姓的皇粮，皇帝准奏。因而深得百姓的爱戴和崇敬。甘罗应死后皇帝封他为惠济感应侯，元代加封惠济显应圣公，明代再封为王。家乡人民为他立庙塑像，加以供奉追念。

祭甘王过去是纯粹的民间宗教活动，现在除了祭祀的意义外，还多了一层表演性的娱乐色彩。仪式除了白天跳甘王舞之外，晚上还要会餐，围火塘唱山歌，演民间戏。热闹的场面会持续一两天才结束。在这期间，村寨一律停止生产活动，杀猪杀鸡，供奉祭祀品在甘王圣像前焚香叩拜。然后由师公领队，开始在甘王庙前轮流跳甘王舞。甘王舞的内容丰富多彩，有上香舞，祖公舞、大花舞、八仙舞、甘王征战舞等。跳大花舞时，十几个人模拟一群飞燕的动作左盘右旋，互相追逐嬉戏，如同春燕在田野里自由穿梭飞翔，表达瑶族人民对美好生活的追求和向往。八仙舞由十多个艺人戴神像面具，在场中跳跃翻滚，此舞以两人为一组，互相倒头抱腰，前仰后翻，双脚腾空点地连续前进，不仅要有气力，而且还要有熟练的技巧。甘王征战舞则是由一人扮甘王，手执铜鞭、盾牌，十人双手拿红布条扮演南朝士兵，其中一人手拿弓箭扮番兵进攻，舞蹈富有战斗气氛，再现了甘王迎击番兵的拼搏场面，加深人们对护国英雄的崇敬。

二、传统的宗教仪式——跳盘王

1. 师公跳盘王的基本内容

“跳盘王”，也叫“做盘王”、“游盘王”，这一瑶家传统的节日源远流长。早在1600多年前，就有关于瑶族先民“用掺杂鱼

祭盘王的准备场面

肉，叩槽而号，以祭盘王”的记载。传说中的盘王叫盘瓠，一日上山打猎，在忙乱中，被一头射伤的山羊顶撞落崖，盘王命丧大树，山羊也坠崖而死。女儿们悲痛万分，于是就剥下山羊皮，砍下木头，配以黄泥制成“黄泥鼓”，她们敲着木鼓，围着盘王，边舞边唱，祭奠盘王的灵魂。这一传统延续到今，就成了今天瑶族人每年都会举行的隆重的跳盘王活动。

从这一神话传说来看，祭祀活动中的生者和盘王祖先之间，具有密切的血缘关系。“礼缘情生”，在这里，其中的“礼”，就是跳盘王活动的整个仪式，跳盘王则是人们“念祖”之情的一种内心世界的外在表现。由于祭祀对象是早已去世的盘王，阳间地府，似乎在人们的观念中就有了一种超自然的神威。盘王可以控制人们的生生死死，人们的祸福兴灾都完全掌握在盘王的手里。无形中人们对盘王就产生一种“畏惧感”，也就是人们常说的“心怵感”。所以，跳盘王仪式就在这种双重背景下，围绕着以下几个方面展开。

①开坛

开坛时，先由师公作法，领唱《贺喜歌》恭请盘王。《贺喜歌》的歌词如下：

贺喜真贺喜/贺喜安坛正祝时/贺喜安坛正祝日/祝时祝日当千年；贺喜真贺喜/贺喜安坛四桌盘/四桌排盘稳稳暖/子孙行旺万千年；贺喜真贺喜/贺喜安坛四桌盘/盘上排盏象龙背/哥兄富贵又当天；贺喜真贺喜/贺喜安坛几好行/贺喜安坛几好回/好行好回到伏岑。

开坛时，跳盘王的场地神圣不可侵犯。旁人不仅不能随便闯入，就是在法场边上拍照也不允许。当然，女人就更是连在旁边看的机会都没有。入神坛者，若知自已身不净，则需茶水净身，征得师公同意，方可入坛。在瑶人的观念里，盘王祖先是他们的大神，身不净，则对祖先不敬，是瑶人的大忌。

②安坛

开坛过后，意味着盘王已经请到，这时就应该进行“安坛”。只有通过安坛后，祭场才真正具有神圣的韵味，人们称它为“神坛”。神坛正中摆有一个临时用竹做的竹楼，瑶语叫“尚篓”。竹楼分三层，最上层摆放一头猪和两只鸡，竹楼上放一个新制的香炉，然后点燃香木（大瑶山地区的一种木材，不仅易燃，而且燃烧时香味四溢）。下面两层则分别摆放有各种祭品，这是临时为盘王搭建的新房。竹楼的正前方，摆有一法桌，桌上有各种经书和法器。大师公端坐法桌正前方。法桌的正前方不摆放任何东西，据说，这样可以方便师公和盘王面对面的交流。神坛入口，高挂一个临时制作、专门为山中的孤魂野鬼准备的小竹箩，瑶语称“大眼雷”或“外篓”。竹箩中放有少许的酒、肉、纸钱。安坛时，师公的职责是有明确分工的。大师公负责整个法场，二师公主要负责安法场中的“尚篓”，三师公相当于盘王的大将军，负责跳盘王仪式的安全工作，给法场外的“大眼雷”度法。度法的时候，大师公左手拿木制的“开山刀”，右手持一个铜铃，边诵经书边轻轻摇动风铃。二师公、三师公则带领徒弟分别站立“尚篓”和“外篓”前，跟随大师公虔诚念安坛经，香木青烟袅袅，整个法场充满了神秘的气氛。

③交头牲

安坛后，法场就成了真正意义上的神坛。为了不让盘王挨饿受冻，就要为盘王备办美酒佳肴。也就是要把当天宰杀的猪、鸭、鸡等各种祭品，通过师公念经作法，交给盘王享用。这一仪式的过程就叫“交头牲”。所有祭品都必须由一专人完成。负责此项任务的人，瑶语称为“咒竺”。“咒竺”在仪式的过程中，即使年老体衰，不能亲手宰杀牲畜，也要做一个仪式性的动作后，由村里的青壮年人来替他完成。另外，祭品中备办糍粑非常讲究，它一般由看盘王庙的“庙佬”来完成。“庙佬”是村里专门

祭盘王安坛仪式上的供品架

看管盘王庙，且在村里享有一定威望的老人。糍粑必须在跳盘王的前一天晚上做好，而且要专门为盘王准备七个较大的。在跳盘王“交头牲”的时候，每完成一个环节，就要往师公法桌和神坛正中的“尚篓”上添加一个糍粑，同时在香炉里重新添加和点燃香木。这叫“交头牲”中的“加装”仪式。这时，除了神场准备的祭品外，各家各户也要自带少许的米酒饭菜送到法场来看望他们自家的祖先。只有师公念经向盘王交了头牲，所有祭品让盘王先享用过后，常人才能自由享用。献祭之中要用到的其他物品，如茶、酒、烛、香等等都要圣化。在弗雷泽记录的许多仪式里，供祭之物（包括人祭）常常也有许多点化圣物的仪式。除了其中隐含有某种符号转换的机制而外，上述种种，揭示了杀牲献祭仪式之中的“圣化供品”的一个层面。应当注意的是，使物品、行为、场所等等皆点化为圣，是献祭中重要的一环，它将揭示出作为意义象征的仪式，在人神结合中其效用的来源和动力。

④度兵马

交头牲后，盘王有吃有住，就要考虑盘王的安全问题。“度兵马”就是要增加盘王的将军和兵马，主要由三师公来完成。三师公带领自己的两位徒弟，先站立于神坛入口的“外篓”处，然后在外篓里点燃香木和纸钱，并取出少许祭品放入“外篓”。三师公模仿大师公的样子，左手持“开山刀”，右手轻轻摇动风铃，口中唱经诵词，交代各路孤魂野鬼，在“外篓”处有吃有住，只许到此陪看人间热闹，不能随便到神场内捣乱，否则，“开山刀”所到之处，众鬼众神将永不得投生。之后，三师公带领徒弟，口念经词，围绕神坛转一圈，最后再回到师公神桌前，等候大师公分度兵马，意味着这样就能真正保护神坛的安全。大师公将在场的所有师公师都一一念经点化，意味着将人间凡人点化为“圣人”，这样，有众圣人在，各路孤魂野鬼也就不敢轻易到法场来捣乱。

⑤看堂

师公唱《贺喜歌》把盘王从庙里请来后，住进新楼，用过大餐，在阴间兵马的保护下，就需要观看各种民间表演活动。这一祭祀过程就是“看堂”。看堂仪式开始时，先由木叶娘吹奏木叶，木叶声声，一高一低，表达了当年盘王在山中狩猎时的孤独心情。木叶声后，豪情奔放的黄泥鼓舞便跳进了神坛，后端紧跟一群身穿瑶装的瑶族小女孩。小女孩的入场，表示瑶家在盘王的保佑下，今后的日子就会后继有人，香火不灭。这时，瑶家子民早已高声放歌，跳起了欢快的“白马舞”、“蝴蝶舞”、“穿针舞”等各种瑶家自编自演的民族舞蹈，道公也在一旁作法，不时从嘴里喷出红红的火苗。这时，跳盘王仪式达到高潮。欢快场面一直持续到第二天的早晨。

在祭盘王仪式上，师公带徒弟走过阴阳门

⑥送神

盘王“看堂”，欣赏过所有的歌舞表演之后，就要举行“送神”仪式，即送盘王回家。大师公起身，手持“开山刀”，众师公师徒紧跟其后，先走到“外篓”前，念经先将各路野鬼送走，让他们离开村寨。随后，师公走出寨门，向天向地鞠躬敬拜，恭送盘王祖先离开，永保子孙后代平安幸福。师公走进寨门时，则向村里父老乡亲交代：“盘王传言，要风得风，要雨得雨，村里一切将会风调雨顺，年年丰收，人丁兴旺，子孙岁岁平安。”到此，整个跳盘王仪式结束。

2. 跳盘王仪式的三个构成及其相互关系

①跳盘王仪式的三个构成

瑶族跳盘王活动主要由三个部分构成。第一个是跳盘王的主体，主要有师公、道公、木叶娘、歌坛妹、入坛歌师和黄泥鼓手，在以前普通民众是不能参与的，但随着社会的发展，跳盘王，更多的成了仪式娱乐性的表演，普通民众也成了跳盘王的主体之一；第二个是跳盘王的客体，即瑶族人民祭祀的祖先盘瓠，他是跳盘王祭祀活动的对象；第三个是整个跳盘王活动的中介，主要是神坛、法器、经书、祭品。经书是跳盘王祭祀活动中宗教观念的一种物化形式。师公又是这种物化观念转化的中介，通过师公在活动中的念经诵词，把主体中人的观念意识传递给早已离世的客体。某种程度上，跳盘王仪式是在一种“意向性”、“目的性”的层面上来完成的。在仪式过程中，位于不同层次上的三个组成部分：仪式主体、客体和中介被预先置入人们的观念意识里。通过跳盘王，参祭者的自我理念就通过各种仪式中介，在主体的意识里达到与“他者”（盘王祖先）的交流，从而实现了一个信息的分享。仪式在人与神、“天”与“地”之间架起了一座无形的桥梁，实现凡俗与神圣实体的贯通。

②跳盘王仪式中主体和客体的关系

跳盘王仪式中主体、客体及中介之间的关系错综复杂。主体对客体怀有一种无比的崇敬，但同时也包含对盘王的几分畏惧。主客体之间关系的确立和变化，决定于客体的灵性、主体的功利需求和感情趋向。从根源上来讲，盘王和瑶家子民存在一定的血缘关系，最初的盘王和人民共同生活在一起，只是到了盘王不幸离世之后，盘王和生者之间的这种客观存在才转换成了一种虚幻的关系。因而，盘王和在世的生者，既有区别，又有共同的特点。祖先盘王在人们的观念里成了他们的庇护者，生者有不幸会得到盘王的保护。但生者做出违背盘王或者自已意愿的事时，又会受到盘王的惩罚。盘王在人们的心理，具有一种超自然的力量，是瑶族人民顶礼膜拜的神，处于一种支配的地位。当人们生活随心如意的时候，则认为是盘王显灵给予的恩惠。在家遇不幸、天灾人祸时，也认为是盘王给以的处罚。在这种特殊的双重心态下，怀着对盘王的恐惧和报答盘王的恩情，以求得对自己心理的抚慰和解脱，仪式主体就通过跳盘王来献祭，使尘世之人获得了神的允诺，由此而疏导了世俗化的认知带来的人与自我的阻隔。这里面既达到了与神沟通的目的，也达到了再把握自我的目的，从而又在一定的层次上实现物我同一的目的。最终满足生者的功利需求，达到仪式主体心理上的平衡。

③主体与中介的关系

仪式是一种文化建构起来的象征交流体系。它由一系列模式化和序列化的言语和行为组成，它借助多重媒介来表现，其内容在不同程度上表现出礼仪性、立体性、凝聚性的特征。盘王虽然是祭祀活动中受人们尊敬的对象，但仪式的整个过程中，在某种程度上说师公是瑶族观念中“物化”的神，也是整个跳盘王仪式活动的一个特殊的仪式中介。师公人场作法，头戴法帽（法衣、法帽是不能随便穿戴的，必须在跳盘王，而且要在盘王请到的时候才能穿上）。当盘王被请到神坛时，其实人们观念里的盘王就是师公的装束，师公已经不是平常意义上的俗人。跳盘王的过程中，师公不能离开神坛到别的地方用餐。祭祀中的所有祭品，虽然说经过“交头牲”仪式后，是祖先盘王的食品，必须经过盘王先享用。但真正的盘王神，人们无法亲眼见到，师公就间接替代了盘王，是瑶家人民顶礼膜拜的祖先。师公做法期间的所有生活由专人负责，甚至连自己的座椅也必须新制。当然，仪式中“新制”一词有其特殊含义，师公的座椅只是在一般的座凳四周加固一层竹条，通过师公念经度法，赋予其特殊意义。仪式中的师公俨然一副神仙的角色，受人们百般尊重和敬畏，成了主体和客体相互沟通的桥梁。

④跳盘王仪式主体参与的积极性

参加祭祀的人，都具有对自己目前现状不满的感受，祭祀的主要目的是更换一个不同的存在环境，改变当前的生存条件。从跳盘王的观念世界分析主体的行为，是生者向神灵跪拜祈求，客体支配主体。从整个跳盘王的情感和意志世界分析，参与者以主动态度对待神灵，对神灵施加直接影响，希望神灵满足自己的愿望。另外，对神灵贡献祭品也包含交换性质，主体和客体之间的一种共同需要。生者向祖先盘王提供各种祭品，不是单方面的给予，在某种程度上，主体希望祖先神灵给予平安、保佑生者的"回报"。在这种心态意识里，参与跳盘王的人就非常积极主动，其中包含了对祖先的虔诚和对自己的功利需要。这种规模盛大的瑶族跳盘王仪式不仅具有纯外向、表层的娱乐意义，更为重要的是它包含了一种主观内在的念祖、求福的心态。仪式中主体将自身置于与祖先同存的一种内在永恒共生关系之中。尽管在跳盘王时，一方面祖先神灵是人们祭祀的主要对象，但另一方面宗教主体也在活动的过程当中也扮演了一种主动与被动的"双面人"的角色，这样跳盘王的意义就形成主体和客体之间的有机统一，使得"自我成为神的意识，神成为自我的意识"。这里还有一层更为微妙的关系。大瑶山地区的瑶族师公跳盘王，表面上看是生者，即参与跳盘王的主体，通过各种祭祀的中介（如神坛、经书、师公、祭品等）来祭祀客体盘王，但在这表层仪式的背后，生者存在一个很大的功利性目的。首先是敬祖敬神，其次在敬祖敬神的前提下，就希望祖先为瑶族子民"交换"一种"恩"。这样，某种程度上，祖先盘王已经被人们有意识的降格，成为一种人们为达到目的的"手段"。有了这种"目的性"较强的功利需求，人们对跳盘王就具有了高度参与的积极性。

3. 师公跳盘王的象征意义

特定的宗教仪式，即便这仪式不过是背诵神话，求助神谕或妆点坟墓，宗教象征符号所引发的情绪和动机，与人们传统观念系统中表述的有关存在秩序相遇，达到相互强化。在"跳盘王"

仪式中，生存世界与想象世界借助一组单独的象征符号得到融合，变成同一个世界。在某种意义上可以说，跳盘王是大瑶山地区瑶族乡土社会的一种隐秘的文本。解读这一隐蔽的社会文本，就可以引导我们了解瑶族的社会文化，并作为我们参与瑶族社会实践的一个重要的“标本”，或者说，透过跳盘王仪式，我们就能看出瑶族子民在过去和现在的社会生活中所编织的“意义之网”。

①家族宗教、祖先崇拜的完美体现

家族宗教在瑶族传统观念中居于主导地位，然而它的表现形式是多方面的，其中神与族的一致性是最为重要的一个方面。祖先就是瑶族人民观念中的神，祖先崇拜在家族宗教中占居重要地位。在他们的观念里，一个完整的家庭通常由三个完整的部分组成，即生活于同一屋檐下的生者，他们有着共同的祖先，是同一祖先的后代；历代祖先聚族而葬的公共墓地，公共墓地葬着同一家族的祖先和去世的子民；历代祖先的灵魂，他们一般由生者供奉在自己的家中或是统一的祠堂里。瑶族祖先灵魂是他们幸福的庇护者，神灵与生者之间有一定的血缘关系，神灵得到后人最虔诚的崇敬。一旦家族成员遇到不顺心如意的事，就把这种感情通过跳盘王的形式表现出来。这样就使得跳盘王具有了多重的象征意义，成了人们尊祖和敬祖观念的活史。

根据笔者在田野中的亲身观察，瑶族村寨是非常有特点的。一个村寨就是一个族系，家族成员的居住和村寨的构成基本上是合而同一的，即宗族和村寨明显地重叠在一起，以至于许多村落只有单个的宗族。在早期的时候，村寨中还普遍实行“族内婚”。跳盘王仪式中，有一个非常重要的环节就是“宴祖”。师公先作法恭请瑶族共同的祖先盘王，盘王到场后，当然各家各户早已去世的祖宗是不能不管的。这时要依照请盘王的仪式，将村里每户人家的老祖宗请到。一旦师公作法，投“畊”（师公作法时的道具之一，一般用竹子或木头制作而成）法问卦知众神仙到后，平时专门看管盘王庙的“庙佬”就到各家各户的大门口依次“喊村”，通知各家各户都要将事先备办的各种米酒佳肴送到神坛，恭迎自家祖先。当然，每家准备的祭品可以各不一样，但是纸钱和米酒却不能少，送到法坛整齐地摆在师公神桌前，由师公念经作法交给诸神享用。在这个过程中，阴间地府的众神有了一定的等级。盘王是瑶族子民共同的家族祖先，离世的先民同样要受到盘王神的管辖。但这些不在世的人是生者个别家族的先祖，因此得到的是家族成员的礼待。在这里，祖先崇拜和家族崇拜交织在一起，使得跳盘王就具有“敬祖”和“孝宗”的双向象征意义，是家族宗教和祖先崇拜的心理表现。

②“情”与“怵”的心灵表白

“情”与“怵”是整个跳盘王仪式的一条主线。在“情”与“怵”的双重心态下，人们就借助跳盘王来获得心灵上的解脱。任何民间宗教都是个人追求自身福利和消除不确定感的行为，是在没有掌握科学技术的状态下人们满足自己的基本生物需要的一种手段。神坛上，师公代表的是盘王神先，旁人不但不能和师公随便闲谈，而且忌说汉话。据说祖先盘王不会讲汉话，在远古时代，瑶族社会地位非常低下，经常受到汉族和其他民族的镇压和欺负。瑶族最初被称为“猺族”，即用一个和低等动物相对应的瑶字来称呼。在盘王的观念里，非常痛恨汉人。如果神坛随意讲汉话，用汉语沟通，盘王不仅不会投福保佑，而且会早早的远离法场，回到自家阴庙里去。当然，触怒了盘王，盘王未请到，整个跳盘王活动就不能举行。只有遵照了跳盘王时的这一规矩，也就是说对盘王有“情”的前提下，师公才能正常跳盘王。并且活动刚开始的时候，一般都由悲壮低沉的木叶声引入。如前文所述，在远古年代，盘王身居大山，靠狩猎维持生命，他原本也是一个实实在在的人间凡人，当时人少林深，盘王过着孤独的生活，因而只有吹奏木叶来解除心中的郁闷。木叶声声，撩人心弦，藉以挑动人们对盘王同情和爱戴。现在的跳盘王，在某种程度上已经多了一层表演娱乐的性质，一般离开盘王庙在临时搭建的场子下举行。按常理说，威严雄壮的五指山下，背靠青山，前临秀水，人们跳起优美的祭盘王舞姿，没有那临时搭建且和大自然不相协调的庙厂，舞姿似乎会显得更加的优美。但搭厂有一目的，按照瑶家的说法，每逢跳盘王时，天都会突降大雨，在他们的观念里，这是非常吉利的征兆。害怕那些各路前来赴会的野鬼进场来捣乱，天降大雨冲刷走各路污秽，让他们早早离开，只留下祖先盘王和自家祖宗在场"看堂"。这些跳盘王活动中各种禁忌和安排，都是一种"情"与"怵"双重心理的表现。

③民族聚合、身份认同的中间桥梁

跳盘王活动除了满足一般民众的个人心理需要外，还表现出个人与社会的不可分割性，即跳盘王仪式也是家族认同、民族聚合的符号。这一传统仪式还是界定己和他人、个人和社会、私和公、人和超人、世俗和神圣关系的主要方式。早期的瑶族，地位是极端低下的。在石牌头人的带领下，瑶族多次和其他民族发生冲突和战争，尤其是发生在明朝时期的大藤峡起义，前后经历了150多年的时间。但就因为有民族间冲突的客观存在，瑶族自身的身份认同才非常强烈。民主改革之后，瑶山地区也相继进入了和平发展时期，瑶族在汉族的影响之下，尤其是市场经济的引入，自身的身份认同也处于一种相对弱化状态。这样就只有通过各种各样的民风习俗活动，来增加这种民族认同感和民族凝聚力。跳盘王就是这多种活动中一种相对具有代表性的典型形式。跳盘王时，师公的法衣、法帽就是一种身份、等级的标志。师公不仅和常人的打扮不一样，就连师公群体，也有等级之分。大师公必须要经过严格的"度戒"仪式，从其去世的师傅那里继承到各方面技艺，方有资格担当第一师公的角色。另外，跳盘王时，

春节时跳起欢乐的黄泥鼓舞

全村都穿上瑶族服饰，无意中就在瑶族和非瑶族群体之间划分出了一条明显的界限，瑶人之外，即为“非我族类”，存在着一道很难抹杀的鸿沟。这种仪式的功能不仅是表面上所呈现的强化信徒与神之间的归附关系，实际上它所强化的是作为社会成员的个体对其自身社会群体的归附关系。社会成员通过仪式强化了个体对集体（或群体）的归附感，也就将微弱的个体力量提升到强大的集体力量中。在这个过程中，仪式就起到了凝聚社会成员之间的团结、强化集体力量的作用。另外，盘王看堂的时，大家跳起步调一致的“穿针舞、蝴蝶舞”等各种根据瑶族生产生活、自编自演的风情舞蹈，这种特点鲜明的舞姿也是瑶家身份认同的符号。总之，无论宗教生活的外表多么复杂，本质上都是一元的和一体的。无论何时何处，它都对应于同一个需要，来源于同一种心态。在跳盘王祭祀中，“同一个需要”实际上就是集体通过仪式凝聚社会团结的需要；“同一种心态”就是个体通过群体集合的仪式唤起集体力量并从中提升自我力量的心理倾向。

第四节 婚丧制度及其变迁

一、坳瑶的婚姻

1. 坳瑶人的传统婚姻观

①婚姻伦理：父母包办

传统的坳瑶婚礼，“父母包办”是不变的婚配伦理。由于择偶的对象资源相对较少，父母担心孩子成年后的婚事，在孩子幼年的时候就早早地为他们定下了婚约。青年男女长成人，到了婚配年龄后，就结为合法夫妻。虽然这种婚姻也可解除，但是在大瑶山地区，迫于经济或长辈的压力，婚姻一般还是继续维持下去。这种“父母包办”、男女无任何主动选择的婚姻，因而真正完满的情况也就并不多见。刚满十三四岁的少男少女，正是情窦初开的时候，为了填补这种被动的童养媳配偶关系所带来的孤寂，很多人就会找情人私通，按照当地坳瑶的说法就是“同吃同房、同住不同床”。下古陈村头的“浪坪”，前临溪水，背靠五指山，为这种婚姻习俗提供了一个良好的场所。每到喜庆之日，大家都汇集到这里对歌跳舞。欢乐吉祥的气氛中，男女双方就开始利用机会物色情人，若中意，便可以单独离开，享受浪漫的性事，且情人拥有的时间不受太多限制，甚至在同一个时间可以拥有两个或两个以上的情人，若双方不愿意，就自行解除。费孝通先生在《花篮社会组织》一书中也有这样的描述：“花篮瑶有一种半公开的‘情人制度’，而在坳瑶中，这种情人制度更是发达，并且是比较公开的。他们可以在情人家里幽会、过夜，只要情人的丈夫或妻子不在家里。即使'撞见'了也不会引起严重事件的。事实上，'撞见'的事不很多，因为大家于人方便就是方便自己。男女在家幽会时就把门关了，丈夫或妻子回来，见这暗号，就很聪明的去找他们自己可以去的地方了。情人若是白天来帮工，这天晚上，他就可以有权同宿，正式的夫妻照规矩须借帮出让。"[①] 情人生活中所生的小孩，男方可以不承担任何抚养责任，但若是自己的妻子所生，即使自己和孩子没有生理上的关系，作父亲的仍然要承担相应的抚养责任。这样，生育和抚养就存在一定程度的分裂，成了一种变相的"生养"交换，小孩名义上的父亲和生理上的父亲就很难分辨清楚。费孝通先生在《乡土中国》里面说："社会合理的安排和夫妇的恋爱是相成的。若是把恋爱训作两性无条件的吸引，把一切社会安排置之不顾的一往情深，（这是一种艺术，而不是社会事业），婚姻也必然是这种恋爱的坟墓了。真的坟墓里倒还安静，恋爱的坟墓里要求一个安静的生活却是不可得的。"[②]

②婚配伦理：族外不婚

广西大瑶山地区，"由于瑶族进入该地区的先后顺序不同，在有限的土地资源环境下，瑶民逐渐分成两个族团，其一是地主族团，主要包括花篮瑶、坳瑶和茶山瑶，他们有共同统称为'长毛瑶'；其二是盘瑶和山子瑶，他们普遍被称作'过山瑶'。"[③]简单说，前面三个瑶族支系属于有地的地主阶层，后面两个则属于无地的佃农阶层。在婚配伦理中，为了防止资源和财产的外流，坳瑶是不和外族人随意通婚的，他们普遍实行一种亲上加亲

① 费孝通、王同惠：《花篮瑶社会组织》，《费孝通文集》第一卷，群言出版社，1991年，第429页。

② 费孝通：《乡土中国·生育制度》，北京大学出版社，1998年，第158页。

③ 费孝通：《花篮瑶社会组织》，《费孝通文集》第一卷，群言出版社，1991年，第473页。

的族内婚。身份等级是婚配伦理的“根”。血缘、亲族是坳瑶择偶时最先考虑的第一因素，即使男欢女爱，其正式的婚姻也不能打破这种伦理格局。当然，这种同族内通婚的现象，坳瑶人还是会有意识地回避同族、同祖四代表亲不婚的规则。但尽管如此，婚姻规则中，最终还是不能跳出“坳瑶”这一个慢慢向外扩散的波纹。在他们的理念里，婚姻的缔结重视家庭的地位、财富，而无视个人意愿。个体没有选择婚姻的自由。缔结婚姻关系的行为是家庭与家庭间的事，双方家庭是否相称才是婚配的标准，婚姻与血缘家族的关系极为密切。结婚的男女双方是否般配可以不问，但结为婚姻的两姓两家，必须门当户对、良贱禁婚，阶级上的差别始终是婚姻择配不可跨越的一堵界墙。

③婚居伦理：心随情愿

坳瑶的婚后居住方式主要有三种：从夫居、从妻居及“两边顶”。“从夫居”就是女嫁男娶，女方婚后居住在男方家。“从妻居”，顾名思义，就是婚后男方居住在女方家。这种婚后男子入赘到女方家里的居住方式，在坳瑶的社会生活中非常普遍。“两边顶”，也叫“两边走”，就是青年男女结婚后，心随意愿，居无固定的场所，居处的时间长短可以根据农忙季节劳动力的需求来决定。夫妻双方共同继承两方父母的香火。孩子的生养也事先约定好归属。若双方姓氏不同，则孩子一个跟父姓，一个跟母姓。如下古陈村民盘义忠，儿子名叫“盘通敏”。盘义忠本人的妻子是盘瑶，在大瑶山盘瑶的生活观念里，女儿出嫁后，生养的孩子必须取一个姓氏来为母方抵姓。这样，盘义忠的第一个女儿取名“盘金玲”，金玲的弟弟就只能按照母方姓氏取名为“王同敏”。“同敏”长大到了上学年龄后，根据孩子自己的要求，才将其姓名改称为现在的“盘通敏”。这样就导致了无法理清家谱、辈分混乱的悖局。与此同时，根据婚前双方的约定，根据小孩出生的顺序，而不是根据男女性别来承担抚养责任。这在某种程度上就会产生一种和费孝通先生所说的“双系抚育”相悖的“单亲抚育”，使得孩子在成长的过程中普遍存在“念父仇母”和“念母仇父”的双重心态。在这种“社会化”的过程中，一旦双方得不到平衡发展，对比失衡，就给孩子潜意识地塑造出畸形的自卑“情结”或复仇、越轨的心灵冲动。在家庭无法给予正常社会化的情况下，最终只能以“失范”的报复手段来填补心灵的苍白，无形中加重了社会整合的代价，直接受害的是家庭，间接受害的却是社会。

④婚育伦理：男女平等、“二好三多”

坳瑶的生育观念向来重视男女平等。生男生女都一样，不管男孩还是女孩，只要有一个孩子留在家里，家庭就是美满幸福的。但是由于大瑶山地区土地稀少，农业生产率低下，一方面，害怕孩子出生后无法养活；另一方面，在坳瑶的观念中，他们认为生育过多的孩子对妇女的身体极端不利，在大山里生活，本身就是一件非常艰苦的事情，如果缺乏强壮的劳动力，势必影响全家人的正常生活。这样，在婚育观念中，又普遍存在“二好三多”的思想。在没有任何避孕措施的前提下，为了限制人口的增长，多生养的孩子就要通过人为的方式将其杀死。有的用水溺死，或者用毛巾闷死，也有的父母把婴儿挂到树上饿死。费孝通先生在《花篮瑶社会组织》中就有过这样的一段描述：“凡是有两个孩子，继续受孕成胎的就要堕弃，即使没有堕胎而出生了的婴孩，若没有别家认领，也不易逃避被溺死的命运。”“除个别较为富裕，田地稍多的家庭，在父母高兴之时可以留三个以上小孩，其他的往往会毫不留情地把小孩杀死。”但是杀婴也并非是随意性的行为，它仍需要征求夫妻、长辈和族人的观点。

2. 坳瑶的现代婚姻观

改革开放之后，市场经济的发展、汉文化的渗透及“露尖尖角”的新农村建设，极大地改变了坳瑶的传统婚姻观念。瑶族之间的族群身份等级界限已经慢慢模糊，汉族或壮族卷入坳瑶的通婚圈子。在婚姻观念中，身份等级已经不是主要的标准，利益因素已经逐渐地取代血缘，成为婚姻择偶参照的一个重要“标尺”。笔者在下古陈调查期间了解到村中一女孩的婚姻就是一个典型案例。

村中有一个21岁的女孩貌美、聪明，念小学的时候，考试成绩班里第一是打不破的格局。然而“树大遭风、人美受宠”，因此也就容易引起男生的注意，小学三年级就步入恋爱“围城”，从此恋爱的“红尘”一发不可收拾。小学刚毕业，在没有办理任何结婚证明的前提下，15岁的她就和班里的一位男生结为鸳鸯。男孩是六巷人，典型的花篮瑶，婚后上门住到女方家居住。小夫妻恩恩爱爱，一年后生下一子。由于年纪太轻，早婚早育，孩子在上挂户籍之时，按照国家计划生育部门的相关政策，只能以3000元的罚金买回孩子的户口。然而遗憾的是，婚后三年，贫困的大山里，经济成了家庭矛盾纠纷的“导火绳”，恋爱时的新鲜劲早已丧失在“理性”的社会现实中。二人分分合合，最终牵连婚姻的红线断裂，婚姻告吹，关系结束，不欢而散。孩子留女方家抚养，男孩卷被归家。女孩独守空房，落寞难耐，之后独自一人走出瑶山闯荡“江湖”。不经意的在网上结识一位网友，二人相聊甚是投缘，似有相见恨晚之感，爱情催生的“幼芽”慢慢长成。男方在城里有一正式稳定工作，经济相对富足、宽裕，且经常在女孩面前“摆阔”，女孩更是着迷，女方父母也幸福地举起双手参与“表决”。半年后，关系上升到“合法夫妻”的层面。

在坳瑶人现代的婚姻观念里，男女双方在择偶的过程当中，利益因素晋升到了主导地位，伦理、感情则退居第二，甚至在某种情况下，还以牺牲个人的感情、违背传统的道德伦理为代价，通过婚姻来提升自身的生活坐标。

二、坳瑶的丧葬

在广西坳瑶人的传统观念里，死者灵魂不死，死者和生者同在，生活就是一个“有鬼”的世界。坳瑶人认为，人的血肉之躯乃世间俗物，人死升天，只有待躯体腐朽之后，灵魂才能正式进入天堂。坳瑶人的丧葬就是这种传统观念意识的完美体现。

1. 传统的丧葬形式

①停棺捡骨葬。这种葬法多见于金秀六巷一带的坳瑶。据当地老人讲，坳瑶的祖先，最初仍然采用火葬。后来受到瑶山边境象州县大乐、中平一带壮族文化的影响，葬法也就趋于“停棺捡骨葬”的丧葬形式，即出殡后，将死者的棺木直接抬至村外的公共墓地停放，然后搭盖一个临时性的茅棚，遮风避雨。三四年后，开棺捡骨，装入陶坛，择吉日祥地安葬。这种葬法，直到今天在广西花篮瑶居住的地区仍然非常普遍。

②深埋捡骨葬。这种葬法是当今坳瑶人主要的丧葬形式。其形式和“停棺捡骨葬法”基本一致，不同的是，死者的棺材要埋到深约四尺的土坑里。四年后，掘土开棺，捡骨入陶坛，请风水先生择龙脉宝地重新葬。这种丧葬的形式深受汉文化土葬的影响。

③捡骨就地二次葬。这种葬法是在出棺新葬前就请风水先生择好吉地，出殡后，将死者的棺材置于事先选好的地方。葬后三年，再开棺捡骨装入陶坛，葬于原地。

④停棺烧骨葬。这种葬法是先把棺材停在坡上的棚厂40天后或几个月后，再用火焚化棺骨，然后捡骨灰的一部分入陶坛，另择吉地安葬。其余骨灰，即在停棺的地方掘一小坑掩埋。

2. 坳瑶人的丧葬过程

坳瑶人的传统丧葬，过程非常繁琐。老人快离世之时，就要举行“下矮床”仪式，即将老人睡的床拆除，在地上铺上草席被

坳瑶葬礼仪式

褥，头前摆放一碗米饭，让人平躺于地上慢慢归天。老人闭眼升天后，就要立即通知亲邻朋友，帮忙为死者剃头净身，换穿寿衣。然后，将事先准备好的棺木清扫干净，在棺材里铺上五层草纸，准备为死者入棺。入棺前要让死者的左右手都捏一个纸张包的饭团，表示死者投胎转世后，衣食无忧。这时还要往死者的嘴里放入"银毫"，意味着今后讲话清楚、明白。紧接着还要给死者"安眼"、"安牙"、"安耳"。一切准备好之后，就将死者装入棺木，并盖上单数的丈布。为了让死者在阴间地府也能正常生活，就要把老人平时喜欢的生活用品放入棺材内，并保留一定的空间。等到死者的"后家"到后，经过他们检验，方能正式盖棺。这时领头的师傅就要开始为死者"超度"魂灵。师傅佩带宝剑，刚一到死者的家门口就要挥剑开路，然后入主家屋内，准备

“安坛”超度死者的灵魂。家里的族人，一般都不能离开，而且，直系男性后人，不能随便穿鞋套袜。超度死者的灵魂一般有三轮法事。第一轮针对死者，第二轮针对死者的家人，第三轮则针对村民。这种法事的超度一般要持续两天两夜。两天过后，就要将死者送到公共墓场了。送葬的当天，先由师傅作法，然后将棺材抬出屋外用竹篾捆住，加固木头抬杠，由八人起抬上山。送葬队伍的最前面有一人手持火把，驱赶沿路死鬼，“开路”上山。一路放响鞭炮，死者直系亲属手持灵牌，泣哭尾随其后。到达村头的公共墓地，先由“开路人”择选一个位置，挖下第一铲。按照坳瑶的习俗，如果在开挖的过程中，没有碰到任何一个石头，这里就是一块吉祥的圣地。众人将安放死者的井挖好之后，师傅作法，就开始正式下葬死者。这时，家中亲人分别从东西南北四个方向铲起一铲泥土盖棺，然后大家齐帮铲土，完成整个葬礼。

3. 葬礼礼金

坳瑶的丧葬仪式中，比较重视亲朋好友之间的礼金和人情。凡有亲人离世的家庭，亲友都会带些米、肉、鸡等之类的东西来相帮死者家人，共同悼念死者。如果不方便备办礼品，也可以直接以货币的形式资助主家。一般 20 元左右是多数，经济宽裕者也可以多给一些。在大瑶山地区，一次简单的葬礼，单独师傅的钱，一般都不会少于 800 元，正常的花费都在 6000 元左右。如果前来相帮的人多，一方面说明死者生前比较受人尊重；另一方面，也是死者家人在村寨“好人缘”的一个重要体现。

4. 葬礼禁忌

按照坳瑶的规矩，出葬后的第七天，家人就要带死去的人去“看田水”。天刚发亮就要起床，身带上平时生产生活中经常用的生产工具，比如瑶族人的“腰刀”，就早早的出门了，路遇旁人时，不能随意搭讪交谈。到了自家田地，若有田地土埂倒塌的地方，就要象征性的修补一下，同时默默地口念死者的名，恳求死者保佑家人来年生产丰收。45天后才能随意出入村里其他人家的房门。下葬满四年，清明节前后，按照坳瑶的规矩，就要择吉日举行二次安葬。主家到象州县一带以20—30元不等的价格买回“金坛”，然后请人揭土开棺，从头到脚依次捡骨入坛。死者的尸骨“入坛”后，必须请风水师傅择选好地，良辰吉日下土安葬。只有到这个时候，死者的灵魂才能真正升天入堂。

坳瑶葬礼上的神桌

第五节　迈向新生活

一、农业生产得到不断加强

近年来，政府加大了对坳瑶人的扶贫攻坚力度。在确保粮食种植面积的基础上，加大了经济作物种植面积。完成生态公益林规划，发放生态公益林补助金 32 万元。共植树造林 9600 亩，其中八角 4500 亩，茶叶 1700 亩，水果 900 亩，实施退耕还林 2500 亩。发放商品材采伐指标近 10000 立方。乡里对主要税源如八角、木材等都普遍减免税费。与此同时，全乡实现年均粮食播种面积 5200 亩，粮食总产量年均 1050 吨；生姜种植年均 1500 亩，木薯 1250 亩；实施八角低改年均 13000 亩，新种八角年均 1500 亩；药材种植年均 2000 亩，主要是以鸡骨草、水花粉为主；肉猪出栏年均 2000 头，家禽 9300 只，肉类总产量年均 280 吨。农民人均纯收入年均增加 130 元。出现了农业生产的稳步发展，农民收入稳步增加的良好局面。

二、农民生活环境得到不断改善

全乡先后建成了朗冲、蒙冲、六亩、架梯、大岭尾、兰督、胶厂等屯级公路；六巷至门头四级路，六巷至中平三级柏油路，门头至架露屯级公路、六巷至腊河四级公路。道路交通环境的改善，大大地加快了六巷乡的现代化发展步伐。另外，政府还加快了小型水电站的开发及农村电网架设工程。一是完成了门头河、古麦河梯级电站开发项目总体规划。总投资 2793 万元的古麦河电站已经开始动工建设；二是滴水河下六甲水利枢纽工程也正在按计划加紧施工；三是争取资金架设了门头、新村、架梯、下古陈、大岭尾等屯农网改造。完成了六巷屯、上古陈、帮家、六亩、蒙冲、青山村委等人饮工程，解决了 2000 多人的饮水困难。完成了青山、大岭、门头三个村委办公楼的建设。为了综合利用能源，全乡还建设完成了 330 座农村沼气池。

三、医疗卫生条件得到大幅度的改观

六巷乡医院成立于 1953 年，原名六巷乡卫生所。最初租借乡供销社 60 平方米的几间土坯房为办公用房，到 60 年代初期迁

由日本利民工程援建的六巷乡卫生院

到现在卫生院所在地，但工作地点仍在约160平方米的泥土瓦房中。直到1996年，早已被鉴定为危房的门诊楼才得以重建。40多年来，作为全乡唯一的卫生院，临床医疗工作单依靠“老三件”（听诊器、血压器、体温计）来开展诊疗活动。普遍存在“小病看、大病拖”的现象。患者的就医环境不能改善，人民群众的身体健康就得不到保障。2004年3月9日正式获得日本国“利民工程”项目的无偿援助，援助总金额为44212美元折合人民币36万余元，其中28万投入卫生院业务综合楼的建设，余下8万余元用于购买综合牙科治疗仪、多功能微波治疗仪、半自动生化仪（含尿机分析仪）、立式高压消毒锅、普通手术床、吸痰器、超声雾化器、氧气瓶推车等器材。于2004年5月—2004年12月中旬顺利完成综合楼主体建设。新业务综合楼建筑面积457.7平方米，总投资38万余元。目前，卫生院在职人员6人，其中医师2人，助理医师2人，护士2人。业务用房共650平方米，设产科四室，防疫四室，各科室齐备。设住院病房92平方米，病床10张，观察室病房2张，医疗设备齐全，可以开展X光检查，B超、心电检查，三大常规、肝功、生化、尿八项等检查项目工作。于2005年5月正式投入使用，加上医疗设备的配置，从此结束了医院只能依靠“老三件”诊断疾病的历史，改善了卫生、医疗、保健等卫生条件。为瑶族山民提供良好的就医环境，成为全县乡镇卫生院医疗设备较为齐全的乡镇卫生院之一。

四、电力与通讯改善人民生活

下古陈尽管地势偏僻，但是由于水资源丰富，从 80 年代开始，村里人便借助便利的水资源，在沿河道溪流的地方安装小型的水力发电机，利用这种发电设备，不仅解决了照明问题，水大的时候还可以用来烧饭、做菜。发电机主要从象州或柳州买进，根据其功率的大小，价格一般在 900－1500 元左右，加上各种线路用材，一套设备，把电接通到家里要三四千元。这种简单的设备，自从 90 年代取代松光照明之后，在古陈瑶山地区发挥了近 10 年时间。后来国家实行农网改造，古陈地区于 2004 年 7 月 15 日正式架设了高压线。于是，这种小型的水力发电机便逐渐成为历史，村里只有很少一部分人家依然还在使用，大部分人家的生活用电目前都是以高压电为主。

高压电是从青山铺架的，在古陈段总共有 26 根电线杆，由于安装高压电时公路还没有正式开通，电杆全部由人工抬上山坡，除去各种人工费用，全部安装完毕，一户电表价格在 900 元左右。刚开始的收费标准是每度 1.2 元，现调整为 0.7 元，平时全村用电每月在 2000 度左右，节日期间则会突破 8000 度，开通高压电之后，稳定安全的电力使得村里的生活变得非常方便，同时也在无形中改变着他们的生活方式。现在很多人家做饭已经开始使用了电饭锅与电磁炉，一顿饭的用电量差不多在一度左右，使得做饭变得既省时又省力。由于使用高压电，每个月都要根据用电情况交纳一定的电费，在平时的生活中，瑶族人是非常注意节约用电的，这与原来使用小型发电机用电时的状况形成极大的反差。在使用小型发电机发电的时候，由于不需要交纳任何电费，村民为了减少对灯泡的损耗，一般都是通宵点着灯的，甚至有时在白天也不关灯。

安全稳定的电力，使得坳瑶人的生活发生了很大的变化。村子里有电器的人家也越来越多，根据我们所做问卷得到村里电器使用情况的数据，如下表：

下古陈村电器使用情况

电器种类	户数（户）	占总户数的百分比（%）
黑白电视机	15	46.88
彩色电视机	26	81.25
电磁炉	12	37.50
电饭锅	6	18.75
电冰箱	2	6.25
洗衣机	3	9.38
影碟机	27	84.38
收录机	5	15.63
音响	8	25.00
照相机	5	15.63
收音机	7	21.88
固定电话	5	15.63
移动电话	26	81.25

通过上表，我们可以看到，彩色电视机的使用率占全村的81.25%，基本上已经达到了普及。影碟机的使用率高达84.38%，说明了在满足日常基本生活之余，坳瑶人对精神文化的进一步需求。在各种电器走进瑶族人的生活后，传统的生活方式随之也发生着巨大的改变。电磁炉的使用已占全村户数的37.5%，电饭锅占18.75%，人们越来越习惯于这种便捷简单的生活方式。随着经济的发展，公路的修通，电力的改善，也使得通讯的发展在这里成为一种可能。在下古陈村，不仅有了固定电话，更令人惊奇的是移动电话的普遍使用。手机的使用率占到全村的81.25%。年轻人基本上每人都有一部手机，使用的情况因人而异，每个月所交的话费最少的只有几十元，最多的则要上百

元。手机的广泛应用使得坳瑶人与外界的联系越来越紧密，这与经济的发展是分不开的，同时，它也促进着经济的进一步的发展。

在下古陈村做社会调查

随着时代的发展，古陈村正在改变着原有落后贫穷的面貌。八角、生姜等经济作物在坳瑶人的经济生活中发挥着越来越重要的作用。外出打工也变得越来越普遍，成为很多年轻人的选择。公路的修通，高压电的铺设，移动电话的应用，不仅使得生活在大山里的坳瑶人开始了新的生活，同时也使大山不再成为一种阻隔。但是对于百余年来生活在大瑶山的坳瑶人来说，想要完全摆脱落后的局面还需要一段时间的努力。首先，要提高对教育的重视程度。没有知识，即使走出大山，也会步履蹒跚。其次，要充分发挥资源优势，大力发展经济作物的生产。最后，转变传统落后的观点，提高商品意识，增强竞争意识。

对于偏远地区的少数民族来说，要发展经济，会受到环境条件、经济基础、人为因素等各方面的限制与制约，但是随着科技的进步，在党和国家的良好政策下，要抓住机遇，转变传统落后的思想，从自身的优势出发，因势利导，克服困难，这样才能走出一条适合本民族经济发展的理想之路。

第五章　大山深处的帮家山子瑶

大瑶山万山丛簇，脉络纵横，数百公里，绵亘不绝。山高而陡，大部分高山的海拔都在 1000 米以上。山与山之间虽有道路相通，但绝大多数都是九曲十八弯的，往来十分不便。就在这瑶山的深处，生活着一群自称为“门”měn 的人，外面的人则把他们叫做“山子瑶”。山子瑶名称的由来有两层意思：一是因为山子瑶多耕山地种黍（俗称糁子，一种粮食作物）。“山”、“糁”两字，发音相近；二是山子瑶属于“过山瑶”，多数是没有土地的佃农，依靠佃耕“长毛瑶”的山地为生。凡佃人之地者称为“山丁”，佃主称为“山主”。故“山子”即“佃子”。

在金秀瑶山的五个瑶族支系中，每个支系都有其独特的文化特征。虽然山子瑶没有自己的文字，但其完备的文化体系却传承至今，并且很好地保持了自己的特色。由于费老与其前妻王同惠所著的《花篮瑶社会组织》一书，金秀瑶族自治县的六巷村已经成为一个学术名村，历来为学者们所关注，许多著作也与其有关。但针对山子瑶的研究一直比较少。因而，此次调研我选择了同属六巷行政村的山子瑶村寨——帮家屯。帮家屯位于金秀县六巷乡的西部，从六巷乡政府出发沿着崎岖不平的山路一直往西，大约 7 公里就到达了帮家屯。帮家是一个全部由山子瑶村民组成的自然屯，周围与其毗邻的都是花篮瑶的村寨。虽然 1989 年这里已经通了公路（砂石路面），但由于路面没有硬化，再加上瑶山潮湿多雨的气候，夏季的暴雨时常造成公路塌方，交通状况并不理想。因此，这里的山子瑶民很少为外界所了解。

第一节　山子瑶的经济生活

解放前，盘瑶和山子瑶是没有土地的，以租种茶山瑶、花篮瑶、坳瑶的土地或为其打工谋生。由于没有固定的耕种和居住地，盘瑶和山子瑶被称为“过山瑶”。而拥有土地的茶山瑶、花篮瑶、坳瑶则被称为“山主瑶”或“长毛瑶”。

一、山子瑶传统的经济生活

目前，帮家屯是一个由37户人家，176人组成的山子瑶村屯。而解放前，这里只有7户人家，他们都是租种附近花篮瑶的土地。一般来说，花篮瑶不出租地势平坦、灌溉方便的水田，山子瑶只能租到未开垦的山林。胡起望和范宏贵先生在《盘村瑶族》一书中将盘瑶和山子瑶的生产方式定义为“游耕”。所谓游耕就是刀耕火种，其耕作程序是：选择地势稍缓，植被繁茂，腐殖质厚，土地乌黑的地段作为耕种的对象。先将此地段的树木杂草砍倒，开出火路，待树木晒干后，放火烧山。点火时，一般从山头点火，因为火顺山势由高而下，火速较慢，能燃尽可燃之物。待火烧过后，用刀砍去剩下粗大未能燃尽的枝干，平整土地，然后播种。所种大都是玉米、红薯、木薯、芋头、旱禾等杂粮。第一年因土地肥力足，农作物往往丰收，第二年平产，第三年减产，第四年只得丢荒，另谋出路，故有“一丰、二平、三减、四丢”之说。如果附近无地可耕，只能迁居别处。这样的生产方式效率很低，一大片山坡只能养活一两家人，所以他们没有形成大的村落。

过去在帮家，山子瑶主要以劳务地租的形式向花篮瑶缴纳地租。一般每亩地要缴8—10个工，大多是在收稻的季节帮花篮瑶

费孝通拍摄的山子瑶照片

收稻谷。由于瑶山盛产杉树，农闲时山子瑶的男性则去山上帮“买山”的外地木材商伐木。树木砍倒后运到山下的河边，用竹篾（竹子从中剖开可用于捆绑）将木头每2—3根绑在一起编成木排，再将若干木排首尾相连（约30—40根木头），利用河水将木排放到山外的中坪镇进行交易，一般人们把这种活动称为“放排”。放排时，一人在排头撑一支长篙掌握方向，另一人同样用一支长篙控制排尾，避免木头碰到水底的岩石造成搁浅。通常情况下，要用5—7天时间才能到达中坪镇，夜晚则在水流较为平缓的水潭停靠休息。待交易完成后，每人可得40—50斤米，另可买点油盐及针头线脑等生活必需品，或可买一头猪仔回来饲养。当时粮食产量很低，一般人家的粮食只够吃7—8个月。放排就成了帮家屯人贴补家庭经济收入的最主要方式。但放排受季节影响很大，春末夏初雨水较大，河里水流湍急，放排的危险性很高，很容易造成人员伤亡；而冬季雨水较少，河里水位很低也不能放排。一般每年的7—8月份是放排比较集中的时段。

由于不掌握土地的所有权，再加上生产条件差。解放前，帮家屯村民的生活水平一直很低。有时，甚至一个月都没有盐吃，只能搞些辣椒来下饭。他们也没有像样的房屋，大都住在以竹片、木条为墙，茅草、树皮铺顶的简陋房屋里。

二、经济制度的变迁

1952年5月，大瑶山瑶族自治区正式成立。在中国共产党的领导下，大瑶山各族人民订立了团结公约，废除了特权阶层，加强了民族团结。1954年2月大瑶山开始土地改革，帮家屯的山子瑶民第一次获得了土地所有权。终于结束了山子瑶人几百年甚至上千年的游耕岁月，他们的生产积极性被大大地激发出来。除了把灌溉较方便的地方开垦出来种水田，他们在周围大片的山地上尽可能的都种了杉树。由于地处山区，当时是按照自然屯实际的耕种范围来划分地界，这样帮家屯的山子瑶民就拥有了相当大的一片山林。但杉树的生长期较长，一般要15—20年才能够采伐。

紧接着1955年，全国展开了轰轰烈烈的互助合作运动，帮家屯也不例外。因为原来全是非富裕的“过山瑶”，他们在生产和生活上还存在一定困难，所以积极要求组织起来，发展生产改善生活。并且大瑶山有它的客观有利条件：瑶民一向有着互助的习惯，俗称为“打背工”。很快他们就成立了互助组。到了1957年，六巷公社成立，帮家屯被划归六巷公社管辖。由于山区地广人稀、居住分散，不利于搞“大集体”，古浦、屯巴、文凤三个自然屯的居民先后搬来帮家屯，成立了帮家生产队。其中古浦村民属花篮瑶支系，屯巴、文凤、帮家三个村则是山子瑶支系。1958年，六巷、门头、王钱三个相邻的公社划清地界，由于帮家生产队地处三个公社的交界点，所以一部分山林被划给门头和王钱公社。随着1960年“大集体”解散，原古浦、文凤的村民又先后搬回了原来的居住地。

在人民公社时期，生产较解放前有所发展。当时实行工分制，全队的收入按各家一年所得的工分进行分配。在帮家生产队，一般人家的口粮都够吃，只有少数人家的口粮不够。当然这其中还是包括一部分粗粮。此外，放排依然是这一时期生产队增加收入的主要方式。由于国家实行"统购统销"，因而木头放出去只能卖给中坪镇的国营木材收购站。进入70年代，帮家屯在50年代初种的杉树大部分已可以采伐，这时放排也比较多一点。此时人们不再使用竹篾，而是利用废旧的机动车轮胎，将其剖开做成绑带进行捆绑，这样每排就可绑7—8根木头，每次可放100—120根，时间也缩短为1—2天。参加放排的人每次除了获得工分外，还可得5元钱的补助。当时，在中坪镇一碗米粉的价格是8分钱加2两粮票，一碗加肉米粉的价格是1毛5分钱加2两粮票。所以，5元钱对于当时的家庭来说已是不小的一笔收入。

随着经济条件的改善，从1967年起，村里开始出现泥瓦房，由于交通不便、运输困难，建房所需的瓦片很难运进来，生产队就自己建起了瓦窑，请外乡的师傅教他们打、烧瓦片。到1978年，帮家屯的山子瑶人全部搬进了泥瓦房。每家的住房面积在100—120m^2之间。

三、市场经济的渗透

十一届三中全会后，我国的经济建设进入了一个崭新的时期。1980年，帮家屯开始"包产到户"，按照当时的人口，每人分得5分水田，山林若干，由于山地面积难以丈量，很多都是几家共同经营一片山林，分配方法类似于生产队时期的工分制。责任制初期，稻谷的产量依然不够一家人一年食用，直到种植杂交水稻后，才完全不需要用粗粮来喂饱肚子。

帮家屯水田、林地统计表　　（单位：亩）

	水田面积	林地面积
总面积	99.10	730.00
户均面积	2.75	20.28

这时，帮家屯开始种植八角。起初，一株八角苗要八九分钱。因为缺少现金，帮家屯并没有广泛种植。一直到1984—1986年期间，才开始大面积种植八角。但八角的生长期也比较长，一般要8—10年才能挂果。此时，杉树依然是除粮食作物外最主要的经济收入来源。由于公路的修建，木材也不再需要利用河水放排。之后，大部分木材都利用公路运往山外，只有采伐靠近河边的山林时才放排。此时，放排的技术又有所提高，即使在冬季水位较低的时候，人们利用塑料地膜在上游的地方蓄水，有时可以畜3—4级水，待木排扎好后将塑料地膜撤掉，利用上游冲下来的水将木排放出去。木材也不像以前只卖原木，有的已加工成方条或木板。瑶山的杉木质量很好，很多外地木材商都进山收购。用瑶山杉木制成的木地板在泰国等东南亚国家非常畅销。像收音机、自行车、钟表、小型水力发电机、黑白电视机等很多耐用消费品开始进入山子瑶的家庭，有的人家还购置了耕田用的手扶拖拉机，所有这些都应归功于杉树的种植。

骡马在九十年代以后才引入瑶山，发挥着重要的山区运输作用

年轻一代瑶族玩的也是手机、摩托和随身听

进入90年代中后期，八角大多已开始挂果，并逐步代替杉树成为帮家屯人最主要的经济收入来源。特别是2000－2002年，八角的价格比较高，最贵时每市斤干八角可卖到30多元钱，价格较低时每市斤也可卖10多元钱。当时，每家人每年都有1000—2000市斤干八角。可以说，这一时期是帮家屯历史上经济收入增长最快的时期。很多人家都购买了马匹、摩托车等交通运输工具。伴随着国家“西部大开发”的步伐，这里先后通上了高压电、电话、手机信号。彩色电视机、电磁炉、电话、手机等以前只有城里人才能用上的现代化电器也开始在这个还比较偏僻的山子瑶村寨出现。

帮家屯（共37户）拥有下列物品的状况

	彩色电视机	影碟机	固定电话	手机	摩托车
户数	35	32	30	26	27
百分比	94.6%	86.5%	81.1%	70.3%	72.9%

1998年，村里建起了第一家火砖混凝土结构的房屋。到2004年，村里已有4户人家搬进了砖混房。在经济收入增加的同时，一些不良风气也开始传入这个山子瑶村寨。在八角价格较高的几年中，麻将等赌博活动开始出现并迅速地蔓延开来。在调查中我们发现，一些年轻人出手之阔绰甚至招来了外乡甚至外省的人来到这个交通不便的山村参与赌钱，有的人可以连续几天几夜不停地赌。赌钱的花样也不断增加，连打桌球都可用来赌博。

DZJ，男，31岁，平时少言寡语，是全村公认的老实人。靠着种植八角，几年中攒下了一些积蓄。2001年学会了打麻将，起初赢了些钱，欲望便开始膨胀，不断地增加筹码，但结果却事与愿违。他的舅舅也在本村，经常告诫他不要去赌钱。他本人也意识到靠打麻将赢不了钱，又怕克制不了自己，便将自己的积蓄15000元存放在舅舅家里。两天之后，DZJ又输了钱，为了翻本他跑到舅舅家，要取走自己的钱。舅舅知道他去赌钱，对其发了很大的火。但他执意要取走，无奈舅舅只得将钱交给他。而这15000元也在当天夜里烟消云散。

在政府的帮助下，帮家屯正在灾后重建新房

市场经济给帮家屯的山子瑶民带来了很多好处，但他们并不真正了解市场。初级农产品的市场价格是不稳定的。随着种植面积的扩大和产量的提高，从2003年开始八角的价格迅速下滑，现在当地八角的市场收购价已跌至每市斤2元钱。特别是2004年冬，由于霜冻的影响，八角大面积减产。2005年全村每户人家的八角收入平均不到200元。祸不单行，2005年6月，连续几天的大雨引发了山洪，泥石流给帮家屯造成了非常严重的破坏。3家人的房屋被完全冲毁，很多人家的房屋也因塌方而无法居住。在各级政府的帮助下，帮家屯的村民开始灾后重建。由于原来的村址已不适合建房，全村需要整体搬迁到西面1华里外的地势较高的山头上。虽然大部分人家都很乐意搬迁，但其中很多人家的积蓄不足以起新房，不得不向亲友和银行贷款。

八角价格的跌落，促使这里的山子瑶民开始寻找其他增加收入的途径。通过调查我们发现，村里的年轻人外出打工最集中的地方是广东东莞，年龄都在18—28岁之间。由于受教育水平不高，他们多从事制衣、制鞋、玩具制造、保安等职业，收入不高，大多只够维持个人在外生活，很少有钱来贴补家用。

帮家屯外出务工人员受教育状况统计表

	小学	初中	高中	中专	合计
人数	5	15	1	2	23
百分比	21.7%	65.3%	4.3%	8.7%	100%

LH，女，22岁，房东的儿媳。2002年初中毕业后没有继续读书，就到金秀县城表姐开的小饭馆里做事。几个月后，未婚夫打电话来说云南那边工资比较高，于是就离开金秀去了云南曲靖。结果两人进的却是一家传销公司。公司要求每人先交3800元购买一台健身器才能成为传销职员，两人年轻无社会经验加上传销公司的威逼利诱，就稀里糊涂地干起了传销。刚去时，公司对新进人员态度很好，还安排人帮着做家务、洗衣服。一旦交上3800元，态度立刻晴转阴。每天强迫职员“上课”，而且地点经常变动。先是在曲靖市，后搬到罗平县的郊区。当时正是冬天，下雪时“上课”的破房子四处漏风，天气很冷也要坚持。学习一段时间还要进行“考试”，主要是背书（书被很多人用过，上面划得乱七八糟还有烂页、缺页。内容主要是虚假的公司介绍、产品介绍、老板介绍以及老板的生财之道）和演讲（向所有职员介

绍公司及其产品)。背得好或讲得好的话，经理就带领大家鼓掌。如果不好当场就要遭到经理严厉地批评，还要罚抄书及帮新组员做家务、洗衣服等。公司不给人身自由，把熟悉的人都安排在不同的组，去任何地方都有人跟着。住的房子是公司联系的，但要自己交房租。房间里没有床，只能在里面打地铺。饭也要自己做，每个房间的人集体买锅碗、买米、买菜。由于很难拉来新组员挣不到钱，身上的钱就快花完了。去菜场买菜时只能买发黄的菜叶，到米店跟老板使劲砍价，买最便宜的米。煮一小锅饭要七八个人吃，根本吃不饱。有新成员加入时，经理才去买一点很肥的肉放在菜里，主要是给新来的人看。由于营养不良，身体状况很差，经常生病。传销公司不准职员随便向家里打电话，即使打也有人看着，要按照他们在纸上写好的内容读，并且还用分机监听。有一次，LH 实在想家，就往家里打了个电话，因为有人在旁边监听，不敢告诉家人自己上了当，但又忍不住哭，就只能说有些想家。过了一段时间，实在坚持不下去了，就和自己的未婚夫计划逃出去。商议的时候不敢用汉语交谈，于是就讲山子瑶语，周围的人都听不懂。借一次出去洗澡的机会，偷偷给在上海打工的二姐打了个电话，让她汇 1000 元钱到自己的账户。十几分钟后取出了钱，非常小心地藏在自己身上。两天后，又有新的组员加入，趁经理领着大家去开会迎接的时候，和未婚夫还有同村的另一同伴偷偷跑了出来。出来时只带了很少的行李，未婚夫不让带入会时买的健身器，但自己坚持带上，不然回家无法向父母交代。逃出来后，不敢去长途汽车站坐车，害怕被公司的人抓回去，就搭货车到了距县城较远的小镇上，然后再转长途客车回到柳州。当时不敢回家，想挣些钱再回去，于是就在柳州找了份临时的工作。未婚夫则和同伴去广东佛山打工。自己在柳州做了一年工，就去佛山和未婚夫会合。开始进了一家做出口服装的制衣厂，国外成年人的衣服很肥大，大号的裤子都可以把自己整个装进去。后来又转到南海的一家玩具厂，工厂的管理很严，随便丢瓜子皮都要被罚款，还要在广播中通报批评。许多同乡都被罚过款，有些人因为受不了束缚而辞职。2005 年 2 月，和未婚夫回家完婚后，听同乡说东莞招工比较多，两人又一同去东莞打工。现在村上的人出去打工的大部分都在东莞。老公进了一家玩具厂做仓库保管员，自己继续在一家制衣厂做工。2005 年 8 月怀孕后不能从事长时间的劳动就回到家里。

LJL，女，19 岁。2005 年高中毕业后，就和同伴一起去东莞打工。东莞许多工厂招工都要考试，考的内容很多，有文化课考试，包括英语、数学、物理等，还有实地操作考试，根据工种的不同考试的内容也不同，制衣厂、制鞋厂主要考缝纫技术，电子厂主要考器械操作等等。因为自己的英语不是很好没有通过诺基亚工厂的考试，就进了一家台湾人开的制鞋厂做印染工。这家鞋厂主要生产轮滑鞋，每周七个工作日，正常时每天工作八九个小时，工厂赶货时每天要工作十二三个小时。印染车间的刺激性气味很大，经常被熏得流眼泪。有一次和同伴一起去逛商场，看到有家大型专卖店上的商标和自己做的鞋子上的商标一模一样，而且里面的东西很贵，一双鞋子都要几百元甚至上千元。有工友告诉自己，那个牌子叫美津侬，是日本的大品牌。后来父亲听说印染车间的刺激性气味会致癌，就打电话让自己回来。现在在家也没有事做。过完春节，准备再去东莞打工。

年轻人出去打工，年纪长一点的则在当地寻找其他途径来增加收入。2005 年 3 月，退休教师 PJD 的女婿从平南县来到帮家屯，出资建起了一个利用八角叶榨油的小作坊。以每市斤 1 毛钱的价格向村民收购八角叶，到 2005 年 6 月 21 日作坊被水灾破坏之前，共收购 1 万多元的八角叶。村民利用上山捡八角叶，获得了种植八角的附加收入。此外，山洪过后政府出资重修村边的公路，村上的许多人都去工地打短工，每天 20—30 元。这样既解决了帮家屯的交通问题，村民又能够通过自己的劳动增加一部分收入。但这些都属于短期收入，要获得长期稳定的收入还是要充分利用瑶山的自然条件优势，发展特色种养。

农产品的市场价格往往是一年看涨，一年看跌。八角价格不景气，但山子瑶村民的另一种农产品——生姜的价格却摆脱了前几年的低迷状态。在我们调查时，当地生姜的收购价是每市斤1元钱，并且产量较高。生姜在当地一般和经济林间作或套种，每亩地的产量在600公斤左右。也有的人家种在固定的旱地上，亩产高达1000公斤。种姜的耕作程序简单，技术要求不高，每亩只需施25公斤左右的复合肥，而且极少得病虫害，无需农药杀虫，回报率极高。但由于大瑶山交通不便，再加上最近几年交通运输费用上涨，山子瑶民收获的生姜有时也会卖不出去。村里的支书告诉我们，前两年他种姜8亩，产量近10000公斤，但就是没有人进山收购，只能眼睁睁地看着烂在地里。

山里的农民增产不增收，收获的农产品找不到市场。究其原因，关键是在整个市场体系中他们处于最边缘的位置。由于不能准确地了解市场信息，生产经营往往带有很大的盲目性，经常是看到别人赚钱才开始种植。尤其以一家一户为生产经营单位，在市场中更显势单力孤。因此，农民的收入要增加，农村的经济要发展，农民就必须重新组织起来。很多人可能听说过大瑶山的石牌制度，山子瑶人也有其独特的传统组织方式。也许它将在这个山子瑶寨未来的发展中发挥更大的作用。

第二节　山子瑶的社会生活

历史上，瑶族从未建立过统一的政权。历代封建统治者对瑶民不断征剿，迫使他们迁徙到人迹罕至的大山之中。由于远离封建王朝的统治中心，又有大山作为天然屏障，封建统治阶级的势力鞭长莫及。这使得瑶族原有的社会组织可以发挥领导作用，并形成其特有的组织文化。

一、传统的村老制度

最初的山子瑶人没有自己的土地，过着居山游耕的生活。由于没有相对固定的居住地，山子瑶民不可能向“山主瑶”那样拥有自己的石牌，同样也没有参与石牌会议的权力。他们只能接受“山主瑶”的领导。但凡重大事务都要由属地“山主瑶”的石牌头人来裁决。但这并不意味着山子瑶人没有自己的组织。在大瑶山的每一个山子瑶村寨都有一套完备的村老制度传承至今。

村老，山子瑶语称“央谷”，是村寨的最高领导，既掌管行政事务，又管生产、生活等诸多方面。除村老外，还有村主、保禾苗（简称“保苗”）两人来协助村老。山子瑶人笃信宗教。他们的宗教是建立在祖先崇拜的基础之上，同时借鉴了很多道教梅山派的宗教形式所形成的原始宗教。村主的职责主要是帮助村老在每年固定的日子里举行宗教仪式。保苗主要是掌管生产，主持一些生产祭祀活动。

在帮家，每一届村老、村主、保苗的任期都是三年。他们的推选方式既不是民主选举，也不是花篮瑶石牌头人“师父带徒弟”式的前人传后人，而是利用宗教仪式，将每家户主的名字写于纸上，将包上米的纸团放入师公手持的圆形竹簸箕内，旋转簸箕，簸扬纸团。谁的名字最先被连续扬落地三次，谁就当选村老。当地人认为凡当选者皆是鬼神的旨意，人不可有异意。接下来是选村主和保苗。由于三人的职责皆与宗教仪式有关，所以只有度过戒并会主持宗教仪式的人才能参选。选村老的日子一般是上届村老满任后的农历二月初一，地点是在上任村主的家里。村老在任期内如都是风调雨顺，五谷丰登，人畜安康，他就可以接着干；如在任期内生产不顺，人丁不安，或是办事不公，人们可借口“神不信任他”而将其罢免，重新另选。

村老的职责范围很广，凡砍山、播种、防治病虫害及鸟兽对庄稼的破坏、收割、狩猎等事务都由他组织、指挥或指定领头人；村里集体生产的产品和集体捕获的猎物由他来主持分配；迁村建寨、架桥筑路、架笕（横安在屋檐或田间引水的长竹管）引水，由他统一指挥；婚丧大事，当事人要向村老报告，办事要征得他的同意；迁入、迁出、出生、死亡等，本家家长要报告村老，由他烧香祭告祖先，并在香碗中放入或取出米粒，以表示人的灵魂的到来或离去；村里发生了偷盗、通奸、牲畜糟蹋庄稼等，由村老出面调解处罚；村寨之间的纠纷，由他出面与对方谈判，或代表村民到官府告状；遇到土匪劫村时，则号令并指挥村民与土匪作战。

村老没有特权。为村民办事一般没有报酬，自己也要参加生产，自食其力。在参加村寨的共耕或伙耕时，因故误工也要补工。每年村老都要主持召开几次村民会议。在帮家，这种村民会议叫做“众人节”。众人节每年举行六次，分别是在农历的二月初一、四月初九、五月初一、六月初六、八月十五和腊月十五。地点都是在村主的家里。每次每户出一人参加，每人要带2斤左右的猪肉，一斤酒和一斤米。有专人将每家带来的东西称重后登记在账簿上。每次活动进行完，由村主安排人负责做饭，大家就聚在村主家里吃午饭。

二月初一，由村老（或村主）主持祭祀社王（五谷神），用餐到半，村老要当众“料话”，宣布一些有关生产的纪律。如：各户不要抢田水，不许乱拿别人放在外面的饭包、犁耙及长在山上的瓜果和猪菜等等。另外，三年一次的村老选举也在这天进行。

四月初九，由保苗协助村老（或村主）主持“赎禾魂”的祭祷。祈求神灵和祖先庇佑田里的谷种或幼秧顺利生长。

五月初一，由保苗协助村老（或村主）向神灵祈祷，请求其保护禾苗顺利生长，人丁平安无事。

六月初六，做法和内容基本与五月初一相同。

八月十五，由保苗协助村老（或村主）举行“求禾花”的仪式。祈求当年禾花繁茂，稻谷丰收。自80年代改种杂交水稻后，花期提前，活动时间也改为农历的七月二十。

腊月十五，山子瑶“众人节”算账的场景

腊月十五，村老总结一年当中村里发生的重大事情，同时祈求来年风调雨顺、五谷丰登、人丁兴旺。村里有威望的老人们要对照账本算账，只计算猪肉的重量。先计算出一年的众人节所耗去的猪肉总重量，再计算每户一年所带来的猪肉重量，总的消耗量按户数均摊。凡是超过平均数的，用秤称够斤两由各家带回去；凡是不足平均数的，则要在这天补足。吃饭时，大家一般都向村老、村主、保苗三人说一些感谢的话，感谢他们一年来为全村所做的工作。并由师公敬四杯酒给他们喝，敬的酒一般不独自喝完，要先礼让席间的年长者，然后自己才喝。村老也要回敬师公 4 杯，同样感谢他为全村人而不辞辛劳。

除夕夜，山子瑶村民向村老敬四杯酒

此外，除夕之夜，吃过年夜饭，全屯每户都要出一人拿少许猪肉、酒、米到村老家吃宵夜。大家边吃边聊，吃到中途，就有一位村上有威信的长者敬四杯酒给村老，感谢村老带领全村平安度过了一年四季。过一会，另一人（也可是同一人）又敬两杯给村老，感谢他为全村每户人家都准备好一捆竹柴，给全村父老准备了新一年的光明。这六杯酒村老是一定要喝的。不久，又有人敬两杯酒给村老，其意是问村老来年的正月初一哪个时辰出门。如果村老懂得看吉时可以喝这两杯酒，不懂则要让于别人。一般在懂得推算的年长者之间这两杯酒要被相互礼让几次。喝了这两杯酒的人就负责推算出门吉时。最后，又有人再敬两杯给村老，希望村老明早在刚才选定的吉时带领全村第一个燃放鞭炮，开启家门。这两杯酒村老一般谦虚推辞，让给村上其他威望高的老人喝。新年伊始，只有此人放炮出门后，村民方可放炮出门。宵夜一般持续到午夜时分，每人兴高采烈地从村老手中领走竹柴，回家与家人一起喜气洋洋地等待新年的到来。

山子瑶人依靠这种传统的组织方式，管理自己的生产、生活等各项活动。村老制度不带有强权色彩，虽然不符合现代民主选举的特征，但一样是民意的代表。这种带有原始民主色彩的组织形式伴随着山子瑶人从一座山头迁徙到另一座山头，从一个时代走入下一个时代。

二、社会制度的演变

1950 年冬，帮家屯迎来了一个崭新的时期。但此时，国民党的残余匪帮也窜入了大瑶山，党和政府为了解除各族人民的疾苦，开始在大瑶山进行剿匪，边剿匪边建立基层政权。解放军在宣传剿匪的同时，积极宣传民族政策，解除了群众的各种疑虑。山子瑶民非常欢迎解放军的到来，他们有的给我军报告匪情，有的帮助送信和带路。经过三个多月的时间，匪患基本消除。从此社会秩序日趋安定，人民得以安居乐业。

1951 年 8 月，在党和政府的领导下大瑶山各族人民订立了《大瑶山团结公约》。“长毛瑶”愿意放弃过去的各种特权，“过山瑶”开始真正的当家作主。帮家屯山子瑶民的政治觉悟也有了很大的提高。很多人不会写字，就自己口述请别人代写，向党组织递交了入党申请书。山子瑶人也有了自己的党支部。目前，全村共有党员9名，其中年龄最大的老党员PHX今年已经79岁了。他的儿子、儿媳也都是共产党员。

人民民主基层政权的建立，标志着帮家屯开始接受中国共产党和中央政府的领导，正式的社会组织开始进入山子瑶民的生活。我们在调查中发现，这里的山子瑶村老组织并没有因为正式组织的进入而消失，而是更加适应山子瑶人的需求。基层政权组织和村老组织配合的非常好。特别是1998年11月，国家颁布并实施《村民自治法》以来，村里的重大事务一般要经村民小组组长、支部书记、村老、村主四人商议才能决定。在我们调查期间，村老正巧由支部书记担任。

每次的众人节上，村老在“料话”中都要告诫村民，眼下应当注意的事情。如：开春灌田时不要抢田水，不要乱动别人放在田场里的农具；冬季，不能随便砍伐老山里的树木，不能乱动别人捆好在路边的木柴；平时不要议论别人家的是非，不要挑起家庭矛盾等等。如果有人违反，就由村老依据情节进行处罚，情节较轻的要罚款3块6，较重的罚36元，严重的要罚360元，罚金数量是取六六大顺之意。情节更加严重的要罚“120斤”（40斤肉、40斤酒和40斤米）来请全村人吃饭。罚没款项归村集体所有并设有账簿，账簿由村民小组组长保管，与村里的其他收支一并定期向村民公布。这种独特的管理形式在当地很有成效。

ZZR，男，51岁。兄弟两人在分家时产生矛盾，以致大打出手，其弟因将其打伤被公安机关带走。但村老判定ZZR也有不可推卸的责任。罚他出“120斤”请全村人吃饭并当众承认错误。村民小组的成员将饭做好后，村老就召集大家来吃。虽然“120斤”并不需花费很多钱，但在熟人社会里这样被罚是很丢面子的事情。至今，每当谈及此事他总是面带愧色。

2002年冬，帮家屯正在架设高压线路。架线的工人住在村上的 LGB 家，一次电工私自带一位姑娘在 LGB 家过夜，被人发现后报告给村老。山子瑶人忌讳外来男女在家里发生性关系，村老考虑到电工是外来人，就罚他买 4 只鸡、4 瓶酒请主家和村民小组成员吃饭，并向主家赔礼道歉。

在帮家的 30 多天里，我们很明显的感觉到在这个山子瑶村寨里村民之间的关系非常和谐，村民很信任村老组织和村民小组。在山洪来临的时候，他们很快地把群众组织起来并转移到安全的地方。虽然帮家屯是整个六巷乡受灾最严重的村庄，多处房屋被冲毁，但没有出现人员伤亡。

这样一种传统村民自治与现代村民自治的结合，也许在某些方面还存在一定的不足。但我们已经可以很清楚地看到，这非常符合农村基层管理的需要。对于维护村规民约、保持乡风文明发挥着重要作用。

三、宗教的社会整合作用

在山子瑶民的社会生活中，道公和师公的作用同样不可小视。前文中，我们已经提到山子瑶人笃信宗教。道公和师公是“交通人神”之间而能“代神讲话”的特殊人物，必须由度过戒的成年男子担任。山子瑶人认为他们可以上达民意，下传神旨，能预知凶吉祸福，能为人消灾祛病。道公和师公一般以问神、占卜等形式为人预测祸福、凶吉和病因，用请神驱鬼为人消灾祛病。

占卜是道公和师公的重要职能。每当家中有人生病，六畜不旺，生产不好，或遇见特殊现象（如大树倒、大石崩、大蛇拦路、蛇交尾以及家中雄鸡乱啼等等），都认定是神鬼捉弄，必须求神禳鬼。但要弄清是何种鬼神作祟，就得请道公或师公卜卦。山子瑶人的卜卦分为多种，有木棍卦、问水卦、问卦及招魂巫术等。

木棍卦，山子瑶过去常用的巫术。道公（或师公）右手拿一根十多厘米长的小木棍，问清事主占卜的事由，便逐一问鬼，看是何鬼作祟。如问到某鬼时，手中的棍子发生颤动，即为该鬼作祟。接着再问该鬼要什么东西敬送。问清后，由道公（或师公）作法送鬼。

问水卦，过去凡家人生病，六畜不旺，生产不好或见石崩、蛇拦路等异常现象，都可请道公（或师公）问水卦，看是何鬼作祟。取清水、大米各一碗，由道公（或师公）请神后，任意指出一个神鬼的名字，即用手指取米粒，在距水约七八寸高的地方，一粒一粒地分别投入碗中。如有三粒米沉而复浮便可初步断定为该鬼作祟。接着再用“定旽”的方式确定是否是该鬼作祟。如投下的米没有三粒沉而复浮的现象，或虽有此现象，但“定旽”的结果却不是不同的三兆，那就不是该鬼作祟，须由道公（或师公）另指一鬼名来卜问。

问卦，过去山子瑶人遇到灾难时，便请道公（或师公）代问是何鬼神捉弄，道公（或师公）即烧香纸请“圣”上“花盆”（即降临之意），这“圣”是否上“花盆”，以投旽是否现阴阳兆为定，如不得阴阳兆，则需再请。“圣”上“花盆”后，道公（或师公）又作法“差兵”，替事主查问神鬼。按先家鬼，后外鬼的顺序，逐一念神鬼的名字，再以“定旽”决定，如呈不同的三兆，则为该神鬼作祟。

招魂，所谓招魂，就是把失落的灵魂招回来。山子瑶人相信灵魂不灭，在他们的观念中，灵魂也是有生命的东西。有时因某种原因也会暂时离开人体，如不及时将游离人体的灵魂招回来，人将会生病或死亡。所以，人一旦生病，经请道公（或师公）占卜问神，如为魂魄离开人体，就必须请道公（或师公）“招魂”。

道公和师公在大瑶山地区享有很高的声望。解放前，在“长毛瑶”中，大多数的石牌头人都由他们担任，政治地位很高。虽然山子瑶是“过山瑶”，没有石牌头人，但这并不妨碍山子瑶的道公、师公以占卜灵验而闻名大瑶山。

随着经济的发展和人民群众知识水平的提高，现在山子瑶的群众遇到疾病大多去医院诊治，也有的自己采草药治疗，已很少向道公（或师公）寻求帮助。目前，道公和师公主要职能包括：协助村老主持村寨的各种集体祭祀活动，如众人节；帮助村民举行各种家祭，如春节；帮助村民看良辰吉时，如结婚、建房、搬迁；帮助村民主持殡葬仪式，为死去的亲人送葬等。

家人生病医治途径（多选）

	去医院	请道公（或师公）作法	忍耐	请瑶医	自己采药医治
户数	35	10	0	1	15
百分比	94.6%	27%	0%	2.7%	40.5%

市场机制进入大瑶山后，对道公和师公也产生了影响。很多地方请道公或师公都要用现金作为报酬，而且有的道公和师公还明码标价，出多少钱办多少事，不出钱就请不动。群众对这样的道公和师公颇有微辞。在帮家，这里的道公和师公是不讲价钱的。谁家有事都可以去请，从不自己要价，酬劳由主家看着给。因此，周围很多村子，包括一些汉族村子的群众家里有老人过世，都愿意请这里的山子瑶道公（或师公）做道场。

我们在帮家的房东李老师，就是村里的一名道公。他告诉我们，做道场非常辛苦，需要至少一名道公、两名师公做整整一个晚上。很多村子由于不通公路只能步行前往，而且每人还要背上一大包做道场用的道具。除此之外，道公和师公还有很多禁忌，平常人可以做的事情道公和师公不可以做。例如，每次做道场回来，七日之内不能到别家串门等等。道公和师公要对经文典籍非常熟悉，厚厚的7大本经文都是自己手抄而成，都要背诵，并且至少熟背其中的4本。经文都是用汉字写成的，因此早期的道公和师公一

山子瑶道公在帮助村民主持家祭

般都是村子里识字最多的人。李老师说自己在抄写经书时，经常发现原文有不认识的字，甚至有些句子解释不通。可能是由于原来的道公和师公识字不多，抄写时往往依照葫芦画瓢所造成的。

现在道公和师公的知识层次和受教育水平都有所提高。在金秀县城，很多道公、师公都是退休的教师、干部。这些受教育水平较高的人从事道公、师公这项职业，对于瑶族民族文化的传承有很大的帮助。但现在的年轻人对此感兴趣的却很少，这不免让人有些担忧。

第三节　山子瑶的风俗习惯

服饰，是最能直观地体现一个民族特点的标志。在古籍中有许多谈到瑶俗的记载，不说椎髻跣足，便道斑衣花裙。由此可见，瑶族服饰很早就为人们所注意。

大瑶山五个瑶族支系，每个支系的服饰都有自己的特点，尤以女子的服饰为代表。茶山瑶、坳瑶、花篮瑶的女性服饰通常配有很多银饰，山子瑶的女性服饰则较少配有银饰。山子瑶妇女上衣为黑色右衽大襟，襟缘编织美丽的几何图案花纹，衣领绣有犬牙花边，缠彩丝腰带，扎围裙，喜着蓝色长裤，打绑腿，蓄长发，用直径三寸左右的竹箍置于头顶，将发穿箍而过，对插竹签，绣花头巾 5 至 7 块错叠罩于箍外，再用彩色的丝线缠于头箍四周，插上银簪，朴素典雅。

一、服饰的特征和变化

历史上，山子瑶主要从事刀耕火种的山地农业，在砍山烧荒的过程中，整个工作区域到处都是灰烬和烧过的黑土，穿黑色、蓝色、蓝黑色等深色的衣服进行生产劳动，比穿其他颜色的衣服耐脏。同时，由于粗放经营的刀耕火种的经济生活还不能满足人们的生活需要，狩猎在他们的经济生活中还占有一定比例，而这些深色的衣服不鲜明显眼，是狩猎者在狩猎过程中隐蔽自己的保护色。由于深色的衣服比较适合他们的经济生活，使他们对其产生一种偏爱，从而形成尚黑、尚蓝或蓝黑色的习俗，因此，他们多用这些颜色的布料来制作服饰。

2006 年春节，在帮家屯调查的学生穿上山子瑶服饰与乡亲们的合影

山子瑶的传统服饰都是由手工制作而成，制衣的工序非常复杂，尤其是绣花。女孩一般从六七岁就开始学习绣花，为的是在自己出嫁的时候有一件漂亮的衣服。每到农闲，就可见到山子瑶少女三三两两的聚在一起绣花。绣一个精美细致的图案，有时要用三四个月的时间，做一套衣服要花一两年的功夫。因此，姑娘们对自己做的衣服格外爱惜，只有在重大节日时才穿。大年初一，我们有幸在房东的帮助下穿了一次山子瑶服，男性的衣服穿起来相对简单，女性的服装穿一次要用近一个小时的时间。

现在，山子瑶的女孩会绣花的已经很少，即使有瑶服也是母亲做给自己的。很多女孩不会梳传统的发型，必须有母亲的帮助才能穿上瑶服。人们平时的穿着已与汉族无异，他们更倾向于穿着方便的汉式服装。

帮家屯农户一年衣着花费统计表　　（单位：元）

	汉式服装
户最低花费	50.00
户最高花费	1000.00
全村总花费	12320.00
户均花费	332.97

服饰作为一种物质文化，它的功能是多方面的。最初的服饰主要具有实用功能。随着山子瑶人民生产力发展水平的提高，以及人们审美观念和宗教信仰的产生、发展，山子瑶民对服饰的需求也越来越复杂，服饰的功能也趋于多元化，审美性、财富性、礼仪性等功能相继派生。服饰和人们的关系越来越密切，在山子瑶人民生活中的地位也越来越重要，成为山子瑶人物质文化和精神文化的重要组成部分。

二、山歌好唱口难开

瑶族是个能歌善舞的民族，其音乐舞蹈不仅极富民族特色，而且还是瑶族人民日常生活中不可缺少的精神食粮。大瑶山中的山子瑶人能歌善唱，无论是悲欢离合、劳作休闲、谈情说爱、讥讽规劝等，都可以用歌声表达。人们以歌传情、以歌交友、以歌传史、以歌育人，使山子瑶的歌谣得以超越单纯的娱乐功能，形成丰富多彩的文化内涵。

在众多的歌谣中，情歌是被大家传唱最多，流传最广的歌谣。青年男女为了寻找自己的意中人必须学会唱歌，凡是歌唱得好的，就容易引起异性的关注，并得到青睐。山子瑶的情歌大多四句为一首，对仗工整，讲求押韵，具有较高的文学造诣。

六十甲子歌①

甲子乙丑海中金　见娘年少挂兄心　看娘便像天心月　字命不招年过年
丙寅丁卯炉中火　路中有火剪茶汤　有年有月成双对　也凭茶叶做媒人
戊辰己巳大林木　江贵飞来树上啼　春到蝴蝶成双对　小弟单身年过年
庚午辛未路傍土　风吹桂树上娘乡　有心不怕路头远　路远连花花正新
壬申癸酉金逢金　青山蝴蝶上西天　偷连得过西天路　想着荫司条路难
甲戌乙亥山头火　烧了几多柏木根　火烧松角出松蕊　松蕊念娘难舍离
丙子丁丑涧下水　涧水长流成大塘　大塘细鱼凭水养　小弟单身望桂花
戊寅己卯墙头土　墙头有土在官园　官园空看官人住　妹生端正是人双
庚辰辛巳白蜡金　蜡烛点灯日夜光　蜡烛点灯同结愿　烧香拜鬼望成双
壬午癸未杨柳木　杨柳细小有名声　朝朝得见人双过　不见弟双过一朝
甲申乙酉泉中水　井中有水井中分　龙在井中照水映　风流胜过井中人
丙戌丁亥屋上土　琉璃瓦盖贵人家　贵珠起的龙堂好　单身辛苦得遮寒
戊子己丑霹雳火　劈开树木作沉香　手把沉香烧炉内　转望龙王万岁清
庚寅辛卯松柏木　柏木细小意风柘　松柏黄枝意柘雨　龙珠端正万人传

① 根据 PHS 老人手抄本整理。

壬辰癸巳长流水	江水长流年过年	交言便像长流水	报娘年少莫忧愁
甲午乙未沙中金	不知沙石出金银	人屋有双收金宝	小弟单身望桂花
丙申丁酉山下火	日里不光夜里光	妹能有心来念弟	日里单身夜里双
戊戌己亥平地木	树木千年枯一枝	深山能见千年树	世上难逢百岁人
庚子辛丑壁上土	玻璃瓦盖贵人家	修财得起龙堂好	给兄看见断肝肠
壬寅癸卯金箔金	金箔将来送少年	金箔打环送珠宝	相连珠宝转成金
甲辰乙巳覆灯火	灯笼蜡烛点烛光	蜡烛点灯同结愿	连娘年少挂兄心
丙午丁未天河水	空看银河桥上星	银河星斗成双对	几时等得妹成双
戊申己酉大泽土	土面栽花枝对枝	土面栽花成双对	连娘年少望成双
庚戌辛亥钗钏金	金钏将来送少年	插在妹头像星斗	兄今看见断肝肠
壬子癸丑桑柘木	柘木有名天下传	柘木生来名声远	要连年少有名声
甲寅乙卯大溪水	海水茫茫万丈深	妹种红花弟种白	花树团圆同一心
丙辰丁巳沙中土	沙中有土栽珍珠	珍珠也光月也亮	胜过月中丹桂枝
戊午己未天上火	雷火过天不见烟	雷火过天有几久	风流也有几多年
庚申辛酉石榴木	石榴细小在官园	要取明珠取不得	双手装香眼泪流
壬戌癸亥大海水	海水茫茫万丈深	路远连花多辛苦	少年如意也难为

帮家的老年人多数喜欢唱山歌。几个老人在一起对歌，有时可以不吃不喝唱上一整天，甚至更长的时间。他们唱歌时感情非常投入，唱到动情时会感动地流泪，唱完分别时会依依不舍。但是，80年代之后出生的年轻人几乎找不出会唱山歌的，有的已经听不懂老人们唱的歌。为了使山子瑶的山歌能够一代一代传下去，71岁的PHS老人将自己会唱的山歌书写成册，希望能够传给子孙后代。

第四节　山子瑶的婚姻家庭及其变迁

婚姻习俗作为民族文化百花园中的一朵奇葩，无疑具有极强的地域性，可谓“五里不同风，十里不同俗”。居住在广西大瑶山的瑶族在婚俗方面极具民族特色，为瑶文化的重要组成部分。而由于历史上多方面的原因，瑶族五个支系的婚姻习俗又各不相同，分别突显出其支系特色。山子瑶居住在大瑶山深处，几乎过着“鸡犬相闻，老死不相往来”的“世外桃源”生活。对于婚姻，他们有一套属于自己的独特方式。

任何一种习俗都是在本民族或地区的生产力发展水平基础上，适应其特有的生产、生活方式的结果，而一旦形成便有其稳定性。但不变只是相对的，变迁才是绝对的。从解放前到 21 世纪的今天，山子瑶发生了巨大的变化，他们从依靠租种土地为生的不平等社会迈进了人民当家作主、各民族互相平等的社会主义社会，经历了社会主义改造、人民公社化时期，直到如今的改革开放新时代。伴随社会的发展，尤其在“无孔不入”的市场经济冲击下，任何一个民族都不可能关起门来过自己的“田园”生活，即使它处在交通不便的大山深处。一个民族甚至小到一个村庄，在与其他民族或地区的接触中，在适应社会发展的过程中，他们所特有的民族传统文化必然或多或少得以改变。正如徐平教授所说：“文化的本质在于适应，人们对自然和社会的不断适应，积累起来则形成民族的传统文化体系，新的适应又进一步带来文化的变迁。”[①] 婚姻习俗作为文化的重要组成部分，也难逃适应——变迁——新的适应——变迁的“命运”。从此角度出发，笔者把山子瑶的婚姻习俗及其变迁分为以下几点：

一、山子瑶的婚姻方式

山子瑶缔结婚姻的方式有三种：嫁女、招郎入赘和两边走。

1. 嫁女，即男女婚后住在男方家中。此种方式与汉族没有太大的区别，只是因为交通不便，生活水平低下，他们很少为了

① 徐平：《羌村社会》，中国社会科学出版社，1993 年，第 223 页。

结婚而去建新房子，只把旧房打扫干净，布置一番即可。这种婚姻方式在帮家屯一直占多数，我从一位80多岁的阿婆那了解到，解放前帮家屯只有七八户人家，其中嫁女这种方式大概占55%；而在1950—1980年的30年间，该比例上升至约74.4%；80年代之后又增长到约81.7%（见下表）。嫁女比例的不断增长与各民族交流的扩大及该村年轻人大量外出打工有很大关系，这在通婚范围中有详细叙述。

帮家屯通婚状况表

结婚时间（年）	1950—1980		1980至今	
	数量	比例	数量	比例
结婚总数	43		71	
嫁女	32	74.4%	58	81.7%
招郎	11	25.6%	12	16.9%
两边走	0		1	
支系内婚	37	86.1%	49	69.1%
瑶族内的支系外婚	6	13.9%	22	30.9%

注：此表由笔者根据调查问卷和访谈资料绘制的，基本能代表帮家屯的婚姻状况。

2. 招郎入赘，即男女婚后住在女方家中。也称之为“上门”或“倒插门”，所生子女要从母姓。招郎入赘，很多民族包括汉族在内都有这种习俗，而且一般情况下都受到歧视，比如湘西苗族就有句俗语：“吃得四两姜，才当得上门郎”，① 说明当上门郎实属不易。但招郎入赘在山子瑶很受欢迎（听帮家屯老人说，解放前招郎的婚姻方式大概占35%），赘婿也不受歧视。这主要因

① 姚金泉：《婚俗中的人伦——湘西各族婚俗的透视》，贵州民族出版社，2000年，第120页。

为：首先，与其经济生活水平有关。解放前，“山丁”（盘瑶，山子瑶）没有土地，完全靠租种“山主”（花篮瑶、坳瑶和茶山瑶）的土地为生，生活水平极其低下，“种一山，吃一山”，需要大量的劳动力才能维持生存。这样，家中没有男子或子女不多的家庭为了增加劳动力，就很自然地接受招郎入赘的婚姻方式。其次，在山子瑶社会中，自古就存在“男女平等”的观念。在帮家屯调查时，我曾问汉族进入大瑶山给瑶民带来什么影响，村民不约而同地都说汉族有太严重的重男轻女观念，山子瑶民则认为男女平等，男孩娶媳、女孩留在家中招郎都是正常的。

随着全国的解放，山子瑶分到了土地，翻身做了主人，生活水平有了飞速提高，他们不再需要用增加劳动力的方式来维持生存，招郎的婚姻方式由解放前的35％降到25.6％（1950－1980年），而目前这种方式大概只有17％（见上表）。并且，现在的招郎入赘也没有那么多规矩了，即使是“上门”，子女一般都随父姓。此外，现在有的村民更名改姓，因为他们的祖父或曾祖父当上门女婿时，子女要从母姓，现在改回祖父或曾祖父的姓，是要回到自己真正的祖宗那里。笔者在帮家屯了解到，原来姓“盘”的两家，现在一家改为姓“蒋”，一家改为姓“卢”，就是因为“盘”姓是其祖母的姓。

3. 两边走，即结婚后夫妻不确定住男家还是女家，两边都可以住。哪家有活就到那家帮忙，晚上就在那家休息，所生子女第一个从母姓，第二个从父姓，依此类推。现在这种方式几乎消失了（见上表）。我曾问村民的婚后居住方式，只有一位村民（刚结婚一年半）告诉我：“现在还不确定，两家都住，反正我们一个村，离得近，住谁家都行”，可见，现在即使有那么一两个“两边走”，也是今非昔比了。

二、缔结婚姻的过程

无论嫁女还是招郎入赘，山子瑶的婚姻形成过程都大体分以下六个阶段：

1. 相识、恋爱

解放前，由于历史、观念等方面的原因，山子瑶存在父母包办婚姻，但比例不大，男女青年的结合基本上还是建立在自由认识、恋爱基础上。据帮家屯老人讲述，以前的男女青年多是通过对山歌认识的，山歌是他们表达感情、交流思想的“媒人”。每逢节庆、婚娶之日，就是男女青年寻找意中人的佳期，如果在人群中找到满意的对象，就可以对山歌表达自己的爱慕之情，彼此熟悉一点后就可互赠礼物进行恋爱了。

随着社会的发展，各民族间交流的不断加强，山歌相识这种古老传统的方式渐渐地远离了山子瑶的生活舞台。目前帮家屯，全村所有四五十岁的人中会唱山歌的也不过1/3，而那些二三十岁的年轻人根本没人能听得懂山歌，更别说对唱了，他们更多地是通过上学、打工相互认识并恋爱。上世纪90年代后，通过打工认识并嫁到金秀、柳州、浙江等地的有七八个。其中我调查时的向导LJL的小姨便是一例：

1996年，她23岁，长得漂亮、聪明又勤劳，与本村的一位退伍军人PGQ确定了恋爱关系，两人经常在村中出双入对，脸上洋溢着幸福的笑容，让村民看了好生羡慕，大家都认为他们是天造地设的一对，只等着喝喜酒了，她也在幸福地等着与心爱的人走上红地毯的那一天。可最后等来的却是他提出分手的消息，她伤心的哭着问为什么，可没有得到任何让她满意的解释。最后，她只能接受分手的残酷事实。可两人毕竟同在一个村子，低头不见抬头见，为了避免以后见面的尴尬，也是调整自己的心情，她离开了帮家屯到金秀县城打工。那么美丽善良的女孩到哪都有人喜欢，事过一年她在金秀遇到了现在的丈夫，两人于1999年结婚。现在夫妻二人在金秀做生意，5岁的儿子在县城上幼儿园，一家三口过得很幸福。2006年春节她回帮家屯探亲，笔者见到了她和她调皮、可爱的儿子。

2. 合年庚

山子瑶信仰道教，在他们的社会生活中，离不开看日子、卜卦等活动。所以，无论是自由恋爱，还是媒人介绍都要请度过戒的师公或道公为男女“合年庚”。这相当于“六礼”的“问名”，即对男女双方的生辰八字进行“合算”，看是否相合，有无相冲。八字相合则算男女般配，婚姻初现眉目；如相冲相克，则该门亲事只好作罢。八字相合与否，主要根据金木水火土五行推算。师公、道公一般都保存有“合婚书”，其规定繁杂严格。如“两金夫妻不相宜”，“金木夫妻不可嫁”，“金水夫妻得相闲”，“木火夫妻好相守”，“金土夫妻六合强”等等。

而现在，人们的思想观念开放了，父母对所谓的“合年庚”也不像以前那么重视了，有些还会在暗中为子女合对八字，但基本上属心理安慰形式，对婚姻的成败一般不起决定作用。

3. 订婚

如果男女八字相合，双方都满意，两家就商量择吉日订婚。该日，男方家长（一般是父亲）和媒人一同走访亲家。并且根据自家的经济状况带给女家一些聘礼（猪肉、米酒等），女家要盛情款待亲家。订婚主要是得到亲家的明确答复，确定男女双方的关系。

4. 报婚期

如果男女双方家长认为子女到了该结婚的年龄，而且两家都有准备，就可以择吉日商定结婚日期了。这天，娶方家长、媒人和一位师公或道公到亲家家去，同时要带比上次多一些的礼物。此次主要是由师公或道公根据男女的生辰八字来推算一个吉利的结婚日子，日期大多安排在秋收之后或春节前。这也比较符合人们的生产生活习惯，因为山子瑶历来有“有福同享，有难同当”的团结理念，结婚是一件大事，需要很多人帮忙，秋收后或春节前大家有空闲时间帮忙，也能尽情地欢乐。此外，婚礼需要很大花费，安排在秋收或春节前，人们也会有足够的大米、米酒招待客人，村民年初养的猪到时也能长到一二百斤，正好可做待客之用。

除了确定结婚日期，此时还要就一些细节和亲家商量，比如，婚后能不能回家帮忙？如果发生了矛盾怎么办？如对方不是本民族或本支系的人，办婚礼时应按照一方的习惯来办，还是照顾双方的习惯？等等。

如果两家在确定日期后十天内都没什么意见，就可以分别通知各自的亲戚朋友参加婚礼了。如果有什么变化，很可能会取消婚事。

现在，报婚期仍保留以前的习俗。

5. 结婚

婚姻的本质在于其社会性，费孝通先生也说过，“结婚不是件私事”，“我说婚姻是用社会力量造成的，因为以我所知世界上从来没有一个地方把婚姻视作当事人间个人的私事，别的人不加过问的。”[①] 当然山子瑶的婚姻也不例外。解放前甚至解放后的一段时期内，山子瑶人结婚时是不领结婚证的，只有举行了结婚仪式，让全村每家派一两人参加婚礼后，男女的夫妻关系才真正得到大家的承认。

6. 回门

婚礼过后，新娘新郎要回娘家，即为“回门”，何时去要请师公或道公推算。回门时要带几斤猪肉、糯米糍粑作为礼物，糍

① 费孝通：《乡土中国·生育制度》，北京大学出版社，1998年，第129页。

粑要求有两个大的和一些小的，大的代表夫妻两个，小的代表他们将来的孩子。

三、盛大的婚礼仪式

自古以来结婚都是人生的一件大事，笔者从以下几个方面介绍山子瑶的结婚仪式：

1. 结婚酒

花篮瑶流行结婚时办小酒，等孩子满月后办大酒即“满月酒”；而山子瑶是不办满月酒的，他们很重视结婚酒，结婚的隆重程度表现为大酒和小酒两种。大酒比较隆重，要办三天，请客的范围也很广，除了本村每家至少要请两人外（一个是在厨房帮忙做饭菜的，一个是喝喜酒的），外村与办酒家只要有亲戚，不论亲疏远近都要请。房东告诉我，他儿子结婚时办大酒，预备了40桌的酒菜（结果外村的没来那么多，但是也要做好准备）。如果办小酒，只办一天，请客也少，本村每家一般是一个，外村的只请与办酒家亲戚关系近的，像姑姨叔舅之类的亲戚。无论大酒或小酒，关系亲近的亲戚全家都要参加。

现在，村民的生活好了，大多数是办大酒，如果新郎新娘都是本村的，往往是娶方办大酒，嫁方办小酒或不办酒，当然也有两家都办大酒的，具体情况根据家庭经济实力而定。

在山子瑶中，很少有结婚不办酒的，因为他们觉得别人结婚请他喝酒，而自已结婚时不办酒的话（无论什么原因），总觉得对不起别人，像欠债一样不舒服。如果因为妻子怀孕不得不领结婚证而又没有做好办酒的准备（或其他原因），可在以后择吉日补办酒。

2. 给封包

给封包表示对办酒方的祝贺。在帮家屯，给封包一般不是按家庭，而是按人，凡喝酒的都要给封包，价值大小根据与办酒方的关系亲疏远近而定，并且随着人们经济生活水平的提高而不断增加。过去，村民参加婚礼只要给一元钱和两条毛巾即可；现在，一般都是20元。像姑姨叔舅之类的亲戚，则是每家给一个封包，形式也较特殊，用最小面值10元的人民币贴成双喜字送给办酒方，价值大概二三百元。结婚当天，有专人（村中有威望且记账清楚的人）负责收封包，并把每人送的封包价值记下，以便主家在他人办酒送封包时作参照。村民说，给别人封包时要比别人当时给自己家的多，至少要对等。

3. 迎亲

古时男子必须亲自去女家以礼相迎，六礼中谓迎娶为“亲迎”。在山子瑶社会中，有“半夜接新娘”的说法。迎亲队伍（要求双数且八人以上，并且要有能唱山歌的人）要在结婚前一天晚上到新娘家迎亲，到新娘家门口时女方亲朋会唱山歌拦路，迎亲队伍要与拦路人对歌，如果对不上，还得返回请歌手对歌。对得上来才能进去迎亲。如，

拦路人问：什么东西比蜜甜？什么东西乐无边？
什么东西深过海？什么东西重如山？

迎亲队答：夫妻恩爱比蜜甜，亲朋好友乐无边；
姐妹感情深似海，父母情义重如山。[①]

迎亲队伍到新娘家后被请进大厅中，有人为他们分香烟、倒茶水。这时女家的亲朋会到大厅与迎亲队伍对山歌。等到差不多半夜三四点钟（具体时间由师公或道公算出）就可以接新娘了。这时新娘已经梳妆打扮好了，其实所谓的打扮也就是穿上崭新、漂亮的山子瑶服装而已。由于交通不便及经济方面的原因，她们没有条件到专门的化妆店打扮。而且送亲的姑娘、妇女们（当然也有男的，人数要双数，且有一个没有男朋友的未婚女子）都穿

① 姚舜安：《瑶族民俗》，吉林教育出版社，1991年，第126页。

瑶服，所以新娘的头上多一条花带，手上各戴一手镯（新娘的母亲传给她的）以示区别。但现在的女子嫌弃祖传的手镯外观难看，很少佩戴。

在去新郎家的路上，师公或道公走在队伍前面，其他人紧随其后。新娘要撑一把纯红色伞，说是怕新娘害羞；现在虽然也撑伞，但只是象征性地出门时撑一下，进新郎家门时撑一下，半途就不用撑了。此外，新娘的母亲还会给新娘几枚硬币，让她经过小溪时扔进水里，以确保结婚顺利；到男方家趁没人注意时扔进水缸里，以保她到夫家后能很好地适应新的生活。此外，途中遇见水管新娘不能从其下面经过；遇木桥不能从桥上过，要趟水而行；遇着木楼，要绕过走。老人说木桥和竹楼发出的声音就像人们的争吵声，如果新娘从上面经过，将来会跟家婆争吵，为了家庭的和睦，要避开这些不吉利之物。

新娘到新郎家门口时，也有男方亲朋唱拦路歌，同样，送亲队伍也要对歌。如，

拦路人问：唱歌请问花船少，撑伞悠悠去哪里？
撑伞悠悠去哪里，请你金口论我知？
迎亲对答：拦路真拦路，一对金鸡拦路头；
一对金鸡拦路上，这条花路是不通。

过去，山子瑶人都会对山歌，无论迎亲还是回来的路上都要唱很长时间的拦路歌，给婚事增添了几分热闹；现在，会唱山歌的很少，唱拦路歌也只是走走形式，唱一两首就结束，如果对不上来就发给对方喜糖和香烟。这时还要唱感谢歌，如，

多谢多谢真多谢，多谢喜糖多谢烟；
多谢喜糖分给我，这条花路任你行。

接着，领队的先生先进门，新娘再进门，并且忌踏着门槛。进去后，女方送亲的人会被请到大厅里招待。之后，新娘和新郎要到大厅拜祖先，师公或道公向祖先说些话，大意是：今天有一

对新人结婚，祖先要保佑他们在未来的日子里建立美好的家庭，尊老爱幼、相互尊重，夫妻间有什么矛盾要互相体谅等等。说完，新人要给祖先敬酒。山子瑶没有什么特别的拜堂仪式，拜过祖先就可以吃饭了。

4. 喜宴

过去，喜桌上的饭菜很简单，只是几碗猪肉、青菜而已；现在，桌上的饭菜非常丰盛，一般都是 14 碗（四碗扣肉、鸡肉、鱼肉、鸭肉、叉烧、排骨、猪大肠、青菜等）。这也充分说明了人们生活水平的提高以及对结婚的重视。

喜宴上，新人要吃分饭，即新郎新娘坐在一条长凳上，听从师公或道公的安排。先分酒，先生端两杯酒，左右手在胸前交叉三次，然后分别由旁边的伴娘和伴郎递给新人喝，但不能喝完，必须剩一些；之后按同样规则分筷子；最后分饭，分饭时要把米饭从一个碗中倒一点到另一个碗中，再反过来，从这个碗中倒一点米饭到那个碗中，同样在胸前交叉三次，由伴娘和伴郎交给新人，这样才可以吃饭。听老人说吃分饭代表夫妻今后和和睦睦。不过现在吃分饭的习俗已经消失了，他们说分来分去挺麻烦，尤其是现在的年轻人不喜欢那么复杂。

接着，新郎新娘要发喜糖和香烟，从女方送亲的人开始，在场的每一个人（几个月的娃娃也不例外）都会分到两个喜糖和两支烟，这既是对参加婚礼的人表示感谢，也是借此机会让大家认识认识新人。此外，男方父母要向在场的人敬酒，表示对大家的谢意。

过去，嫁娶之日，是人们尽情唱山歌的黄金时期，人们唱起山歌来“废寝忘食”，唱累了就吃点东西，把时间完全抛到了九霄云外。房东的儿媳告诉我，2003 年她结婚时办了三天酒，那些会唱山歌的人们连唱了三天。因为现在对山歌的机会非常少，他们也只能在喜庆之日过一把山歌瘾。而年轻人坐在一起多是喝酒、猜码、聊天，连女孩也不例外，村民告诉我有些女孩子比男孩还能喝酒，有时新人会同他们一起喝酒、猜码。

晚上，喝喜酒的村民就可以回家了（想唱山歌的可留下来继续唱），而女方送亲要等到第二天和新人及男家送亲人一起回新娘娘家，他们何时回去也是师公或道公推算出的。这时男方要带50斤猪大腿、50斤米、50斤酒作为聘礼。走到女方家门前，也有人唱拦路歌，进门之后，男方送亲被请到大厅招待。之后与在男方家一样，喜宴上新娘新郎也要给在场的人分喜糖和香烟，新娘的父母也要敬酒表达对人们的感谢。

如果双方都办大酒，则男家不用派迎亲队伍，女方送亲人直接把新娘送到新郎家。第二天早上，男家送亲、女家送亲和新郎新娘一同回娘家；如果只是男家办大酒，他们就要派迎亲队伍接新娘，第二天就不用回新娘娘家，只等着回门就可以了。

四、离婚和再婚

缔结一桩婚姻，人们总是希望能够维系一段不定期的时间，当然最好能够维系终身。然而，在现实生活中，出于这样或那样的原因，一段婚姻在双方的有生之年就解除的也是不可避免的现象。解放前，山子瑶实行的就是一夫一妻制，而且有村主村老制度下的村规民约的约束，离婚现象不多。六七十年来，帮家屯只有四五起离婚事件。离婚的原因也不尽相同，有的是父母逼迫离婚的，有的是夫妻双方都不愿到对方的村上居住而离的，当然也有因为夫妻一方有外遇离婚的。在帮家屯村民看来，一家人生活就要和和睦睦，尤其是夫妻一心，共同建设和维持美好的家庭，既然夫妻发生矛盾没有挽回的余地，离婚也是很正常的，只要双方都同意离婚就无可非议。以前离婚时，当事双方各携砍柴刀一把，竹筒一节，到山上把竹筒破为两半，各执一半，立即向相反的方向走开，表示各走各的路，永不回头；或丝线一节，用刀裁断，各执一截，表示一刀两断。若一方主动提出离婚，另一方不同意，主动提出离婚一方须退赔另一方结婚时的部分礼金。现在，离婚当然要遵照法律程序办离婚证。离婚后孩子由谁抚养，由夫妻商量而定，或征求孩子的意见。离婚或丧偶后再婚也很正常，村民不会说三道四。虽然人们对离婚持宽容态度，可当事人觉得此为“丑事”，不可外扬。我在做调查问卷时，曾问一村民目前的婚姻是否是他第一次婚姻，他毫不犹豫地回答“是”，可他的外甥女（我调查时的向导）告诉我，他离过婚，只是不愿意承认。也许人们的这种观念也是帮家屯离婚少的一个原因吧。

五、通婚范围的变化

历史上，瑶族深受封建王朝歧视和压迫，曾被侮辱性地称为“猺”、“蛮猺”。到了民国时期，国民党反动政府继承和发展了历代封建王朝在民族关系方面的消极面，对包括瑶族在内的广大少数民族执行民族歧视、压迫和同化政策。在民族同化政策的指导下，国民政府当然不会下令禁止瑶汉通婚，但民国时期山子瑶的通婚范围仍然非常狭窄。

据帮家屯的老人讲述，那时他们的婚姻全是村内婚及支系内婚。其原因主要有：第一，历史上的统治者曾长期禁止瑶汉通婚，人为地造成了各民族间的心理隔阂；第二，国民党反动政府对包括瑶族在内的少数民族执行歧视、压迫政策，宣扬大汉族主义，不承认他们的社会政治地位。这也造成了瑶人对外人的不信任。一位70多岁的阿婆告诉我，70年前费孝通先生到帮家屯调查时，她才两岁多，费老看她可爱要抱，但她的妈妈以为费老是坏人，很害怕自己的女儿被抱走。这些都是瑶汉通婚的很大障碍；第三，瑶族五支系内部存在通婚壁垒。“山主”（花篮瑶、茶山瑶、坳瑶）在瑶山中占有全部最主要的生产资料，包括水田、山林、河流等；“山丁”（山子瑶、盘瑶）除了最简单的生产工具之外，一无所有，无论是砍山种地，到河里捕鱼，还是到山上采猪菜，都得向“山主”纳租。此外，“山丁”还处于被“山主”统治的地位。1951年之前，大瑶山的政治管理主要是通过石牌制度来实施的。虽然盘瑶和山子瑶均有自己的石牌法规，但一直受制于“山主”的大石牌管理。[①]“山主”不与“山丁”通婚也是为保自己的土地等财产不外流，俗话说：“人往高处走，水往低处流”，哪个汉族或“山主”家庭愿意与没有土地、受人统治的“山丁”家庭结亲呢？老人们都认为“猫嫁猫，狗嫁狗，不乱”。这也形象地说明了在那个年代，只有支系内婚才是正常的、被大家接受的婚姻。

解放后，人民真正当家作主，各民族共同生活在社会主义大家庭中，为族际通婚奠定了基础。帮家屯的通婚范围也明显扩大，到上世纪70年代末，与瑶族其他支系通婚的达到6例，占13.9%，其中与“山主”（花篮瑶、坳瑶）通婚的有5例。虽然他们的婚姻突破了本支系，但支系内部通婚仍占绝大多数，大约86.1%，且与汉、壮等民族没有一例通婚。笔者认为，这主要因为：首先，虽然客观上山子瑶获得了土地，与其他民族地位平等了，但他们的经济生活水平仍然处于相对落后状态；其次，“山主”在精神上接受曾比他们低下的支系需要一定的时间。

改革开放之后，山子瑶的婚姻也逐步走向开放，跨民族、跨地区婚姻有所增多。改革开放前，帮家屯与瑶族其他支系的通婚只有6例，约占13.9%，且与茶山瑶没有通婚，地域都在六巷乡范围内；如今个数增至22，比例上升到约30.9%，与茶山瑶出现2例通婚，且地域也由六巷扩大到金秀县城。特别是与汉、壮间的通婚突破零记录，达到16例，跨省婚姻也出现了4例，与浙江、贵州、广西融水县、广西象州县等地都有通婚事例。虽

① 梁茂春：《民国时期大瑶山的族际通婚》，《民族研究》2004年第4期。

然目前帮家屯的婚姻仍以山子瑶内部为主，但此比例比 80 年代前已经下降了 17 个百分点。

山子瑶的通婚范围能在改革开放后有如此大的突破，主要因为：

第一，改革开放后，在国家的优惠、扶植政策下，大瑶山早已不是落后、封闭的“蛮荒之地”，而是旧貌换新颜。瑶人的思想观念也变得非常开放。笔者曾问村民是否愿意子女与瑶族其他支系或其他民族的人结婚，他们无一例外的表示赞成，说只要子女自己愿意，与哪个民族的人结婚都无所谓。有的村民还告诉我：“电视上不是经常讲民族团结嘛，所有的民族都是一家人。”而曾经的“山主”在心理上也慢慢接受了山子瑶。当然年轻人要求婚姻自由、自主的开放思想更促进了跨族、跨省婚姻的达成。

第二，上世纪 90 年代始，大瑶山地区的青年男女也开始背井离乡，涌入城市，出现了一股外出打工的浪潮。尤其以到金秀县城、柳州、桂林、广东等地为主。这些到外地的打工仔，特别是打工妹们，不少都与外地汉族或其他少数民族青年结了婚。前面提到的 16 例族外婚，有 10 个女子都是通过打工认识嫁给外族的。并且目前该村 20—30 岁的年轻人大概有 38 个，其中 30 个都外出打过工，约占 79%，有几个甚至过春节也没返乡。那些回家过年的青年们表示，过完春节还会外出打工，他们认为在家无事可做，还不如出去见见世面。笔者房东的二女儿在上海打工已有七八年了，只在 2003 年她弟弟结婚时回过一次家。还有一个在广东打工的本村姑娘，把打工时认识的男朋友带回家过年。随着越来越多的青年走出大瑶山，包括山子瑶在内的瑶族与汉、壮等其他民族的通婚会有很大的前景。

第三，20 世纪 80 年末，大瑶山开始大面积种植八角树，在种植、销售的过程中，他们与外界的交往也随之扩大、深入，为跨族婚姻准备了条件。笔者房东的大女儿就是一个典型案例。

2000年，她23岁，美丽、善良、勤劳，当年，一位来自金秀罗香乡的壮族男青年前来做八角生意，于是他们相识、恋爱并结婚，现在有一个3岁的可爱男孩，一家三口非常幸福。此外，最近几年，本村的年轻人到外地打工的不断增多，留守在家的父母做工有限，到了锄草或收八角的农忙季节，他们就要雇人做工，这些人主要是来自更贫困的广西融水县和贵州某地区的女子。其中，有6位女子嫁到了该村。当然有的是自由恋爱，有的是村民介绍的，在房东家打工的三四个女子经介绍都嫁到了该村。

由上述可知，山子瑶的婚姻在过去的几十年中发生了剧烈的变化。而各民族的接触、交流会随着社会的进步、发展不断加强。那么，在各族文化激烈的碰撞、冲击过程中，山子瑶的婚姻会走向何方？其未来的发展趋势如何？笔者尝试性地作了以下几点推测：

1. 山子瑶与瑶族其他支系、民族的通婚不断增多，将有利于部分家庭脱贫致富，有利于各民族的团结以及民族素质的提高等等。但同时也将出现一个让人担心的事情：到发达地区打工的山子瑶女青年，与壮族、汉族等地区的男青年恋爱结婚，山里的"肥水"流到了"外人田"，而流入山中的"肥水"远不能满足当地的需要，造成当地的大龄男子讨不到老婆。我在调查时发现，只有37户人家的帮家屯目前25岁以上的男子没有结婚的就达15人，虽然现在结婚年龄提高了，但该村村民一般还是在22岁左右就成家，这些人也不是因为有残疾或在外求学耽搁，问村民原因，他们总是笑着说"我们穷啊"。村民说的确实属实，帮家屯的经济水平在六巷乡几乎是最落后的，本村的女子都纷纷嫁到条件好的地方，外面的女子又很少愿意嫁进来，出现这种结果也是正常的。所以，解决的主要办法还是要尽快使他们富裕起来，"门前没有梧桐树，怎么引得凤凰来啊！"

2. 目前，山子瑶与大瑶山外的壮族、汉族等的通婚几乎都是

2006年春的山子瑶帮家屯

女子外嫁，也许随着时钟的滴答声，山中的男子也会“嫁”到山外，山子瑶与壮、汉等民族的通婚会增多。但笔者认为，山子瑶的婚姻仍会以瑶族内部的通婚为主，因为除了各民族彼此间的文化差异外，山子瑶也有浓重的孝道传统，他们不可能都完全抛弃养育自己20多年的父母而远走他乡，对多数人来说，在自己熟悉的土地上生活也许是最佳的选择。

3. 随着大瑶山越来越多的年轻人走出大山，他们会把山外的文化带回来，给大瑶山的传统婚姻习俗注入新鲜的血液。房东的儿媳曾告诉我，她结婚前，未婚夫给她买了个戒指（两人都曾去过广东打工）。虽然戒指的价值不高，但仍说明了他们在不知不觉中接受着外来文化，也许在不久的将来，戒指会走入他们的订婚和结婚仪式中，婚纱和西装会成为他们的结婚服装。相信他们在“美人之美”的同时，仍不丢“各美其美”的“文化自觉”意识，更好地迈入“美美与共，天下大同”的美好社会。

历经沧桑，大山深处的山子瑶人依旧保持着富有特色的民族文化。但市场经济对于传统文化和民族文化的冲击已经显而易见。在推行均质文化标准的市场体系中处于不利的边缘地位，似乎也使得一些人对本民族文化产生了怀疑。也许这只是后发地区发展过程中的必经阶段。如何挖掘民族文化自身的潜力，使其成为民族区域发展的原动力，已经成为一个引人关注而又耐人深思的问题。

第六章　六段村的茶山瑶

茶山瑶是由“茶山”的地名而得名，现在的金秀四村古时叫茶山洞，简称茶山。“茶山瑶”这个名称是“他称”，茶山瑶人自称“拉珈”，他们的语言叫“拉珈语”，属汉藏语系壮侗语族拉珈语支。建国前，一些出版物还把茶山瑶称为“寨山瑶”，很有可能是因为茶山瑶人居住在山寨中的原因，而“拉珈”的意思就是住在山上的人。

茶山瑶民居住在大瑶山的中部、北部和东北部地区，少量居住在南部的圣堂山北麓。建国前，茶山瑶与坳瑶、花篮瑶被统称为“长毛瑶”。因为他们占有大瑶山的全部山林、山地、河流，也开辟了水田，相比没有土地的“过山瑶”，生活比较富裕，生产条件比较好，居住也比较稳定。金秀四村就是茶山瑶的村庄，新中国成立后，金秀四村改为金秀镇，金秀瑶族自治县的县址就设在这里。以金秀四村为中心的茶山瑶村，像伞状伸向东南西北共 47 个自然村。

庞新民先生 1935 年的《两广瑶山调查》中说道，茶山瑶人口在五支瑶里排第二，有 3000 多人。吴彦文先生在 1939 年发表的《大藤瑶山瑶民社会状况调查表》统计茶山瑶人口有 5013 人。1951 年中央民族访问团在大瑶山金秀调查后所写的《大瑶山一般情况》中说，茶山瑶有 5345 人。1990 年全国第四次人口普查时茶山瑶人口 7568 人。2000 年全国第五次人口普查时茶山瑶人口为 8660 人。

六段村位于金秀镇的北部山区，距离县城 20 公里，是茶山瑶的一个聚居村落。在 1990 年人口普查时，六段村人口为 269

人，1999 年为 268 人，到 2000 年为 271 人。2006 年初我们调查时全村有 60 户，267 口人，可以看到这些年六段村人口保持了基本持平，稍显减少。

2006 年初春的六段村

这是一个过着传统生活方式，安静而祥和的中国西南部的小山村。六段至今仍保持着非常传统的茶山瑶建筑，村里的房屋沿一条街道两边排列，蜿蜒而上，屋后就是郁郁葱葱的大山，风景让人心旷神怡。六段村作为一个传统保存非常好的茶山瑶村庄，县政府决定在这里建设一个瑶族生态博物馆。这是一个怎样的村庄？她在历史的长河中经历了怎样的平凡与不平凡，在市场经济日益发展的今天，这个藏在大山里的茶山瑶村落，走过的是一条什么样的道路？让我们走近她，探索茶山瑶的昨天与今天。

第一节　民俗文化的变迁

茶山瑶丰富多彩的民俗文化中，六段保护的较为完整。随着整个社会的发展，时代的前进，六段的经济、制度等众多方面受到了巨大影响，市场经济的潮流冲击着中国的每个角落，六段也被淹没其中。经济的迅速发展直接影响了社会文化的发展，六段的民俗文化在近 70 年的社会剧烈的动荡和变革中，不断与现代文明相互磨合、碰撞，有的消失，有的发生衍变，彰显时代气息的同时保存了传统的灵魂。

一、祖先崇拜

1. “祭社王”。“祭社王”也叫“吃社”，在金秀县内的五个支系中均有吃社的风俗。吃社是一种民间宗教仪式，主要是祭社神，以求来年五谷丰收，人口平安。茶山瑶的吃社较为隆重，每年举行两次，时间是阴历二、八月的社日。六段在“文革”以前还有社神庙，每年会在社神庙前进行隆重的祭社活动，据当地的 SMJ 老人讲“社神庙的社神是位女神，无头，披着红布”。因为是被砍头致死，所以披着红布，表示满身鲜血。相传莫、苏、陶几户人家在明末时由湖南猪仔村逃到此处，后皇帝派人勘察此地是否有逃税和贫困的情况，地方上出于讨好的心态，倾其所有招待视察官员，给他们杀鸡，让他们盖最好的棉被，结果使这些官员误认为当地人生活很富裕，一定是在瞒税。于是有人拿着山中的短旱禾用蜡封几节成一长节，向上面证明当地是如何富裕。社头拿着山里的小旱禾争辩，失败后被关进狱中，便冲着蜡烛看着旱禾，不明白明明是短短的旱禾怎么变成这么长的一节，旱禾受热，蜡封化掉，秘密被发现，但是为时已晚，后社头被砍头。真相大白后，上方亲自封社头为社神，主管一方，并把灵柩送回，建庙供当地祭拜。

吃社之前，必须准备一大一小的两头猪，大猪为众人在庙前聚餐时食用，小猪作为祭社神用。两头猪叫做“社猪”，由同社各户轮流饲养，到祭社时供用。六段吃社的形式分为两种，一种是先吃后分，即大家到社神庙前聚餐，开怀畅饮之后，将所剩的猪肉平均分配，由各户拿回家享用。一种是先分后吃，即先在社神庙前分配猪肉，再各自食用自己所得。

社有社老，负责主持“吃社”仪式。社老会在吃社时当众“料话”，不但讲祖先的来历和本族的历史故事，还会宣布生产和社会相关的各种条律，要求大家遵守。

“文革”破四旧时六段的社神庙被毁掉，吃社活动也因此停止，一直到现在，吃社活动只是存留在老年人的脑海里，年轻人也许听说过，但是却没有再进行过。

2. 祠堂。六段以前的祠堂大约在村子中央的位置，据老人讲村上的祠堂是从祖先搬到这里就开始建了，由于本村几乎全部姓苏，所以为苏家祠堂，邻村的则还有莫家祠堂、陶家祠堂等。祠堂内供有祖先的牌位，坐在进门正对面墙上的正中，有香炉、族谱（即宗籍簿）为伴。过去村里有固定的时间祭拜祠堂，小拜一次是在春节和各种小节日，形式相对简单；大拜一次是以12年为时间段，形式十分隆重。“文革”破四旧时祠堂被废除，已毁坏。

现在祠堂的地方已经被村委会租出去，成为一家代销店，除了正中祖先的牌位外，已经没有任何祠堂的痕迹。这家代销店是本村三个小卖店中规模最大，生意最好的一个。不但卖生活用品，还有台球案，晚上有不少的年轻人会聚集到这里。

台球已成为瑶寨平常的娱乐项目

3. 敬祖先。六段人是十分崇拜祖先的，他们认为是祖先们不畏艰险，披荆斩棘，艰苦创业，才换来今天后辈们安稳的生活，后辈们分享祖先们的福泽，应该感激祖先，不要忘记他们。因此，在六段每户都立有“香火”牌位，供奉自己祖先，以示敬仰。同时，六段祭祖的主要仪式有“供餐”、“做三日”、“做二六”、“做三年”、“做清明”、“敬祖节”等。这里以“供餐”、“做清明”、“敬祖节”三个比较典型的仪式为例。

供餐，是每日三餐必做的事，不先供祖先，不许进食。供餐的仪式相对简单，每餐桌上摆好菜肴和筷子，当把饭锅的盖子打开时，家里的人无论男女老幼，说上请祖先一同进餐的一段话：“菜已摆在桌上，饭已熟在锅里，请公婆老人共进餐。”然后，一家大小才上桌吃饭，否则被视为对祖宗不敬，会受到指责和批评。每逢过年过节，家庭长者还特别摆上酒杯，给祖宗斟酒，说几句吉利话，请祖宗保佑全家平安，六畜兴旺。现在的六段仍然保留这样的习俗，每餐都要在桌子的一角摆上一双碗筷，一个酒盅。但是除节日外，平时已经省去说辞，摆上即可。

做清明，即清明扫墓祭祖，时间上显得比较松动，从清明那天起，半个月内都属于清明扫墓时间，也就是可以延长至谷雨。清明这天，家家杀鸡买肉打酒作祭品，一家数人挑上祭品，扛着锄头等去祭祖宗墓。家人到祖坟处，先将祖坟周围的杂草除掉，修葺被损坏的地方，并在坟头上堆放三块新土，插上挂有纸钱的杨柳枝或小竹竿。然后在墓前插上三株或五株香（多插不限），以及蜡烛，并将供品摆好。此时，主人边念祭词边烧纸钱，参加祭祀者在一旁燃放鞭炮。祭祀毕，参加祭祖的人聚在坟前与祖宗共吃一餐，以示敬重。

敬祖节，每年的农历七月初七至十四，家家户户在厅堂设一供桌，桌上摆有香炉、茶杯，供桌的墙上挂着写有祖先名字和画有人物图像的“目莲榜”，买些冥钱纸币、香、猪肉等作为祭品，在家祭祖。一般在七月初七早上做顿好菜饭，迎接已故祖先回家，以后每日设供品祭祀。七月十四送祖先时，晚餐是送祖先的主餐，菜肴以鸭肉为主，十分丰盛。饭前家主要在厅堂燃烧彩色纸衣和冥钱纸币，依次念及祖先的名字，厅堂里还摆着几副担子，筐里装有糍粑、煎饼等物品，让祖先带走。晚上九时，各户点香燃烛送别祖先。（家有死亡未满三年的祖先，在七月初一先“接回”供祭，同样也要过节。）

六段“做清明”、“敬祖节”的风俗保留的较为完整，尽管在形式上可能有所简化，但是在当地人的心目中十分看重，一般在外边打工的人，会在清明时回到家来祭祖，以示孝敬、虔诚。

二、岁时节日

茶山瑶的节令很多，旧时几乎每月都有。正月的春节，二月的二月社，三月的清明节等等，这里仅以春节为例，介绍六段过节的一般情况。

春节，既为一年之末，也为一年之始，是六段一年中最隆重的节日，届时在外面打工的人都会回家与家人团聚，安静的山村也热闹起来。猪肉是过春节时的主要食物，也是人们互相拜访时的主要礼品，所以人们为了过一个美满的春节，几乎家家从年初就开始喂养年猪，即使不喂养年猪的家庭，也会根据经济情况购买一定数量的猪肉。

六段过春节的主要形式几乎没有什么变化。在腊月二十四、二十五舂糍粑，糍粑主要是把一定数量的糯米泡好后，蒸熟，放在特定的石槽里。石槽一般家里都有一个，是祖先传下来的，两个人用圆头木棒轮流轧碎后，将粘粘的糯米做成饼，晒干后，放在水中浸泡数日，可以放置很久不坏，好多人家会在夏天做工时拿糍粑作为午饭。春节中，人们在供奉祖先和馈赠亲朋时糍粑都不可缺少，所以做糍粑成为过春节的先声，由于舂糍粑时很费力气，这时年轻的小伙子就忙活起来，舂完这家到那家，一个晚上忙个不停。一般在舂好的糍粑中老人会取下两块，分别向房上、地下扔一块，表示供天、地，乞求来年丰收。最近几年由于人们生活水平的提高，好多人家认为舂糍粑比较浪费时间，糍粑也不像过去那样为人们生活中的主食，所以有些家庭不再舂糍粑。

腊月二十七、二十八杀年猪，这天一大早，就可以听见巷子里不时传来猪的嚎叫声，一般是主人请几个亲戚来帮忙杀猪，也有几个家庭互相帮忙杀猪的，所以一个巷子里可能出现好几家同时杀猪，场景颇为壮观。猪杀好并收拾妥当后，家里会在厅堂里摆上供桌，祭拜天地。供桌上除猪头、猪肝、猪尾外，还有九杯酒，一碗米饭，一盏油灯，一盆水果，五个粑粑，一盆糖果，同时在右门旁的上方和下方各插三根香，在左门旁上只是在上面插三根香，猪鼻孔上插三根香，供奉开始时会先燃放鞭炮，在门槛两端烧些纸钱，家家如此。到了晚上，杀猪的人家会请比较亲近的亲友来吃一餐，大家喝酒、聊天，过年的欢庆气氛开始凸显出来。

除夕那天开始贴对联，六段贴的是双对联，这是祖先留下来的习俗，表示好事成双，新年新气象。这天各户忙着给大门、小门、窗户、柜子等张贴利市红纸，求个吉利（有丧事未满三年之户贴绿纸条或不贴）。晚餐前，主人会供祖，在门外燃放鞭炮，然后全家共进晚餐。在餐桌上，老人会给小辈红包，大人会给孩子红包，图个吉利，这时全家其乐融融，特别热闹、温馨。六段在除夕有守岁的习惯，午夜十二时，各家各户会燃放鞭炮，劈劈啪啪声此起彼伏，整个山村洋溢着欢乐的气氛，顿时沸腾起来。

六段的习俗是一般在贴过对联后不再进别人的家，直到初二才可以拜年，初一那天，开门往外走时无论在路上遇见谁都要说“恭喜发财，新年好”。大年初二开始拜年，首先来拜年的是事先约好的亲戚朋友和小孩，要先在主人家门口燃放鞭炮，进屋向主人道一声“恭喜发财”，主人请喝茶，并给一封鞭炮，给一个红包。然后其他的男孩子会接踵而至，向主人拜年。拜年的男孩子会在主人的厅堂放一挂小鞭炮，向主人道一声“恭喜发财”，主人请小客人喝一杯茶，送一些利市和鞭炮。同时在春节期间，夫妇会和孩子一起到双方父母家拜年，外甥也会给长辈拜年。拜年时会带一长条猪肉（一斤半至二斤），上面贴上红纸。进门要放鞭炮，表示极大的欢喜，共用一餐饭，走时主人会以糍粑等作为还礼。

春节是忙碌一年的六段人难得的休息放松的日子，因此，这段时间很少有人去做工，大多数的人会聚在一起，喝酒聊天，下棋娱乐。由于初一时不许进别人的家里，所以大家都到外面来，整个巷子热闹非凡，无论是大人、老人还是孩子都是喜气洋洋的。

六段茶山瑶的春节联欢晚会

过去在过年的时候，六段村人会在村口的一块平地上对山歌，那时无论男女老少，都会对上一段山歌，抒发情怀，周围村子的人也会闻歌而来，加入其中，大家纵情高歌，惬意欢畅，青年男女也会借此机会觅得有情人。六段在过去有听彩调的传统，彩调是从汉、壮族地区传入的剧种，其形式活泼、内容丰富、表演生动。1940 年六段村成立了茶山瑶第一个戏班，这个戏班有自己的导演和教练，负责编排剧目，培训演员，戏班很快发展起来，演员的人数也由最初的几个人变为后来的十几个人。据六段村的老人讲，“以前村里学彩调的人，要以米充当学费，老师是湖南人。这些人组成一个戏班，一般是到各地唱，用二胡伴奏。彩调有些用柳州话来唱，内容有地主与长工的故事，上山打鸟的故事等”，可见当时的彩调戏班在当地是十分受欢迎的，它丰富了节日的文化内容，活跃了当地的节日气氛。

现在六段人的生活中已经没有对山歌、听彩调的影子，但是六段村最近几年自发举办的联欢晚会则是别具特色，是传统与现代最为完美的结合。在春节临近的前两周，村里的团委书记就会召集放假回家过年的孩子们排练节目，到了大年初二的晚上，在村里的小礼堂里联欢会隆重举行，节目内容穿插得当，除了当地的孩子们的合唱和舞蹈外，还有阿婆们美妙的山歌和阿公的二胡独奏，村里大部分的人，甚至邻近村子的人都会来观看，笑声、歌声充满整个巷子，过年的气氛达到高潮。举办联欢会已经成为六段村民过年的一道丰盛大餐，成为一种新的传统，是六段过春节的一道新的亮丽风景线。在山歌、彩调退出六段人的生活舞台后，人们需要也开始挖掘新的娱乐形式来丰富山里的节日气氛，六段几十年的变迁发展，在这里得到最充分的证明。联欢晚会的出现和蓬勃发展，正是六段村人对时代发展的文化需求的鲜明写照。在过去传统消失而无法弥补的事实面前，人们选择追求新生的事物来填补文化生活缺失的空白，这就是变迁与发展注入六段人向往、争取更加美好生活的鲜活血液。

三、传统习俗的变化

1. 生育情况的改变

茶山瑶传统的生育观念是一对夫妇只要两个孩子，最好为一男一女，一个留在家里继承“香火”，侍奉父母；一个出嫁或“上门”入赘。六段在过去也是这样，六段人认为生子女讲究一个“好”字，也就是一女一子，但如果两个都是男孩或女孩也无所谓，都是留长子（或长女）在家，延续“香火”，次子（或次女）“上门”（或出嫁），这种生育制度一直延至20世纪50年代。

费孝通先生对大瑶山的生育状况进行研究后，在其所著的《生育制度》中说，“人口数目要加以限制是容易做到的，可是所留的两个孩子的性别没有控制的可能，因之，很可能两个都是男的，或两个孩子都是女的”，但是“他们男的和女的都可以嫁出去或赘出去”，也“都可以要或赘进来，没有分别”，这样“才能使每家每代都有一对夫妇。”

事实上，过去的茶山瑶由于受其生活环境的影响，尤其是水田有限，稻谷产量不高，每年的粮食产量只够养活一定数量的人口，其生育观念体现了人类节制生育的思想，这种生育观念的实行，在条件艰苦，封闭落后的大瑶山中最为普遍的方法就是堕胎和杀婴，而且在茶山瑶历史上有晚婚晚育，限制娶妾的制度，在一些石牌条约中有所体现。

但是从20世纪50年代开始，随着生产关系的变化，生活水平的提高，六段人的生育观念发生变化，多子女的思想占主导地位，正如一位六段的老人所说“多儿女多一件衣服，儿女少衣服少”。六段女子生孩子不再有所节制，而是能生到什么时候就生到什么时候，生到不能生为止。有的女人50岁还在生孩子，六段村就有一对夫妇要了九个孩子，人们认为所讲究的“好”字要两个好才算真的好，也就是说四个孩子，两男两女最为理想。六段在1980年开始实行计划生育，由于是少数民族地区，政策内容也不断有所变化，曾有一段时间在六段允许生3个孩子，后来改为2个，也有一段时间是要求每隔四年生一个，后对此无要求。现在是夫妇都是瑶族的可以要两个孩子。

六段现在仍然是孩子长大成人后留在家中一个，无论男女，一般是以长子或长女优先，婚后继承“香火”，与父母共同生活，负责照顾老人，给老人养老送终。

2. 成年礼的消失

一个茶山瑶人在长大成人的过程中有很多仪式，我们把这些仪式叫做成年礼。茶山瑶孩子的成年礼是一个连续的过程，它表现为在不同的时间即不同关口的各种仪式，如过七星桥，做还花等等。如果经济条件允许，成年礼就会做的完整而隆重；如果经济条件受限，就只能做这一系列中的某几个。茶山瑶受道教的影响很多，第一个就是关口的概念。在茶山瑶人看来，人的一生要经历很多关口，如出生、出麻疹等等，凡是面临生命或者是社会重大考验的时候均是一个关口，每逢这一关口应该请师公或者道公举行仪式来祈求神灵保护或者消灾解难。孩子成年之前的保护者是花仙婆，成年之后花仙婆就不能再帮助他了，此后的种种人生关口，要靠行善积德、修阴功来排解。这就是第二个影响即道教中功德的概念。茶山瑶认为修桥补路是行善的重要内容，是积阴德的重要手段。度戒是一系列成年仪式中最重要同时也是花费人力物力最多的一个。度戒是茶山瑶男性一生中最重要的事情。度过戒的男性，可以继承家里的香火和财产，在社会中也会拥有比一般人高的地位，同时也会有更多的社会权利和义务。一般茶山瑶的男孩在 15 岁至 17 岁之间举行度戒，一个度了戒的人以后能够成为师公或者道公，成为上层阶级的领导人物，具有参加社会活动的资格，也就可以结婚成家了。度戒代表着一种社会身份的改变，不但标志着人生理上的长大，更包含了心理

茶山瑶“度戒”仪式

上的过渡。如果说度戒仪式之前的各个成年礼是纯粹的酬谢保护和进入另一个年龄阶层的话，度戒则有社会地位和文化传递的作用，它可以说是茶山瑶一连串成年礼仪的终结，同时也是茶山瑶传统宗教、生命观与道教文化结合的一种特殊的文化产物。大瑶山解放后，度戒等仪式很少进行了，六七十年代的"文革"带来了对人们文化价值观的巨大冲击，偏远的大瑶山地区也在这时改变了秉传几百年的传统文化。

六段村现在已经没有人再进行度戒等仪式了，"做还花"、"度戒"已经成为了老人们的记忆。但在县城的茶山瑶中，现在仍有做度戒的，只是其意义已经发生了变化，由成年仪式而转向获得"师公"或者"道公"资格的认证。我们小组在今年正月十四就参加了金秀县城一个茶山瑶人家的度戒仪式。受戒者已经 33 岁，早已经结婚并有了两个小孩。从度戒的内容和形式来看，还是基本上按照传统来做的。是什么原因使他们的父母想为他们度戒呢？在访谈几个村民问他们是否觉得师公或者道公的地位比普通人高时，他们的回答是否定的，只是说师公或者道公能做法事，因为现在仅有的师公或者道公年龄比较大了，所以感觉是德高望重。再请问他们是否会为自己的孩子度戒的时候，多数人表达不是很想，但是又说现在人们在办丧事时还会请师公或者道公做法事，而且还会办的很隆重。在瑶族文化中，办丧事也是很费人力物力的大事，师公或者道公在这其中扮演重要角色。如此我们是否能够推断，度戒已经从一种成年仪式演变成了文化传承仪式，并且与经济也挂上了勾。由于现在人们生活水平的提高，办丧事和一些别的传统仪式的支出非常惊人，在现代人们生活逐渐富裕的时候，传统文化的遗留又发显出来，但这是在商品经济相对比较发达的金秀县城，而六段村的经济水平没有那么高，所以度戒等成年仪式还没有重新兴盛。

3. 婚姻和丧葬习俗的演变

茶山瑶的婚姻习俗从恋爱到结婚都充满了自由、简朴的特质。过去在六段最为著名的恋爱方式就是爬楼。走进六段，你就会看见每家大门的右或左上方设有一个形似阳台的吊楼。这就是当地最有特色的传统恋爱方式“爬楼”的场所，吊楼的两边饰有龙凤鸟兽及花木兰草的浮雕，有些富贵的人家还会彩绘上各种花纹和图案，而且两侧还书有永久性对联。吊楼门内是房间，也就是未婚女子的闺房，这是父母所作的特殊安排。这个房间既是姑娘们在一起绣花、聊天、晒太阳、玩耍嬉戏的地方，也是姑娘与情人相会的地方。当男青年向姑娘求爱时，不是直接从大门进屋，而是在吊脚楼下以歌代话，如来者是姑娘的意中人，吊楼门则在歌声中自然开启，小伙子便轻舒猿臂爬上吊楼，相互唱“香哩歌”。如姑娘不中意小伙子，对方仍一意孤行要爬楼，姑娘则端上一盆水直冲而下，淋得小伙子如落汤鸡悻悻而去。“爬楼”的最好时机是有人家举办喜酒或插秧、秋收季节。每当这些时候，各村寨的姑娘、小伙子便云集于某一村，这就自然而然地造成了相互接触的良机，成为“爬楼”的好时机。当然，已成婚的男人不得乱爬楼，一旦确定终身大事的姑娘，绝不允许他人再来爬楼，一旦伤风败俗的事发生，就要受到石牌条律的惩罚。

经过爬楼男女青年找到合适的对象后，经双方父母同意就可以订婚，订婚的仪式很简单，一般不取礼物，一言为定即可。六段结婚的时间一般是在农历的正月、二月、八月进行。在婚期的前一天，娶方派亲戚两个人在半夜时分（天未发白前）到嫁方去接亲，目的是为了避开“四眼人”（怀孕的妇女或者她的丈夫），讨个吉利，同时嫁方也会派两个人送嫁。酒菜只有一两桌，比较简单，只是请下房下属吃顿饭。到了第二天，男女双方在一起劳动，就标志着夫妻关系的建立。如果是有钱的人家，会选择在生育子女时，大办一次。

向老阿婆学瑶家刺绣

现在，六段的爬楼风俗已经消失了，但是结婚的仪式如接新娘，基本上没有什么变化，只是由于人们生活水平的提高，相对富裕的人家会在婚礼中准备十分丰富的酒菜，招待前来祝贺的亲戚和朋友，人们的随礼钱也在相应的增加，近亲会选择一起来道贺，并且会带来长长的鞭炮燃放，所以现在六段结婚仪式中，劈劈啪啪响个不停的鞭炮声成为婚礼中最为壮观的场面。今年年初的一家新人结婚就是这样，亲戚们拿着礼物和礼钱来道喜，主人家摆了很多桌的酒菜，客人们在一天中吃了三顿酒席。

茶山瑶各地的丧葬习俗各不相同，六段的丧葬习俗有自己的特点，并且变化不大，仍然延续了过去的一些主要的仪式。在已经结婚的成年人病危时，一定要通知其血缘近亲来探望，如果是妇女，更是要让她的外家亲戚到场，这样做的目的不仅是为了让近亲和垂危的亲人做最后的诀别，而且是要各有关系的亲人都清楚病者的死因，以免日后另生事端。

在行葬前，会举行一定的仪式。死者临死前，亲人会喂一口水，表示对死者的敬意，称为“口渴水”，同时将一枚银币放入死者嘴里，表示不让死者空口、空手走。人死后，其孝媳和孝女等会哭泣着携竹筒出门到河边或溪边，向水中扔入数枚铜钱，用竹筒把水取回，称为“买水”。用这水给死者沐浴换上新衣，如师公道公则要换上宗教服装，如平民则换上平民服装，如妇女则换上盛装。洗浴装饰后，将尸体抬至厅堂一侧，用布腰带捆坐于椅子上，让亲人们做最后的告别。道公“进门”为死者作法后，由孝男孝女等亲人抬尸入棺。然后，道公会做道场为之超度，在这期间在棺前供饭一碗给死者“当餐”，棺下放清水一盆，给死者“沐浴”。道场一般为三至五天，最长不超过一周。80 岁以上的老人或师公、道公要坐在椅子上，脚踩莲花，手扶礼仪，口含银子。坐五天或一星期（一般三天），然后在棺材里七天，同时孝子要睡在稻草上，不穿鞋，不洗脸，不出门，坐在那儿守护，如果天太冷则穿草鞋，睡在棺材边。

出殡时，由道公作法送葬。棺木出门前，先派一人沿着抬棺所经路线叫喊，燃放鞭炮告知人们，送葬的队伍即将经过，人们听后会把门关上，有的还用石灰在门前撒一条白线，意在不让死者“灵魂”闯进家里，这就是“喊车”。“喊车”的人是出葬的先导，他出门后，接着就会抬棺出殡，道公在棺前引路，孝子孝孙及亲属等在棺后送葬。棺材抬出后，家里仅留一人作法，“打扫”家里的外鬼，使家庭干净，不致为鬼所扰。在六段过去盛行的是深埋捡骨葬，具体就是先把棺材掘一深约四尺的土坑掩埋，经过数年后再掘出开棺捡骨，装入陶坛，另找吉地安葬。现在六段大多实行的是土葬。

在六段，一般 50 岁以上有儿有女的，都会举行隆重的土葬。

但是也有其他的情况，比如妇女难产，坐月子去世，或是非正常死亡的都是从后门出，不能操办，不能从大门进家，要额外找房子，平地搭棚来举办仪式，并且一般是火化。

4. 民歌发展

茶山瑶的民歌，情真意切，有着独特的艺术魅力，在茶山瑶的历史发展长河中，扮演着重要的角色。茶山瑶的民歌按其歌体的形式划分为香哩歌（自由体）和山歌体（格律体）两种。

“香哩”是歌者对对方的称呼语。每首歌的首末句，一般以“香哩”为尾音，香哩歌因此得名。“香哩”的含义视其具体场合而定，对朋友唱，“香哩”就表示朋友、伙伴之意；对情人唱，“香哩”就表示情哥、情妹之意。香哩歌句子长短不定，每首行数也不等，意完歌止，近似自由体诗，一般不押韵，但讲究排比对偶。在六段的传统恋爱方式爬楼中，“香哩”歌成为青年男女互诉情怀的最佳表达方式，也是男青年爬楼的金钥匙。香哩歌用汉语翻译整理的具有代表性的很多，其语言风格或是自然柔和，或是深沉豪放，委婉动听，悠扬回荡。比如赞美情歌《你长得像朵花》就是柔和、温情的代表作：

你长得像朵花呃，香哩！
出门蝴蝶跟着你，回家蜜蜂跟着你。
要是你再戴上银板和耳环，
满坡的花儿就不香了，满山的鸟儿就不叫了，
我的三魂七魄呀，也就跟你去了呃，香哩！

香哩歌就像是茶山瑶民歌中的一朵奇葩，秀美深情，虽然现代人很少习唱，但是它的绚丽多姿仍然为茶山瑶文化增添了无尽的光彩。

山歌是从汉人地区传入的，都用汉语桂林官话歌唱，歌词一般为七言四句，也有首句为三言的，山歌讲究押韵，其中六段腔是高亢激昂的。山歌基本形式如：

唱歌容易起头难

唱歌容易起头难，起楼难起绣花楼；
烧瓦难烧琉璃瓦，生铁难打钓鱼钩。

长江水断慢分离

我俩好，铜罐烧茶我俩唱；
我俩同喝长江水，长江水断慢分离。

山歌反映了茶山瑶生活的方方面面，其内容的变化是社会发生变化的真实写照，比较典型表现过去生活的清苦和信仰情况的如：

瑶山生活真困难，一年到头一件衣；
吃不饱来穿不暖，天灾人祸没完断。
人丁不安谷不收，立了雷祖大圣庙；
后来又立陈宏谋，又立盘古庙一座。
再立金凤庙一处，人民生活得安乐；
立了庙堂人人信，遇灾逢难求神圣。

新时期，新变化，茶山瑶人民歌颂美好生活的如：

瑶族人民唱新歌，青山百鸟都来和；
歌声载满情和意，声声飞向金水河。
大瑶山上高又陡，如今公路进山沟；
灵香界上骑铁马，河口岸边驾铁牛。
瑶山杉树一排排，根根都是栋梁树；
支援国家大建设，高楼大厦搭起来。
瑶家住在云天外，汽车满载进山来；
装来铁牛绣春色，运来机器把山开。

很有意思的是，在六段的春节联欢晚会上，阿婆们准备了很多的节目，不但唱过去所谓的老山歌，也自编词创作了新的山歌，反映了最近几年六段生活的变化，抒发了对现在美好生活的由衷赞美和对政府的感激之情，其歌词内容如下：

新年好，新年新世唱新歌，
拥护青年做热闹，欢欢喜喜过新年。
瑶山是个好地方，茶叶八角满山冈。
崇山峻岭鹧鸪叫，花果稻谷满片香。
瑶山民族好风光，电灯电话到农村，
电话录音听得到，水管架来水长流。
党的领导好操心，街头巷尾起大门，
起好大门种好树，种树开花万年春。
瑶家是个好地方，勤劳致富把家当，
全心全意跟党走，学习科学奔小康。

民歌在茶山瑶的历史上，不单纯是一种民间歌唱传播的载体，也是对整个茶山瑶文化的传承。民歌有着记事、传授知识、娱乐、社交等社会功能，在社会秩序的运转中有着不可忽视的作用。在六段村中，老人们在做工时，农闲时，晚上纳凉谈笑时，总是三五成群的唱起古老的山歌，回忆过去的生活，童年的往事，但是在今天的一代中年人和青年人中几乎很少有人喜欢民歌，更不用提去学、去唱，年轻人追逐着时代的脉搏，深深的陷入对通俗、摇滚歌曲的迷恋，忘记了身边真切、深情的民歌。民歌，这种活的文化遗产同样面临着消失的危险，在茶山瑶传统文化受到强烈的冲击和同化的同时，民歌渐渐走向衰弱，这不单单是人为的督促所能挽救的问题，它关系着茶山瑶文化的传承发展，这将成为茶山瑶文化传承链条上的一个豁口，是整个文化脉络发展的缩影，我们应该注意到这点，六段人乃至全部的茶山瑶人更应该关注这点。

5. 民间禁忌

过去茶山瑶生活中的许多方面都存在着这样或那样的禁忌，如今有些已不复存在，有些还很盛行。在六段就有这样一些禁忌仍然存在。

在六段的各家各户的门口上，如果看见大门的一旁插上竹子叶或柚子枝叶，枝叶上还包着红纸，则表示这家有新生儿诞生。如果是男孩，会插竹枝叶子于大门左方；如果是女孩，会插柚子枝叶于大门右方。这种标志不但是为了向亲戚朋友报喜，同时是为了避免道公、师公的闯入。产妇的秽气重，道公、师公沾上秽气，替别人做法事不但不灵验，死后也难通过阴府阎王关。

过春节的时候禁忌很多，除夕过后，与人见面要说“新年好，恭喜发财”。大年初一时一般遇见不祥之物往往用吉祥的字眼加以化解，如把蛇说成龙，把老鼠讲成麒麟。过春节时，梳头时不要让别人看见，看到对别人不好。初一吃早饭时要准时下来，不要等别人喊，过年一般不要喊人吃饭。在过年时要尽力满足孩子的愿望，如穿的衣服、鞋帽要在前一天准备好，不要让孩子在过年的时候哭闹。吃饭的时候要注意不要让筷子掉了，如果掉了则表示这一年都要注意了。穿衣服不要穿错扣子，这也同样预示一年凡事要小心。到别人家别人给吃的，如果不想吃，要说“吃多了，吃饱了”，而不能说“不要了”。要多吃才好，这样对主人和客人都好。过年时不可以吹木炭，吹字用瑶语发出的声音表示穷字。一般过年前几天会教小孩子明天见到什么人说什么话，免得说出不吉利的话来。

在六段进行任何一种生产活动，都忌“四眼人”，即怀孕的妇女和丈夫。人们认为他们身上带有秽气，于生产不利，因此怀孕的妇女及丈夫，不能在别人出门劳动或打猎时，与别人交谈，更不能询问别人去干什么。劳动时，如“四眼人”参加劳动，则务必由“四眼人”先动手，否则这一天如果发生事故，会归罪于“四眼人”。

凡是身有不吉利的人，诸如坐牢刚被释放者，进入大门时，要跨过盛着柚子叶煮水的盆子，认为柚子叶散发的气味能除掉邪气秽味，驱走霉运。

别家死人，当天忌入这家，并忌走孝子到河边“买水”所经过的巷道路径，出入须绕道而行。

平时在屋内忌吹口哨，认为吹口哨会引来野鬼入室。

第二节　社会制度的变迁

瑶族的五个支系茶山瑶、花篮瑶、坳瑶、山子瑶和盘瑶，分别在不同的历史时期从不同的祖居地迁入并开发大瑶山，茶山瑶在明朝初期进入大瑶山，其他族系在明末至清代期间陆续迁入。五个支系的语言、风俗习惯各异，但是都设有石牌组织，其中茶山瑶进山最早，并首创石牌组织，随后扩展到其他各个支系，也正因此茶山瑶石牌组织最为完善，影响最为深远。石牌组织能维护瑶族社会的安定，促进瑶山生产、生活的发展，在茶山瑶历史上有着辉煌而灿烂的一页。

一、何为石牌

在金秀大瑶山有一条老幼皆知的信条：“石牌大过天。”石牌组织在金秀瑶族的历史长河中占据着重要的地位，那么人们所说的石牌是什么呢？过去很多的学者曾经阐述过自己对于石牌的理解，1930年中山大学的庞新民先生经过金秀六巷古陈村调查后，写成《广西瑶山调查杂记》一书，认为“石牌者系瑶人互相所公认为成立的条约，勒于石上，竖立以垂永久者。起初数家或一村立一公约石牌，继而数村联合立一公约石牌，故大石牌之中，复包有小石牌。石牌所定之公约，瑶人均须绝对遵守，与汉人之村制乡约相同。”[①] 其后1935年费孝通先生同王同惠女士考察了金秀六巷花篮瑶社会情况，在1937年出版的《花篮瑶社会组织》一书中，提出：“石牌的狭义虽是指那刻着法律的石碑，但是在他们的实际应用中却是指整个的法制和行政制度，甚至指负行政责任的头目。”[②] 这些是早期学者在自己的实地调查后提出的对石牌组织的基本理解。

石牌是金秀大瑶山瑶族中特有的一种社会组织形式，是一种由习惯法发展而成的具有法律性质的规矩与条文。[③] 石牌组织主要是负责把有关维护生产秩序及社会治安等瑶山社会的一些生产、生活原则，制定成具体的条规和约法，在参加石牌组织的居民户主集体通过后，把条文刻于石牌上，立于公众场所。在大瑶山盛行数百年的石牌组织，对维护瑶山正常的生产生活、保障社会安宁和防御外来匪盗的侵入等各个方面都起到了重要作用。

费孝通拍摄的六巷旧石牌

对于石牌组织创立年代的问题，在问到瑶族各族系的老人时，他们说“我们瑶山自古以来都是这样照石牌办事的。从老祖先起，一代一代传下来，我们都跟着老班一样做”，[④] 或者说：

① 莫金山：《瑶族石牌制》，广西民族出版社，2000年，第8页。

② 费孝通、王同惠：《花篮瑶社会组织》，江苏人民出版社，1988年，第52页。

③ 李远龙：《传统与变迁——大瑶山瑶族历史人类学考察》，广西民族出版社，2001年，第24页。

④ 苏德富、刘玉莲：《茶山瑶研究文集》，中央民族学院出版社，1992年，第4页。

“外面平阳大地方，有官府衙门办事；我们瑶山小地方，不归官府所管，怕人强人恶，乱作乱为；老班就立起石牌，定下规律。有人犯事，都照石牌规律来办”。[①] 也有人说他们在未进瑶山之前就已经有石牌了，还有的人说石牌已经存在几千几百年了。在关于瑶族祖先的传说中，还有这么一个故事：很早以前，茶山瑶、花篮瑶、坳瑶都住在一个地方，彼此都是亲密的邻居。后来被一个覃千户，把他们赶进平南马练一带山里。当时那里是密密丛丛的古木深山。当覃千户进入深山时，遭遇了瑶族的伏击，给弩射死，并夺了他的一把重十三斤的大刀。瑶族获胜后，便在金香、潭头地方（现在查不出这两个地名）聚集起来，开会庆功。并把夺得的大刀，斩为十三段，分给每个瑶族小集团各一段，以为纪念。从此以后，这十三个瑶族小集团就各自分头进入瑶山，自成村落，便立了十三个石牌。[②]

从上面的论述中，我们可以看出石牌的历史是十分悠久的。金秀沿河十村在清同治六年（1867 年）共立的坪免石牌文字中，有“明朝目下立着会律法，不准何人乱作横事”的记载。[③] 据此可知，约在距今一百年以前的瑶族老人们，还记着祖先的传说，他们是在明代就立了石牌，定了律法，禁止居民乱作横事的。根据这个推知石牌的创始年代，起码在三百年以前。茶山瑶的老人口碑亦说“明朝时代就立了石牌”，[④] 这些都说明在明代初期瑶山就已产生石牌制度。

---

① 广西壮族自治区编辑组：《广西瑶族社会历史调查》第一册，广西民族出版社，1984 年，第 32 页。

② 广西壮族自治区编辑组：《广西瑶族社会历史调查》第一册，广西民族出版社，1984 年，第 32 页。

③ 广西壮族自治区编辑组：《广西瑶族社会历史调查》第一册，广西民族出版社，1984 年，第 32 页。

④ 刘保元、莫义明：《茶山瑶文化》，广西人民出版社，2002 年，第 28 页。

二、石牌组织的构成

石牌组织一般可以分为：以不同的范围来定，有小石牌、大石牌、总石牌；以参加石牌组织的村数来定，有七十二村石牌、十村石牌、九村石牌等；以参加石牌的户数来定，有千八百石牌、百八石牌、三百九石牌等；以竖立石牌的地点来定，有丁亥石牌、坪免石牌、滕构石牌等。莫金山教授在《瑶族石牌制》中认为："大瑶山瑶族由于生产力水平低，生活条件差，环境险恶，人们非常重视血缘关系，遇到疑难问题人们首先想到的是自己的血族，从血族中求得援助，以血族群体的力量战胜困难。血缘关系是凝结人们相互关系的天然纽带，也是组建石牌的重要原因。"[①] 因此，将石牌分为：家族石牌、胞族石牌、姻亲石牌、支系石牌、地缘石牌等五种，基层为家族石牌，其规模最小，然后逐级上升，人口数也相应增加，作用也越来越大，总体呈现出倒金字塔结构。这几种分类方法互补长短，清晰、客观地将石牌组织归纳类别，将石牌组织的外在形式构成、内在层次架构乃至实质特点都充分凸现出来，有利于对石牌组织的深入研究。

石牌组织的具体构成包括石牌、石牌头人、石牌律、石牌会议、石牌兵等等，这里仅介绍其中几个要素。

石牌，这里的"石牌"泛指石牌组织条规约法的表现形式，主要有刻在石上的"石牌石"；刻在木板上的"石牌木"；写在纸上的"石牌纸"，其中最为主要的形式就是"石牌石"。石牌作为石牌组织存在的实体要素，负责通告族人石牌组织规范的确立及具体条款内容，它不仅是一种标志，也起到立命警世的作用，是石牌组织权威的最佳体现。

---

① 莫金山：《瑶族石牌制》，广西民族出版社，2000年，第38页。

石牌头人，是石牌组织的人格化，有着举足轻重的作用。说到石牌头人就不可不提社老，瑶山有崇拜社神和祭社分肉的习俗，一般人们要选出一位村民来打理社庙、供奉社神，这个人称为“社老”。社老不单单负责烧香供神，主持祭社，同时还会在春秋两个社日时“料话”，宣布大家在生产、生活方面要共同遵守的公约。平日村民中存在的小纠纷矛盾，也会请社老来调解处理。社老在判案过程中不断积累案例，从中发现问题，归纳出一些共识，形成“条规”、“戒律”，并把这些“经验”代代相传，成为“老班规矩”和历史惯例。因此，一般认为社老逐渐发展成为石牌头人，那些规矩惯例则成为石牌组织产生的直接历史来源。

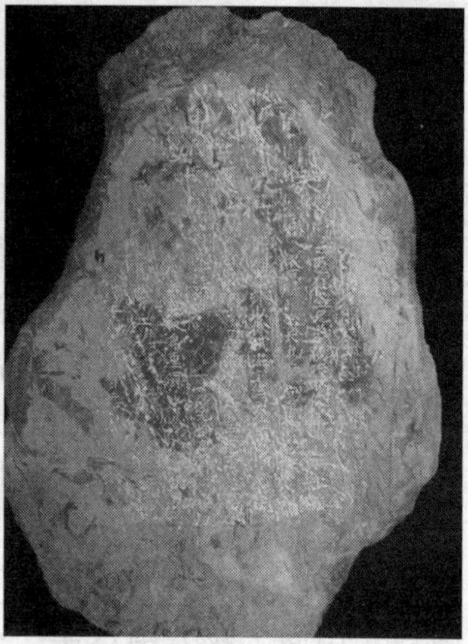
大瑶山的旧石牌

就石牌头人本身而言，他是自然形成的。一般是在村里为人正直、能说会道，大家有事都喜欢找他，不但在本村有威信，外村有事也会请他去解决，这样解决的事情越来越多，威望也越来越高，就成了石牌头人。还有的是老石牌头人看村中或邻村的哪个年轻人肯为村民服务，做事公正，就有意识地培养，让其逐步在群众中树立威信，尔后成为新的石牌头人。瑶人信神鬼，师公和道公是鬼神意志的代言人，因而很容易为瑶人所接受、推崇，所以石牌头人多由瑶族中的师公和道公担任。石牌头人没有月薪酬劳，不能脱离劳动，没有任何特权，一般成为石牌头人后取得群众的信任就会至死而终。石牌头人在特殊时期还会起到军事领袖的作用，因此往往石牌头人是石牌组织的核心，能为群众服务，取得群众的信任和支持，维护瑶山的安定。

石牌律，就是石牌组织通过的石牌条规，在其面前无论是石牌头人还是普通群众人人平等，其权威至高无上。石牌律主要涉及的内容有几个方面：防御外侮及匪盗入山，维护山内安全；保障群众生命财产安全；维护家庭关系，保障妇女儿童的权利；调解内部争端；保护行商小贩的正常交易及山内土地自由买卖等等。石牌律的惩处方法包括罚款、财产充公、死刑、连坐等几种。石牌律对瑶山社会的进步、稳定发展起到了重大的作用，尽管其力求完善、公正，但是由于特定历史时期和石牌头人自身落后等众多因素影响，石牌律也存在着一定的缺陷。

石牌会议一般是为了制定某种条规而召开，会议的过程是形成政治制度、法律制度的过程。石牌会议按其规模可以分“小”、“大”、“总”三种。石牌会议的程序是：参加会议的人到齐后，由事先推举的石牌头人主持，并当众“料话”，宣布他们事先拟好的条规草案，然后征得大家的意见，如无意见以默认或全场欢呼通过。会后，将通过的条规刻在石牌上立在村头，或写在木板上挂于村里，或抄在纸上保存。石牌会议是几个当地公认的石牌头人根据当时社会现象所表现出来的一般情况或针对某些方面的突发事件，考察思索后，找出症结，结合当地的特点拟定若干条款，取得大家的一致通过后作为正式的石牌条约。

石牌组织经过时间的磨炼和洗礼，发展十分完善成熟，不但在以上几个方面，其他如石牌判案程序等都是相当严肃、完整的，石牌组织也因此成为整个瑶山得以安定发展的重要保障。

三、石牌组织的发展和衰落

石牌组织的发展，表现得最为明显的是在石牌条约具体内容上的变化，我们可以通过1906年《六段、三片、六定三村石牌》和1924年《六段、仙家漕、老矮河三处石牌》条约的对比，分析其发展过程中具体方面的改变：

表一　1906年《六段、三片、六定三村石牌》①

祖公苏贵显、陶善保、莫金一三公，立造上段村、三片、故（古）参三村。众团立字滕构石牌律法。

一条开馆挖墓	一条箭（骑）龙葬墨（脉）
一条女人七三八四	一条火烧屋宅
一条强奸妻女	一条打劫生事
一条杀人害命	一条欺兄某（谋）弟
一条迷魂禁井	一条挖屋开仓
一条女人幡（翻）乡（腔）	□□□□□□□
一条贼（偷）牛盗马	一条勾生外合
一条某（谋）山沾（占）国	
犯律令照办	何人番（翻）天倒地
上段村苏扶虬出料	三村料钱一千二百文

光绪三十二年丙午春二月十四日吉立　天灵地準（准）

吉　□　代笔钱一千二百文

苏胜

星　海　劝人世上修善不用多事耕田之（植）地大吉

说明：这件石牌条文，用石镌刻，竖立在六段与杨柳两村间之滕构地方，故又名滕构石牌。上段即六段，古参今名六定。② 这件石牌文字简明通顺。“骑龙葬脉”是指把坟墓葬在别人坟墓的后面。“女人七三八四”是指有夫之妇与人通奸，“女人翻腔”是指女人闹离婚。“迷魂禁井”是指施魔术迷人，使人生病或死亡。“勾生外合”是指勾生吃熟，里应外合。

① 广西壮族自治区编辑组：《广西瑶族社会历史调查》第一册，广西民族出版社，1984年，第56页。

② 莫金山教授的《瑶族石牌制》中认为是寨堡村。

表二　1924年《六段、仙家漕、老矮河三处石牌》①

盖闻朝廷有转国之忧，乡团有从冠〈寇〉之心。列处人伦变动，诸帮重起兵权。仰蒙本团集会，会同一体遵规。吾瑶家自盘古王开辟，相传至今几千余年，皆是一体无私。幸神庇佑，叨（叩）福阴以平安。兹今近岁，屡有不法之徒，常在边方境侵扰，殊属玩法可恶之极。通瑶会议，特立规条章程，开列于左。
一议　凡我瑶如有窝匿匪类，并知而不报者，皆系同谋。一经查出，公同众议，将产冲（充）公，无贻后悔。
一议　瑶家凡有枪炮者，各宜修好听用，无得临时挤时〈借出〉，不便齐集，即系玩法违公，议罚。
一议　凡有匪徒抢劫，不拘那时，一闻音信，筒角〈铜锣〉一声，踊跃济（齐）集救护，下力剿出（除）贼匪。倘有那时知而不到者，一经查出，公同议罚。
一议　凡有客进瑶（山）做买卖者，或生面不识，不准留宿。倘有刁顽强者，宜报知瑶首，当众逐出。
一议　凡吾瑶家，倘有勾生吃熟，侵拢团内，有犯石牌规矩，一经查出，公同办罚，无贻后悔。
一议　凡有客人进瑶（山）居住，皆宜遵吾瑶规。如果有至亲至厚，探留宿者，皆系住家担当。倘有隐藏，生端出事者，我瑶公同酌议办罚。
一议　步〈岁〉逢扰乱，各处尽知。倘有边方小贼，入境诱惑，成（存）心私从者，若不通报大团，自行匪类者，一经查出，公同将产充公，旁叔尽罚。
以上所议规条章程，皆系众议，言出必行，特此布告。
民国十三年（1924年）阴历二月初八日，阁（合）团公启。

说明：这是个地缘石牌，条文是从六段村苏凤鸣所藏得《各村新甲总簿》上抄下的，内容是防御匪盗和禁止瑶民窝匪从匪。参加这个石牌的村寨，《总簿》记载的是“三处瑶团”。六段为茶山瑶村，其附近六定、三片、将军、杨柳、寨堡、长二、长滩一带当属一处，仙家漕和老矮河两处都是过山瑶，仅有少数汉族居民杂居其间。

上面是不同时期六段村所参与的石牌条约。其一《滕构石牌》是在光绪三十二年（1906年）所立，当时的清政府已经濒临死亡边缘，中法战争和中日甲午战争中，清政府全部战败，使

① 莫金山：《瑶族石牌制》，广西民族出版社，2000年，第353页。

本来就岌岌可危的统治更加动荡不安，中国半殖民地半封建社会的进程进一步深化。同时洋务运动破产，国内有识之士大为震惊，不断组织各种救亡活动，资产阶级革命运动迅速兴起，清王朝统治处于风雨飘摇之中。在大瑶山，“过山瑶”与“长毛瑶”争夺山林、土地、河流的矛盾也尖锐起来，先后爆发甲申、乙酉（1884—1885 年）盘瑶农民抗租运动和黄元明领导的盘瑶抗租斗争，斗争坚持了 18 年，大瑶山社会极其不稳定。[①] 这一时期，大瑶山不但出现了全瑶山的石牌大会，订立多个村寨联合的石牌条约，各个村寨还根据各自面临的问题，制定了管辖局部范围的中等规模石牌，《滕构石牌》就是这个时期的产物。其二《六段、仙家漕、老矮河三处石牌》是于中华民国建立后 1924 年订立，这个时期广东政局非常混乱，不但军阀割据，相互之间争战不休，而且匪祸猖獗，匪盗横行，大瑶山社会治安情况混乱不堪，各村瑶民曾为平息匪盗召开过两次覆盖全瑶山的大石牌会议，防御匪盗和禁止瑶民窝匪、从匪是这一石牌订立的基础。

两个石牌由于各自订立的时间背景以及目的不同，导致在具体内容上相差甚远。《滕构石牌》内容繁杂，所触及范围广泛，有坟墓安葬、女子道德、扰乱滋事等方面事项；而《六段、仙家漕、老矮河三处石牌》则明确的针对当时匪患猖獗的情况：“兹今近岁，屡有不法之徒，常在边方境侵扰，殊属玩法可恶之极”，具体规定了通匪、窝匪等方面的惩罚。两个石牌侧重点完全不同，从这里可以看出石牌条约具有相对的时效性和现实性，六段村在不同历史时期参加不同的石牌组织，也是在面临相对具体问题上所采取的相应处理手段。两个石牌条约，是六段村在面对社会现实动荡中所做出的回应。同时这两个石牌对于违反石牌条约的惩罚没有具体的规定，显得十分模糊，这也是石牌律的主要缺陷之一。

---

① 莫金山：《瑶族石牌制》，广西民族出版社，2000 年，第 28 页。

石牌组织的存在是与瑶山的地理环境、瑶族社会的生活方式、传统习俗密切相连的，具有一定的现实基础。它在同外界的交往中，不断的吸取和借鉴汉族的法律法规，逐渐发展为一套适合本族社会发展的行为规范体系。石牌组织作为一种民间自治组织，属于法外之法，在国家正式的政权法律机构未进入之前能行使一定的职能，一旦国家正式权力机构介入，石牌组织就显得苍白无力，并逐渐失去其存在空间。

石牌组织的衰落经历了一个相当漫长的过程，清宣统元年(1909 年)，广西右江道总兵官李国治带兵进入大瑶山镇压"三点会"，后把大瑶山化为四个团，各团设有团总，形成官府统治瑶山机构的雏形。李国治不久便退出瑶山，但这是官府深入瑶山，插手瑶族社会事务的开始，石牌组织露出衰败的端倪，开始走向瓦解。1933 年，国民党广西省政府开始在金秀瑶山边缘地区建立乡村保甲政权机构，这个时期所发生的各种纠纷案件都由乡长、村长及其助理员解决，大案要案则由各县政府出面审理。石牌头人判案权被逐渐剥夺。1940 年，国民党广西省政府在山外设立管辖金秀大瑶山的县一级机构——金秀警备区署。1942 年，金秀警备区署改名为金秀设治局，把大瑶山划分为永宁、崇义、岭祖等 13 乡，委任乡长、村长，实行保甲制度，石牌实际上被废止了。

四、六段石牌与"新石牌"

石牌组织的瓦解并不表示它在瑶族人民心中完全消失，瑶族人民已经习惯自觉用石牌条约来约束自己，石牌已经作为一种精神力量渗透到瑶族人民的生产、生活当中。建国后，为了加强民族团结，发展生产，瑶族人民按照石牌组织的形式先后订立了《大瑶山团结公约》和《大瑶山团结公约补充规定》。在新的历史时期，石牌被注入新的内容，起到新的作用。

80年代初期，随着农村生产责任制的推行，人民公社和生产集体的解体，在社会上开始出现新的民间规约——“村规民约”。“村规民约”作为石牌精神的延伸，可以看成是“新石牌”，它沿用石牌的形式，体现旧石牌组织的功能，在新的时期又被赋予新的历史责任。由于这种规约作为国家有关法令的补充，很有现实意义，因而得到了基层政权的支持，迅速推广开来。到1990年前后，村规民约已经遍及瑶山各个村寨，几乎达到“村有条规，寨有民约”的程度。“新石牌”在某种意义上成为石牌律的延续和转型，是瑶山人民几百年把石牌律作为习惯法的一种心态反映。“新石牌”在政府主导的前提下，在瑶山社会中开创了一定的生存空间，较之旧石牌更为进步。

我们可以通过对1906年《六段、三片、六定三村石牌》和1991年六段村石碑条约的对比，分析其二者的不同和相同之处：

表三 1991年六段村石碑条约

天地明监　　　　人人皆知
1. 进入民家盗窃财物者，按损失计算赔偿外加罚款叁倍。
2. 偷盗他人杉树者，按地径每寸直径罚款拾伍圆。
3. 偷盗棕皮、油桐、瓜果等，按每斤罚款伍圆。
4. 嫖人妻女或诱他人夫奸者，罚款壹仟圆。办酒席拾桌，每桌壹佰圆，供全村人进餐，由犯者登门为对方赔礼道歉。
5. 毁坏村容，破坏公共财物者，每次按损失价赔偿加罚款贰佰圆。
6. 擅自占用公场、公物不退者，每次罚款壹佰圆。
7. 破坏或妨碍交通水电，造成损失者，按折价赔偿加罚款五倍。
8. 石碑执法人员犯本条款加倍处罚。
9. 打击报复造成伤害者从重处罚，由犯者登门为对方赔礼道歉。
10. 里通外合，聚众赌博，打斗扰乱人心者，按损失折价赔偿，每次加罚款贰佰圆。
11. 执法护法有功者奖。
12. 此条约于立碑之日起生效，触犯者按条约处罚。
六段村立于1991年正月初一

通过以上我们可以看出：

其一，在1991年的石碑条约中其内容可以分为：惩罚犯罪（占条约内容的1/4）、公共财物的维护（占条约内容的1/4）、执法人员奖赏以及打斗、赌博惩处几个方面，和过去的坟墓安葬、女子道德、滋事捣乱、偷盗等方面的限制，显得更为集中，这和村规民约处于新的历史时期，社会发展中所重视问题的改变紧密相关。公共财物的维护表现了时代的进步，对妇女要求的消失是倡导民主的体现，对执法人员的维护和管理是石牌头人消失后的必要补充。

其二，过去的石牌条约中没有提及具体相关的惩处办法。尽管目前所知旧石牌组织的惩处办法中有罚款、财产充公甚至死刑，但现在的村规民约中只有罚款一项，并且特别具体的规定了违反任何一项法规的处罚数目，这成为现代石碑条约的新特点。在我们大力提倡建设法制社会的时代，村规民约作为法律体制的补充形式，二者在某种程度上带有一定的趋同性。

其三，就石牌的订立者和执行者而言，石牌条约以石牌头人为主，村规民约以村委会为主，这个差别分别奠定了在瑶族社会中过去石牌组织的主体地位和现在村规民约的从属地位，它是石牌条约和村规民约的本质区别。

六段茶山瑶的新石牌

其四，无论是过去的石牌条约还是现在的村规民约，二者都是建立在所有民众共同自律、自限的基础上，这和现代的法律体制的基础不同，但是在为了达到维护社会的稳定和发展上二者却有着异曲同工之处。

石牌制度的衰亡和村规民约的出现，正如社会发展过程中，旧制度衰落和新制度出现一样，是随着社会发展而发展，变迁而变迁的，体现了一定的适应性和协调性。村规民约和石牌制度的新旧交替，是村委会这一行政组织走进瑶族历史舞台的充分写照。石牌制度在时间的面前模糊起来，其一度辉煌的过去成为人们永恒的记忆，今天人们更多关注的是村委会的决定，要求村务公开，提高经济收入，争取更多的民主权利。在六段村“新石牌”斜对面的村务公开栏中，我们可以看到六段村务公开的情况：

六段村务公开栏

2005.10.8

政务：中共中央、中办发（1998）9号文《关于在农村普遍实行村务公开和民主管理》，1. 财务收支公开　2. 计划生育公开　3. 征用土地审批公开　4. 农民负担和费用义务情况公开　5. 救灾救济发放公开　6. 本年工作计划目标

事务：人口和计生情况公开

夫妇姓名	结婚时间	生育时间	发证时间	胎次	组屯
庞有富．黄佩珍	2004.4	2005.7.12	2004.9.28	1	双永
黄元里．黄兰英	2004.9	2005.8.18	2004.10.23	1	双永
苏瑶林．苏引梅	2004.1	2005.9.10	2004.11.30	1	三片

村集体经营项目承包经营情况公开

村民委集体经营项目：茶叶基地一个（20亩），租金1500元/年

征用土地及补偿和宅基地审批公开

申请建房户名单

组屯	姓名	人口	面积	事由、土地类别
双永	黄凤群	4人	42平方米	空闲地

农民负担公开

1. 农业特产税全免
2. 全免计生、民兵、优抚统筹

续表

3. 公益林补偿共 8052 亩，金额 36233 元 4. 林农粮补助总受益人口 1127 人，每人 58 公斤，按 1.60 元/斤，计金额总合计 104640 元 5. 退耕还林补助
2005 年扩种新品种茶 240 亩，八角 250 亩，绞股蓝 50 亩，毛竹 100 亩 财务：1. 收入上届结余 279 元，茶场地租金 3000 元，古少杂竹出卖 1200 元，2003—2004 公益林 2400 元，市组郊基层建设奖金 1000 元，计生局奖金 500 元，政府办公经费 540 元，合计 8969 元 支出：村委维修公路补给油费 100 元，组长到金秀办理公益林面积车费、餐费 560 元，党员“七一”活动开支 356 元，茶场扣肥款 700 元，电费、办公费 730 元，开会等其他费用 3417 元，合计 5863 元，结余 3106 元

在村务公开栏中我们可以看到财务、计划生育、土地等方面的内容，主要是有关经济方面的内容，比如村委财务的收入和支出的情况，村民集体经营土地的情况以及村民负担的情况。这些现象的出现表明六段村民越来越关注经济方面的内容，新形势下经济发展成为全村发展的重中之重，村委会成为六段发展的中流砥柱，村组织处在经济、文化发展的主导地位。石牌法律、村规民约、村务公开，体现的是在各自不同历史时期，社会发展的必然要求，他们分别代表着各个不同时期维护茶山瑶社会稳定发展的力量，是整个瑶山社会的动态发展趋势的体现，是社会进步、瑶山变迁的有力证明。

茶山瑶石牌组织在瑶族历史长河中占据着重要的位置，随着时间的推移，经过漫长的完善发展。但它毕竟是松散的民间自治团体，在政府正式机构的介入之后，开始走向衰落。六段在两个不同时期所参加的石牌组织，可以充分显示石牌条约的内容是某个特定历史时期的产物，它是同当时的时代背景紧紧相连的，而在新的历史时期，由于石牌组织在瑶山人民心中特殊的地位和深久、长远的影响，石牌又以变换的形式——“新石牌”出现在瑶山之中。村规民约的出现是政府正规组织进入瑶山之后，在村委会主导的前提下所提出的村民自治法规，是在建设法制社会的今天，石牌精神的新发展，也是一种更加高级，更加符合瑶山发展现状的自治。“新石牌”尽管和旧石牌有着本质不同，但在维护瑶山社会的稳定，求得和谐发展这一点上是一致的。

总之，无论是过去的石牌组织，还是现在的村规民约、村务公开栏，都是瑶族人民在大的历史背景下为求得更好的发展所采取的相应措施，是瑶族人民对美好生活所进行的积极行动，是瑶山社会稳定发展的重要保障，也是瑶山变迁、发展的缩影。

第三节　土地制度和经济发展

一、土地制度的演变

茶山瑶在各族系中所占有的土地，不但数量较多，而且质量也较好。他们聚居地区，一直由瑶山中部延伸到北部，约占整个瑶山的一半以上。其中绝大多数的村落，都是散布在山势比较开阔，河流比较宽大的山谷中的河流旁，并在河流两岸较平之地，开垦了为数较多的水田，其中尤以金秀河流域的金秀区六拉、金田两乡和长垌河流域的长垌区长垌乡的平田较多，土质较肥，而梯田约占 40%以下。其次则为长垌区的滴水乡和金秀区的六段、长二两乡，虽然地势并不如前者的平坦，但水田的数量和土质的肥沃较其他的族系为优。茶山瑶除了占有可以开垦的水田外，还占有数量很大的山地，几乎每个茶山瑶村都占有纵横三五十里的山场，其中还有不少盛产当地特产的老山。

1954 年 2 月开始的土地改革运动，根据本县少数民族中地主少而小的民族历史特点，坚决采取了“慎重的、温和的、有区别的、曲折的”阶级斗争。在不同的地区采取了不同的要求与做法，在六段是根据慎重、温和的方针进行土地改革，做好：一、发动群众，了解情况，组织队伍。二、划好阶级，开展必要的斗争。三、进行没收、征收与认真做好分配工作，四、调整健全组织，颁发土地证，确定地权，转入生产运动。这样进行土改工作，注重从实际出发。六段是八个试点之一，经过宣传动员、发动群众，组织阶级队伍，划分调整阶级，没收征收分配，填发土地证，历时 28 天，完成了试点工作，没有出现大的偏差。

中国农民对土地的要求是通过土地改革运动、没收地主田地、征收富农的多余土地而得以实现。土地改革是一场激烈的阶级斗争。金秀大瑶山历史上“长毛瑶”占有大量的山林、土地、河流，而广大“过山瑶”几乎一无所有，历史上为争取生存条件和生存空间，这里的山丁与山主也一直存在着激烈的矛盾斗争。但是，这里的土地改革却采用了和平协商的方式，首先通过订立《大瑶山团结公约》，使“长毛瑶”放弃对山林、土地、河流的封建垄断特权，“过山瑶”获得自由开垦土地，谁种谁有的权利。其后搞土地改革，走的仍然是“慎重的、温和的、有区别的、曲折的”土地改革方针，没有经历激烈的、急风暴雨的阶级斗争就完成了土地改革任务。“长毛瑶”和“过山瑶”各村寨在土地改革中都获得山林土地，划分了各自的山界，明确了土地所属权。

和平协商土地改革意义重大，它不批不斗，不费一枪一弹便解决了大瑶山的土地问题，发展了生产，加强了各民族的团结，为今后金秀县各民族和睦相处打下良好的基础，也给中国其他瑶族地区的和平协商土地改革提供了成功的范例。此后土地制度发展同样经历互助组——初级社——高级社的社会组织的变迁，逐步向集体整合。人民公社化制度实行后，土地实行了国家和集体所有制。1981 年以后，国家实行改革，在土地国有的前提下，将土地分给各家各户承包耕种，土地使用权可以转让，但是不可以买卖。在金秀自治县，最初的土地承包期，一般为 3 年至 5 年，由生产队与经营户（劳力）签订合同。1984 年初，自治县人民政府根据中共中央 1984 年 1 号文件精神，延长农民土地承包期；其中耕地为 15 年以上，林地、荒山、荒地为 30—50 年，以稳定人心，巩固承包生产责任制。同时确定，允许土地承包者在协商自愿的原则下，有偿和无偿地将承包土地转包、转借他人，逐步形成土地向种田能手和粮食生产专业户集中，实行农民专业化分工。

在自治县延长土地承包年限的同时，基层分地过程中的一些问题为今后金秀的发展埋下了隐患。首先，1985 年分地之后出生的孩子都没有地。不仅仅是新生人口没有地造成粮食上的紧缺问题，同时这些孩子成年后的生活来源也是问题。一般这样的人家要租种别人家的地，五五分成，靠天吃饭，要是天头好，还有些收成，天头不好则要赔本。其次，政府在分地过程中忽略了流动地的问题，也就是在政府把手中所有的土地全部下放给群众，在人口中新生和死亡人口的更替中土地不能流动，土地成为一种固定的死性的资产，只是一定的土地在一定家庭的几代人中流动，随着人口数量和男女比例的变化，土地的使用不能均衡分布，造成一些家庭的生活越来越艰难。现在这些 1985 年出生的孩子都已经成年，大部分的青年都选择出去打工。

二、六段村的经济结构

1. 基本情况

六段村里有一条主要的街道，村民的房屋都沿着这条街道而建，这条街道实际上是一条河道，村民在这条河道上铺着木板，形成一条街。夏季雨水就在脚下流过。因为是木板路，所以汽车等交通工具是不可能进村的，据说曾经有一个醉汉夜晚喝多了，便掀起一块木板，由于晚上路黑，一个阿婆出来时便掉下去了。直到2001年县里帮助修了水泥路，才彻底改变了大家的生活，现在摩托车、汽车等都可以开进村里了。水泥路的下面还是空的，在春夏两季时雨水太大，可以冲走很多的东西。现在六段的人还是习惯把垃圾顺着水泥路扔下去。因为有这一条路，所以村里有路灯，晚上道路是亮的，这对于一个小山村来说还是很先进的。

这里的人们淳朴而勤劳，白天在村里根本看不到什么闲人，因为几乎所有人都去干活了，一直要到傍晚才回来，即使在过年前后也如此。但是由于自然、交通甚或更重要是由于人们思想观念的原因，六段村在解放后甚至改革开放后还很大程度的保持着传统的生产生活方式。所以，在县政府2005年的扶贫计划中，六段村还是49个自然村的一个，被列入首批“整村推进”的21个村之一。

为了详细了解六段村的整体经济状况，我们小组对六段村现有的60户家庭作了问卷和访谈。下表是对全村农民拥有现代家电和交通工具情况作的统计数据：

电视机（彩色）	影碟机	洗衣机	固定电话	煤气灶	摩托车	拖拉机或小卡车
60台	50台	22台	35部	16个	8辆	3辆

六段村户数为60户，几乎家家有电视和影碟机。村里最困难的一户，家庭规模是夫妇两人和两个孩子，据村里的干部讲，年年都会把政府的救济送到他们家里，因为男人有些呆，女人个子小，没有力气干活，所以过得比较穷困。他们家也有一台不错的电视机，不过据女主人讲是借钱买的。除此之外，他们家还有一匹马。从这一点可以看到尽管是贫困村，但是村民的生活水平比较起来还是有很大的提高，简单必备的生活娱乐家电还是有

的，而他们通电的历史仅有10年左右的时间。固定电话的拥有数量也比较可观，超过了半数，有个别家庭甚至拥有冰箱、微波炉和电饭锅。尽管是少数，但也反映出了他们的生活同过去相比有了多么大的变化。六段村坐落在海拔700米的山上，原先一直没有移动电话的信号，所以没有什么人有手机，今年年初中国移动公司的工作人员来这里建造通信塔，开春就可以打手机了。现在有手机的一般都是从外面打工回来的年轻人。几乎人手一部，可见山外通讯的普及。

茶山瑶很重视养年猪，六段村几乎每家都养猪，一至二头不等，每家的老人早上起来后的工作就是准备猪食，把猪养的肥肥的，春节到来的前一两天，户户宰年猪，节日气氛马上就有了。养年猪一是为了积蓄猪油，解决平日的食用油，二是为了过年丰富餐桌。猪肉用盐腌一下切成一条一条的吊在灶上，做饭时柴的烟气熏在肉上，制作出的熏肉别有风味。熏肉能保存的时间很长，一般能吃到夏末。猪粪也很有用，有的人家造了沼气池，没有造沼气池的会把猪粪挑到地里做肥料。但现在也有极少的人家不养年猪，有一家三口从三片村（六段的邻村）搬到六段村，承包祠堂作代销店已经有10年了，这家的生活比较富裕，代销店规模也比较大，还经营一个台球案子，过年的时候还支起了五六张麻将桌，生意兴隆。另外有一家常住人口就一个，是一位退休教师。他的退休金比较高，孩子们也在县里当公务员，所以根本就不用养猪。他还为孩子们回来探亲方便专门又盖了一处小院，非常漂亮。这样看来，收入比较高、家里人口也比较少的人家，不需要养年猪，可以买猪肉吃。

2. 传统农业和林业——逐渐萎缩

大瑶山在古时称大藤峡或大腾山，元末明初之前，这里是原始森林，无人区。最早迁入大瑶山的就是自称“拉珈”的茶山瑶。《金秀瑶族自治县概况》中说茶山瑶在元末明初，开始定居在大瑶山上。《金秀瑶族自治县志》中说："明洪武初年（1368—1398），瑶族从湖南、广东等地陆续迁徙至县境内。"所说的瑶族，就是茶山瑶。200年后，其他瑶族也陆续迁来，他们与茶山瑶共同开发大瑶山。由于进入大瑶山先后时间不同，茶山瑶人占有了金秀河、滴水河、盘王河、长滩河、祖岭河等河流的主流或支流沿岸，占大瑶山总面积的50%以上。在茶山瑶内部，生产资料的占有和占有形式是不同的。水田绝大部分属于各个家庭私有，地主水田很多，就会出租从中收取好处。山地占有的形式则普遍是一个村落集体占有。茶山瑶的生产资料占有形式的形成始于明初他们迁入大瑶山之时，但是新中国成立后，特别是土地改革后，旧有的生产资料占有和占有形式发生了根本变化，没有"长毛瑶"和"过山瑶"了，大家在和平的前提下分了土地。

六段的经济结构在过去很单一，就是农业和林业，这里的农作物基本是水稻，六段地处山地，水田本来就很少，一家只有两三亩，因为山间气候凉爽，一年出一季稻，产出的水稻仅够自己消费，甚至有的人家还要再买。六段所在地是盛产杉木的地区，杉木是林业生产中收入最高的一项产品。盖房、年节的消费支出、结婚和丧葬等活动的现金来源都是通过卖杉木而得的。八角的种植在六段并不兴盛，因为这里的气候不是很适宜八角的生长。在2000年以前，杉木的贩卖是六段农民获取现金的最主要方式。

金秀县是广西最大的水源林保护区，也是国家级生态公益林重点林区，全县水源林面积达158万亩，森林覆盖率达87%以上，连片的原始森林有60多万亩，生态地位十分重要，由于伐树是农民传统的生活来源，所以现在的森林已经都是次生林了。六段的山林也在水源林保护区范围内，为了保护生态环境国家已经禁止砍伐水源林，对农民进行补偿，原则是一般每人每年给58公斤水稻，有时会折合成现钱发下来，所以传统的农业和林业这些年来呈慢慢萎缩的态势，农民生活仅能达到温饱，看来六段村的农民在寻找致富的途径上必须要寻求因地制宜的保护生态的好路子。

3. 商业和副业——凤毛麟角

六段村共60户人家，不到300口人，但是很多年轻人现在都出去打工了，所以实际的常住人口只有150人左右。现在村上的商店共有三家，其中最大的就是前面提到的那家代销店，还有两家的规模就很小，只出售极普通的糖果、方便食品等。有一家女主人是村小学教师，男主人跑运输，他几乎每天都会运木材去柳州，然后又从柳州运回县城一些货物，而村里的人去县城几乎都靠他的那辆小货车，每人来回收费10元。在过年之前他最忙碌，每天都有很多村民搭他的车去县城置办年货，他还时时的拉回满车的活鸡卖给村民。

另有一家男主人是贵州人，与本村的姑娘在外面打工时认识，到瑶山里做了上门女婿，他专门收猪，卖猪到不养猪的其他村子里。他家有两个女儿，都在县里上初中了，可以看得出生活还是比较富裕的。

还有两个家庭拥有拖拉机，这是运货用的，本村或邻村的人盖房，就会找他们帮助运水泥沙子之类的建筑材料，每出一天车据说能挣到几十元，所以其中一家的孩子能在南宁上高中，这让同村的人羡慕不已。

但是除了这几户外，其余的村民都没有从事任何商业或副业，可以说，在六段，商业和副业只是凤毛麟角。

三、经济发展的新气象

1. 有机茶产业——方兴未艾

信息的闭塞，文化程度的低下，是制约六段村社会经济发展的主要因素。如何才能找到一个既能致富，又不会破坏水源林的保护生态的有效途径呢？寻找致富的路子必须是因地制宜发挥本地的地理优势，合理的利用自然环境。

六段村的自然条件是典型的山区气候。这里云雾缭绕，湿度和温度十分适宜茶叶的生长。1998 年，县委、县政府决定在金秀镇建设一条茶叶林带，经过土质、气候条件、交通等方面的考虑，决定将重点放在长二村至六段村的公路沿线。这是县政府经多方调研、考察作出的有益于帮助人们脱贫致富的好路子。工作组将茶叶苗送到村口，提供茶苗的低息贷款，还联系了桂林市茶叶研究所的科技人员来对村民进行种植辅导。可是让人意想不到的局面出现了，工作组进村发动农民种植茶叶时，去的人寥寥无几，几天茶苗都分不下去，眼见快枯死了，最后只能发动金秀镇派出所来人监督村民种茶。县政府的如此好心，怎么换来这样一个局面呢？农民的积极性不高表明他们传统的耕作观念转不过来，从没有种过茶，怎知好种不好种？万一没有销路怎么办？如果以后还不上一毛钱一株苗的贷款怎么办？茶叶的收获是三年以后，三年的时间只是管理没有收入未免让这些农民顾虑重重。那时村民就是出去给外县的木材老板打打零工，或者哪里开路去帮工，大家担心种茶连出去打零工的时间都没有了，万一没有收益，那真是得不偿失。

镇党委、政府针对群众思想的顾虑，召开班子会讨论研究，及时出台了新的政策和措施：一是利用小额信用贷款和财政扶持资金解决群众的资金投入问题；二是重新协调土地使用权，统一规划，连片种植，推行谁种植谁管理谁受益的政策；三是组织技术人员深入村屯举办茶叶种植培训班，到田头山间亲自手把手地教群众茶叶种植的各种技术；四是制定村规民约，统一禁放野牛，防止野牛糟蹋茶苗；五是引进外地老板进村办茶叶加工厂，解决加工销售问题。

有了这些切实可行的办法，群众将信将疑的领茶苗回去种植，为了调动大家的积极性，村干部、党员带头，村支书家承包了10亩的茶地，后来一般的家庭都承包了3亩左右的茶地。此后逐年扩种，种植面积慢慢不断扩大。经过三年，到2001年茶叶逐步进入了采收期，劳动成果有了丰厚的回报，一亩茶地一年的产出可以在一千元左右，丰收的事实胜过苦口婆心的说教，农民种植的积极性空前提高。现在家家户户积极备耕，抢要茶苗，全村的茶叶生产形成了规模。今年5月，由来宾市委统战部牵头的2006年“全国科技活动周”来宾市“科普瑶山行”暨金秀镇科普下乡村活动在六段村隆重举行，县农业局茶叶专家给茶农们进行了无公害茶叶栽培和低改技术培训，近50名茶农参加了培训，共发放科技书刊和科普光碟近800册（张）。

六段村的无公害茶叶生产基地

六段村所属的六段村民委现在成为了金秀镇发展茶叶种植的示范基地，2005 年全村茶叶种植面积达 2500 亩，扩种新品种茶 240 亩，可采茶面积 900 亩，年产青茶 4 万公斤；村上有茶叶加工厂 4 个，年产干茶 1 万公斤，产值 84 万元，农民人均纯收入达到 1263 元。但同时我们也看到，六段村的茶叶种植还只是初级的生产，并没有形成自己的产业。要想把茶叶种植做成茶叶产业，这条路还是相当难走的。如何让茶叶种植逐步走上“产、销、供”一体化的生态农业发展模式，还需要六段村从实际出发，适应市场经济发展规律，结合本地特点，建立自己的品牌，在现代市场经济条件下，这一生态产业做强做大。这一产业将带动旅游、文化等产业多方位发展。经济发展了，教育水平提高了，人的观念转变了，这会是一个愈走愈光明的小康之路。

2. 旅游业——小荷才露尖尖角

“爬楼”是茶山瑶最具特色的恋爱方式，现在，这种传统的恋爱方式已经不存在了，但是这种奇特的方式却引起旅游观光者的巨大兴趣，很多的人到此地来观看当地人的“爬楼”表演，因此“爬楼”成为六段旅游发展中的一个重头戏。

茶山瑶的民歌也独具特色，能歌善舞的茶山瑶民将日常生活劳动的内容都编入曲内，有的诙谐，有的情深，具有很高的享受价值。

六段茶山瑶民俗的较好保持，旅游开发潜力很大，政府正筹划在六段建立生态旅游村，希望通过尽快发展该地的旅游来提高当地村民的经济收入，带动当地经济的发展。

现在六段村民已经将美丽的茶山风光与浓郁的茶山瑶风情有机地结合起来，开发旅游项目，实现农业与旅游业“双赢”。在六段村口已经有一个旅行社建成的一个风格独特的旅游山庄，是一个集住宿、餐饮、茶山瑶风情表演于一体的生态民俗旅游项目。这个山庄占地大约 10 亩左右，有 20 间双人房，房内设有电视、VCD机、卫生间、台灯等设备，白色床单被罩很干净整洁。山庄还有一个大型的二层餐厅兼活动厅，上面一层是木制，很有特色，在山庄附近还建有开篝火晚会和洗药浴的小竹棚，山庄的外形古朴、典雅。但从总体上讲山庄设备只是初级。

山庄主人W老板，是荔浦县人，在金秀开有一家旅行社，曾在别处建过山寨，由于效益不好而转向六段村的旅游开发，他十分看好六段旅游开发的前景。据W老板讲，这个山庄在2005年4月开始动工，投资大约70万，建成后已经试营业一段时间，2006年3月正式营业。去年开辟的是台湾市场，由于交通、硬件设施不完备，没有什么反响。今年打算开辟的是香港市场，打出空气、水、民俗的特色来吸引游客。旅行社目前已经接待了来自广东、香港等地的旅游团几百人。

旅游业作为一种投资少、效益高的特殊产业，在政府的大力提倡下，在金秀县收到了一定的效益。六段民俗村的旅游开发要纳入金秀县旅游总体开发布局，要整合好各种社会资源，充分发掘其历史文化内涵，将六段村打造成原生态的瑶族民俗村，使其成为“世界瑶都”品牌的重要组成部分。现在对于六段村旅游的开发不但拉动了经济的发展，也促进了当地人与外界政治、经济、文化等方面的联系。旅游业的发展也会带动其他相关产业的发展，它可以为当地的群众扩大就业渠道，拓宽致富之路。我相信六段以其淳朴的民族风情和传统的风俗习惯为支点，搭乘金秀旅游开发的快车，一定会走出一条属于自己的特色旅游之路。目前它虽然只是一株小苗，但这株小苗一定会像茶树一样，慢慢带给六段人以丰富的回报。

六段村，这个安静、祥和的茶山瑶小山村，在一年年的岁月轮回中静静地走过她70年的历程，从封闭到开放，六段村人正在走出一条越来越美好的道路。

第七章　盘村瑶族的追踪调查

瑶族是一个有着悠久历史的民族，以费孝通先生《花篮瑶社会组织》为奠基著作的瑶族研究已是我国少数民族研究重要的一部分。在费孝通先生之后包括胡起望、范宏贵编著的《瑶族研究论文集》等在内的著作对瑶族的研究，主要是民族学人类学的研究；其他更多的仍是对已有资料的收集整理，如广西民族出版社的《广西瑶族社会历史调查》系列、莫金山著《瑶族石牌制》、竹村卓二（日）的《瑶族的历史和文化》等著作，而没有现代意义上的社会学范畴内的调查研究。这不是说一定要以划清学科界限来作为评判标准，而是对瑶族历史、社会文化状况和资料的收集整理是必要的，但是并不能仅仅局限于资料的累积，要对历史上收集的资料作整合与分析，对瑶族社会做现代社会学意义上的调查研究，达到社会学应用科学的目的。

胡起望教授在《盘村瑶族》的作者前言中提到“要全部研究和论述大瑶山地区的情况及其变化，不是短期内所能完成的。因此我们决定除了进行一系列专题研究外，准备具体而细微的剖析一个村庄。通过解剖一个‘麻雀’，来了解这一地区盘瑶社会及其历史的基本情况，探索‘过山瑶’从游耕到定居的数十年来的深刻变化，为研究我国近代少数民族发展过程中的诸问题，提供一些资料。”① 那么胡起望等学者为什么选择盘瑶和盘村作为这只“麻雀”来解剖呢？费孝通先生在《盘村瑶族》的序中提到：“这次从盘瑶入手进行具体的微型调查是本书的作者决定的。除

① 胡起望、范宏贵：《盘村瑶族》，民族出版社，1982年，前言第11页。

了考虑到具体的条件外，他们认为在这五个集团中有三个是说瑶语的，其中又以盘瑶人数最多。如果着眼于整个瑶族联系到广西大瑶山之外的瑶族来看，在这山里的盘瑶可能作为研究整个瑶族的一个突破口。”①

学生在盘村调查时与当地村民合影

2005 年是费孝通先生从事民族调查研究 70 周年，先生从 1935 年开始到广西大瑶山进行民族调查研究，之后又多次回访。虽然历经 70 年的时间，先生开创的瑶山调查研究非但没有终止，反而在先生的鼓励和引导下更为全面、深入，调查者数量更多，调查内容更为丰富，这实在是一项让先生感到欣慰的事业。先生

① 胡起望、范宏贵：《盘村瑶族》，民族出版社，1982 年，序言第 10 页。

已经离我们远去了，但是先生的事业我们要继承下来，2006 年春节期间，我和我的同学在导师徐平教授带领下，重走费老当年路，继承先生的事业，继续瑶山的民族调查研究，这篇调查报告作为这次调查的一个总结，以慰先生对后辈学人的深切期待。

第一节　盘村瑶族概况

金秀瑶族自治县成立之前，县境分属周围各县，无人口具体统计数字。关于瑶族最早的人口统计是 1937 年，唐兆民在上海《申报》发表的《广西大藤山瑶民之经济生活》，估计瑶族约 17000 人，其中盘瑶 9000 人、茶山瑶 5600 人、花篮瑶 800 人、坳瑶 1000 人、山子瑶 600 人。解放前，盘瑶因开垦广阔的山地，需要劳力较多，故他们一般不控制人口增长。而茶山瑶、花篮瑶、坳瑶则因耕地的限制，多采用服草药、堕胎等方法控制人口的增长。

1982 年瑶族总人口 31870 人，其中盘瑶 17832 人，茶山瑶 8586 人，坳瑶 1685 人，花篮瑶 1434 人，山子瑶 2333 人。1984 年，铜木、头排、七建、三江等乡镇划入后，全县人口增加 112.7%，人口增长率有所上升。①

到 2000 年，全县瑶族人口 50839 人，比 1982 年增长 19023 人。中间除去"以自治县的花篮瑶历来人口增长较缓慢，容县人民政府报经上级批准，在一定时期内允许花篮瑶多生一孩。为此，其他支系人口虽有所控制，而花篮瑶人口却有一定增长，故瑶族人口仍有逐年上升之势"以及"其他支系人口虽然有所允许

① 金秀瑶族自治县志编委会编：《金秀瑶族自治县县志》，中央民族学院出版社，1992 年，第 158 页。

民族成分变更，愿意同化为汉壮族的大多数人又恢复了瑶族成分，因此瑶族人口仍有逐年增长的趋势”① 等因素之外，还有一个重要的因素就是解放以后，实行了土改，广大盘瑶和山子瑶分得田地和山林，可以定居下来扩大生产。盘瑶的生育传统与花篮瑶不同，没有限制生育控制人口增长的做法。“过山瑶”特别是盘瑶在获得土地这一基本生产要素定居下来之后，生活得以改善。出于生育观念，仍然维持较高的生育率，这也与六七十年代“人多力量大”社会观念相重合。在“文革”期间，受无政府思潮影响，县内人口仍增长迅速，再加上盘瑶的人口基数本来就比较大，所以瑶族人口增长也很迅速。即使是80年代后，中央提出计划生育的基本国策，自治县与全国各地一样，大力宣传和提倡计划生育，有如此众多的60－70年代的青壮年进入结婚生育年龄，虽然每对夫妇只能生育两个孩子，总人口仍是不断增长的。②

盘瑶的图腾崇拜是盘瓠，认定他们的先祖是盘王，自称是盘王子孙，因以前盘瑶妇女的帽子用木板做成，故称为“板瑶”，县内板瑶妇女头部装饰有三种：平头、尖头、红头。解放后，改称为盘瑶。盘瑶自称为“勉”，意即人。

居住在金秀瑶族自治县辖区内的瑶族共有五个支系，分布在大瑶山的各处，因居住的地理位置、风俗习惯不同，经济地位不同，解放前曾被划为两个类别：一是茶山瑶、坳瑶、花篮瑶，因他们留发不剃，男女都结锥髻于头顶，故称“长毛瑶”。二是盘瑶和山子瑶，因他们开荒种岭，山地贫瘠即迁往另处，因此称他

---

① 金秀大瑶山瑶族史编纂委员会编著：《金秀大瑶山瑶族史》，广西民族出版社，2002年，第17页。

② 金秀大瑶山瑶族史编纂委员会编著：《金秀大瑶山瑶族史》，广西民族出版社，2002年，第17页。

们为“过山瑶”。其中人口最多的盘瑶主要分布在金秀镇的六拉、共和、罗孟、金田、六段、和平；三角乡的小冲、三角、六定、江燕、甲江、龙围；忠良乡的林秀、平道、长垌、桂田、平孟；大樟乡的双化、瓦厂、新村；六巷乡的六巷、大岭；三江乡的合兴、枳山、长乐、古范、三江等村。①

费孝通拍摄的盘瑶照片

一、调查地点的选择

地处桂中大地的金秀大瑶山，面积 2513 多平方公里，这里山川秀美，物产丰富，民俗独特，被誉为“岭南桂冠”。金秀大瑶山，居住着 5 万多瑶族同胞，是明朝初期以后不断从各地迁徙到这里聚居的，到现在已有六百多年的历史，他们是大瑶山的开拓者和建设者。六百多年来，瑶族在这片土地上繁衍生息，长期以来，瑶人遭到历代反动统治者的残酷压迫和歧视，过着刀耕火种的游耕生活。同时也形成了独特的多姿多彩的民族文化。新中国成立后，瑶族人民得到解放，1952 年成立大瑶山瑶族自治区（县级），1966 年 4 月改称金秀瑶族自治县。

瑶族是一支山居民族，大部分散居在 1000 米以上的高山和密林中，部分居住在石山和半山地区，少部分居住在山洞中的丘

① 金秀瑶族自治县志编委会编：《金秀瑶族自治县县志》，中央民族学院出版社，1992 年，第 109 页。

陵和河谷地带。俗话说："岭南无山不有瑶"，形象说明了瑶族与大山的密切联系。瑶族居住的大部分地区属于亚热带气候，气候温和，雨量充沛，同时山区土质松软，土地肥沃，自然生态环境良好，非常适合于动植物的生长。

盘瑶居住的盘村

盘村是金秀瑶族自治县三角乡甲江村行政管辖下的一个盘瑶自然村落，位于大瑶山的中心地区，海拔在 650－700 米之间。大瑶山中心高山丛簇，一般的山岭都在千米以上，流向四邻各县的河流都在此分流。盘村位于中心地区的西北侧，村前山脚下的郎旁河就是盘王河的最上游。盘王河在象州县仁里附近注入水晶河，到运江村汇入柳江，过石龙以后，与红水河河流，以后称黔江、西江，直通广州。盘村就位于这条河流的支流之一的源头上。

盘村位于牛塘岭西麓的半山腰，左侧是郎旁冲，对面是高耸的古岗岭和古治岭，旁边有古栏岭、古辣岭等大小山岭。盘村在20世纪及以前有两条小路通往金秀镇，另外还有一条路可以通到甲江村委所在地的旧村，由此可到三角乡政府所在地和象州县的七建圩。从旧村西行，可到同是盘瑶村落的古少、金秀镇的长二和忠良乡的十八家等村。2001年盘村到金秀县城的其中一条小路改建为乡村公路，这条乡村公路的修通给盘村带来巨大的变化。

二、盘村的人口学特征

1981年，胡起望与范宏贵等对盘村瑶族进行调查的时候，盘村一共有18户居民，全村人口为125人，民族均为盘瑶。经过二十多年的时间，盘村的人口结构、社会基本状况与以前相比发生了相当大的变化，下面是盘村人口的基本特征：

1. 年龄

据胡起望20世纪80年代初的调查，[①] 盘村年龄的中位数是17.85岁，即约有一半人口在18岁以下，一半人口在18岁以上。盘村人口不是老年型人口，而属于年轻型人口。20多年前的人口年龄结构直接影响到现在盘村人口年龄的结构，并且这个增长型的人口结构没有发生很大的变化，这与整个金秀地区盘瑶人口增长率比较高是一致的，所以我们也可以从盘村这一个点看出大瑶山盘瑶的人口结构。

从盘村所在行政村甲江村范围内来看，盘村人口是具有较大代表性的。在1992年，甲江各村人口统计1168人：汉族83人、壮族5人、瑶族1080人（茶山瑶4人、盘瑶817人、山子瑶259

① 胡起望、范宏贵：《盘村瑶族》，民族出版社，1982年，第73页。

人)。其中盘村145人全部为盘瑶。到2005年，盘村为140人，这只是户口本上的数字，在实际生活中，盘村瑶民已有外出经商或发生婚姻后流动，现在盘村的常住人口为131人。如表1：

表1　甲江村人口对照表

	盘村	旧村	甲江	古少	六排	六闷	六闭	兰冲	新村	谭喃	总人口
1992年人口数	145	91	76	150	131	54	170	160	191		1168
2005年人口数	140	80	81	150	125	64	194	156	144	40	1186

到2006年初，盘村所有调查对象平均年龄为33.8岁，从表2可以看出，其中18岁以下的青少年37人，占调查对象总数的25.5%；18—34岁的共有28人，占调查对象总数的19.3%；年龄在35—59岁之间的有47人，占总数的32.4%；60岁及以上的为19人，占总数的13.1%。从年龄结构上来看，调查对象总体中青壮年占大多数，年龄在18—60岁之间的经济型人口大约占51.7%。总体而言，在盘村的全体瑶民中间，儿童、学龄青少年和劳动能力低下的老年人口等非经济型人口所占比重较少，即使是超过60岁的老人几乎都具有劳动能力，只有一位超过85岁的老人不劳动，村里其他的老人都从事或轻或重的体力劳动。这些方面可以显示出盘村人口结构呈橄榄形，属于人口增加型的人口结构。

从全国农村劳动力流动的情况来看，农村外出务工劳动力也是以青壮年为主。2003年，农村外出务工劳动力中，40岁以下的青壮年劳动力占85.9%，其中25岁以下的占47.3%。[①] 在盘村的青壮年当中，有高达90%的青壮年现在或曾经走出盘村做工或经商。

---

① 资料来源：http：//www.chinapop.gov.cn/rkxx/ztbd/t20040517_13028.htm

表 2　年龄情况分布①

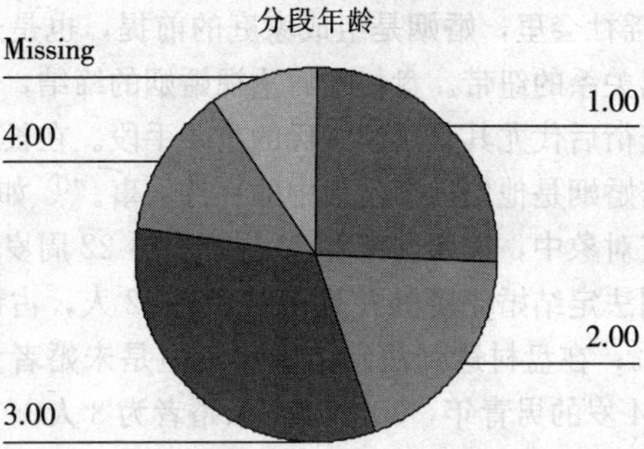

2. 性别

在盘村全体有效调查对象共 131 人中，男性有 65 人，占 49%；女性 66 人，占 51%。各个年龄段的性别比可以看出内容非常丰富：18 岁以下人口中，男性为 19 人，女性为 16 人；18－39 岁之间，女性 27 人，男性 23 人；而在 40－59 岁之间男女性别比例相当，女性 15 人，男性 12 人。从调查对象的分析结果来看(见表 3)，在 18－60 岁这个年龄层中，男女比例相当。

表 3　年龄与性别交互分类表　（单位：人）

		年龄				总计
		18 岁以下	18 岁－39 岁	40 岁－59 岁	60 岁及以上	
性别	男	19	23	15	8	65
	女	16	27	12	11	66
总计		35	50	27	19	131

① 1 代表 18 岁以下，2 代表 18－34 岁，3 代表 35－59 岁，4 代表 60 岁以上。

3. 婚育情况

“在盘瑶社会里，婚姻是组成家庭的前提，也是连续各个家庭成为亲属关系的纽带。盘村瑶族重视婚姻的缔结，认为它是两性结合、繁衍后代尤其是延续姓氏的重要手段。在长期的游耕生活里，缔结婚姻是他们社会生活中的一件大事。”① 如表4，在盘村全体调查对象中，按照国家女20周岁、男22周岁的法定结婚年龄，达到法定结婚年龄的并且初婚者为62人，占调查对象总体的47.3%；在盘村达到法定结婚年龄但是未婚者为5人，全部是24—34岁的男青年，30岁以上未婚者为3人。

表4 婚姻状况统计表 (单位：人,%)

	个案数	比例	累计频率
未婚	47	35.9	35.9
已婚	62	47.3	83.2
丧偶	7	5.3	88.5
离再婚	11	8.4	96.9
丧再婚	4	3.1	100.0
总数	131	100.0	

生育状况：历史上盘瑶没有控制人口的习俗，“过一山吃一山”的游耕生活迫使瑶民需要有更多的劳动力来满足自身的生产生活需求，这与茶山瑶、花篮瑶形成鲜明的对比。在解放以后，虽然经济状况有了好转，但是没有改变不控制人口数量的习俗，在表5中，婚后生育1胎的为11人，多为年轻育龄妇女；婚后生育2胎的多为30—45岁的中青年育龄妇女；婚后生育3胎和4胎的为7人，全部为老年妇女。这种状况与国家计划生育政策

① 胡起望、范宏贵：《盘村瑶族》，民族出版社，1982年，第153页。

的实施和生育观念的转变有很大关系。

表 5　盘村妇女生育数　（单位：人，%）

生育数	人数	比例	累计频率
0	1	2.7	2.7
1	11	29.7	32.4
2	18	48.6	81.1
3	6	16.2	97.3
4	1	2.7	100.0
总数	37	100.0	

第二节　生计方式的变迁

盘村瑶族的生计方式在定居前后有着较大的变化，它表现为在从事游耕时以刀耕火种的农业为主，采集与狩猎还占着相当大的比重，虽然在租来的山地上植树造林，但是山地所有权属于山主，盘瑶所种的树，在“种树还山”的剥削方式下归山主所有。他们只能长期过着每若干年就要进行迁徙的漂泊不定的生活。

定居以后，不仅水田的开发有所增加，而且随着山地买卖的出现，部分盘瑶也开始拥有土地，在那里栽培经济林的生产有了发展。由于野兽的减少，狩猎在生产中的比例下降。随着商品交换的发达，一些副业生产开展起来，他们由过去项目不多的单一性生产，逐渐转向多种经营，能够更好的开发和利用山区的优越条件与资源。在职业构成方面，盘村瑶族在解放前后有了明显的变化，在过去几乎全部是农民的村寨中出现了干部、林业工人、解放军战士与小学教员等等，这种职业构成上的变化，对于当地居民的物质生活与精神生活都带有一定的影响。

在改革开放以后，盘村瑶族的生计方式更是发生了翻天覆地的变化。盘村瑶民的职业种类更多，他们同时也走出大瑶山去经商，去做工等。瑶民利用国家西部大开发的契机，凭借“兴边富民行动”的专项资金，实现了饮水、高压电的架设、乡村公路的修通。这些都给瑶民的生产生活带来了前所未有的进步。

一、基本经济结构：农业和林业

农业和林业是盘村经济的两条腿，农业是整个盘村经济这座房屋的地基，林业和副业则是这座房屋的钢筋混凝土结构，也是农业收入保障农民生活的基础上提高农民收入的主要来源。农业虽然是第三大经济来源，但是起着基础性的作用。但是农业只解决了瑶民“吃饱”的问题，而“穿暖”的问题主要靠林业和副业来解决，而其他收入如经商和务工收入在盘村经济中占的比重是最大的。盘村经济构成中，各项收入的重要程度的次序，如表6：

表6　各项收入统计表　（单位：元）

农业收入	手工业收入	副业收入	其他收入	总收入
38130.00	25700.00	61865.00	231722.00	357417.00

在盘村各户瑶民2005年的家庭收入中，收入超过2万元的只有三户，收入在10000－20000元之间的有10户占34.5%；收入在10000元以下的有15户，占全村户数半数以上，由此可见盘村的收入总体水平还是比较低下的，但是已经发生了经济发展水平的分化。

1. 农业

盘村瑶族过去在从事刀耕火种的农业生产时，采用的是十分粗放的烧荒的办法。这种办法，对于山林的保护十分不利。盘瑶这种长期形成的耕作方式，不仅是千百年来形成的习惯势力，也是山权不属于自己所有，因之也不关心山林生长。直到近几十年来，由于采用有限制的烧荒，预先在需要开辟的刀耕火种地周围做好了防火的准备，保护了附近的杂木林，所以刀耕火种地本身虽然还不可避免地发生水土流失，但和早期的山火蔓延相比，毕竟已大大减少了流失的程度。

从整体上看，农业是盘村瑶民家庭生活的生存基础。尽管已有个别家庭从农业以外获得主要经济收入，已经完全脱离了农业，但是大多数的瑶民家庭不可能完全脱离和放弃农业，农业是瑶民基本口粮和主要的饲料来源。除非有了其他十分丰厚的收入，否则放弃农业，就等于自己割断生存的根基，就盘村目前的社会经济发展水平来说，完全放弃是不可能做到的。对于大多数盘村瑶民来说，农业仍是最重要的而不是主要的经济收入来源，农业在整体占全部经济收入的比重不是很大，基本上全部用于自己消费，甚至一小部分农民还不能完全达到自给自足。如果没有农业的保障，单靠林业或者是副业，盘村瑶民是谈不上提高生活的。

表 7　农业收入统计表　（单位：元）

户数	农业收入最小值	农业收入最大值	收入平均数
28	0.00	3120.00	1361.7857

盘村 28 户人家中，现在农业收入占第一位的只有 1 户，其他各户或者是林业为主要来源或者是以商业为主要收入来源，但农业无论如何还是瑶民的基本生活保障。尽管盘村在整体上还是小农社区，农业的主导地位已经被撼动，已有多家的农业收入退居到二、三位。有两家已经完全脱离了农业生产，放弃了自家的耕地而免费送给别人耕种。一家因为经营杂货铺，商业收入成为其主要来源；还有多家为木匠，副业和林业收入超过农业收入；

其他各家有的以马匹运输为主要收入来源或者以外出务工为主要收入来源。

农业基础地位在盘村的动摇，一方面是由于现在林业发展与经营的多样化，另一方面也暴露了农业生产的低效益，投入和产出的不平衡严重影响农业生产的积极性。农业基础地位的撼动同时也反映了当地商品经济的初步发展，以及随之而来的新的产业和新兴职业的出现和分化，这也正符合盘村人特别是一代有知识的青年农民的强烈愿望。

盘村瑶族在解放以前有瑶民从小就加入生产劳动的习俗，但是进入改革开放以后的 80 年代以来，这种以前一个十二三岁的女孩就可以顶半个劳动力使用的状况逐步发生了变化。由于新中国成立以后，土地分配的进行，使盘村瑶民和三角乡其他村落的瑶民一样，生活有了保障甚至比以前有了很大的提高。盘瑶与山子瑶一样有“多子多福”的习俗，盘村瑶族人口比解放初期有较大规模的增长，改革开放以后，生育人口基数大大增加，虽然实行了计划生育政策，但是较大的生育年龄人口数使得人口增长率保持在一个较高水平，人口的增长使得劳动力人口的增加，盘村现阶段中年这个年龄段已经能满足农业与林业的劳动力需求，而 80 年代及以后出生的青少年阶段不用再下到地里去参加劳动，现状是他们基本上不到山里去劳动，至多在家里做一些作猪菜、烧火做饭，负担家中的一部分家务劳动。如同其他地区、其他民族一样，盘村也出现了农业剩余劳动力。

现在盘村的田地拥有情况虽然和解放以前有了巨大的转变，但是人口的增加使得数量有限的田地承受着巨大的承载压力，现在口粮问题仍是摆在盘村瑶民面前的一个现实问题：据 1995 年金秀县三角乡《土地延包合同书》显示，盘村每位成年人在 1995 年延包合同书中获得 0.42 亩的田地使用权，共有 130 人分得土地。但这是 1995 年的分配，是根据 1995 年当时的人口状况进行的。[1] 在调查进行的2006年初盘村的人口状况与十多年前发生了变化，当时没有分得土地的低龄人群已经成长为适龄劳动人口，由于土地延包期限为30年，在2025年的变更期限到来之前，1995年没有分得土地的这一部分瑶民是没有获得土地使用权的机会的；同时对婚姻流动人口采取流人不流地的做法，激化了口粮需求的增加与粮食产量没有大幅度的增长之间的矛盾；同时这样也导致现在盘村内部各户人家土地占有量不均的现状。

2. 林业

盘村瑶族定居以后，林业生产也发生了较大的变化，在定居开始以后，首先出现的林业生产方式是桐粮间作的出现。即在刀耕火种的山坡上种玉米，第二年后播种油桐籽，实行油桐与玉米间作，油桐长大后，停种玉米，专收桐籽，收四年以后，树枯地瘠，只好连树带地抛荒。

由于80年代以前，在金秀瑶族自治县实行的人民公社制度，国家计划经济制度的实行，使得瑶民保持在吃饱穿暖的水平上，金秀各地的林业除了金秀县的几个国营林场之外没有其他的林业部门，在盘村虽然农业生产中一个较大的变化是出现桐粮间作的出现，播种油桐，费工少，收效快，获利大，但是和八角等经济作物相比，效益还是低一些。同时由于油桐树面临着一个很大的问题是已经种过一轮油桐的山坡再次种植油桐时往往会发生病害枯萎而死，这个问题没有得到解决，所以油桐的种植衰落下去，现在盘村基本上已没有专门种植油桐的。

上面所提到的因素使得油桐的弊病限制油桐种植的发展，继油桐种植而起的是油茶的种植，油茶的种植得到推广。油茶虽然能克服油桐的缺点，对增加盘村的林业收入有帮助；茶籽榨出的茶油品质很好，茶油的价格也较高，每斤10元左右，但是油茶

---

① 2006年初笔者在甲江村委得到的数据。

的茶籽产量是受到人工护理、气候等因素的影响，有大、小年之分，并且每年产量不高，仅够瑶民自家消费，茶籽产量也不稳定，所以现在盘村瑶民种植茶油数量较 20 世纪 80 年代有所减少，现在每家种植油茶树所产茶籽留作自家用，榨出的茶油供自家消费。

上述两项油桐、油茶在 20 世纪 80 年代及以前是盘村的主要经济林部门，但是改革开放以后的林业生产与以前相比发生了巨大的变化。在解放以前，这里已通过“安化垦殖公司”的组织向山主抗缴山租，所以传统的种树还山剥削方式也随之遭到抵制。[①] 从那时起，盘村瑶民开始拥有了自己培植的山林，山林的主要内容是杉木，其他的还有黄竹、箭竹、松杂林等类别。由于杉木的经济价值比较高，所以在安化垦殖公司时期就已种植杉木，随后的生产队时期，林业经营的相当大的一部分也是种植杉木。20 世纪 80 年代以后盘村改队为村，田地与林地分包到户，每户瑶民都获得数量不等的杉木，并且都经过十多年的树龄，杉木经过十七八年成材，分到瑶民手里的杉木大多已成材，商品经济的实行，使得瑶民大规模的砍伐杉木山林并出卖，所以 80 年代以后在盘村就出现盘村瑶民经济收入大幅度提高的情况。即使是当时没有公路运输的较差的交通条件下，1986 年，盘村瑶民已经购置了第一台电视机。在随后的 1987、1988 等几年中，盘村瑶民购置了好几台电视机，这主要是杉木的功劳。但是瑶民的大规模的砍伐杉木是一次性的经济行为，而没有形成循环经济行为。由于杉木的生长周期相当长，最少也要十七八年的时间，这对主要以林业为收入来源的瑶民来说要维持家庭经济的运转显然太长了，种一次杉木等十五年以上卖一次杉木，而其他时间没有主要的收入是不可想象的，所以瑶民自发的寻求另外的林业经济

① 胡起望、范宏贵：《盘村瑶族》，民族出版社，1982 年，第 99 页。

出路。

而80年代中期以后金秀县罗香乡等地区的八角种植为三角乡的大多数盘瑶村落提供了借鉴，1981年当时的罗运公社罗运大队有八角林6370亩，年采收八角235000斤，仅此一项每户平均收入为994元。其中的石门冲生产队卖八角的收入每户平均达到4264元，每个劳动力平均收入1570元，成为整个广西壮族自治区收入最高的生产队之一。[①] 榜样的力量是无穷的，特别是80年代中期以后，市场上八角的价格大幅度的增长，并且一直持续到90年代，最高记录是35元一斤干八角，据盘村瑶民介绍，罗香一户瑶民在90年代中期的一年卖干八角50万元，如此巨大的经济收益对盘村瑶民有着巨大的吸引力。这一因素与盘村瑶民砍伐完杉木成林之后苦于寻求出路结合起来，所以80年代中期以后，盘村瑶民开始种植八角。

但是盘村并不是八角的原产地，盘村土地的土质和地形并不是特别适合种植八角。再加上盘村瑶民对杉木的经济价值仍是很看重的，所以八角林的种植面积并不是很大。大规模的种植是经过80年代中期到整个90年代将近20年的时间才发展起来的。这里提到一个关键的因素是八角市场，八角的市场情况在90年代中期以前是非常好的，需求量及价格都在不断的上涨，同时八角的推广种植并不只是在三角乡的盘村进行的，同时80年代起金秀其他以前未种植八角的地区也在效仿八角种植区开始大规模地种植，经过8年以上的八角生长挂果的周期，金秀范围内在90年代中期以后八角产量开始大幅度地增长。供应量的大幅度增长，使得八角的价格比以前有所下降，并且由于八角收购商的故意压价等恶性商业行为的影响，八角价格变得不稳定起来。

这样就使得80年代中期开始种八角的瑶民在八角挂果之后

---

① 胡起望、范宏贵：《盘村瑶族》，民族出版社，1982年，第138—139页。

就开始遭遇八角降价和价格不稳定的影响，八角的销售情况并不像想象中的那样给盘村瑶民带来巨大的经济利益，而是在已投入大量财力和劳动力的情况下，收入提高并不明显。甚至一些瑶民放弃或减少八角的种植开始或已经转向其他的经济作物像生姜的种植。

种植生姜也不是盘村的原有的作物经营，由于三角乡地区山地的地势比较陡峭，并不适合种植生姜，有的瑶民种植也只是小面积地种植，所以盘村的瑶民把目光转向瑶山外地势比较平坦的其他地区例如秀仁，但与八角种植相比较起来，生姜的种植还没有形成规模。

除了油桐、油茶、杉木、八角、生姜等经济作物以外，盘村瑶民还有其他的生产门路，例如种植茶树、黄竹、箭竹等既有利于保持水土，又可以采收茶叶、竹笋，再加上培植香菇、木耳、罗汉果等，可以实现瑶民收入的多元化，使山区进一步摆脱落后面貌。

二、副业与工商业的发展

从严格意义上说，副业是除了主业以外，所从事的各种生产或经济活动的总称。就盘村瑶族而言，除了农、林以外，木工、编织、采集、运输都是瑶民的副业。只是手工业中除了妇女的挑花刺绣是普遍的工作以外，编织、运输往往是少数人的事情，而在这些少数人的活动中，这些手工业部门业与以前发生了巨大的变化，即使是从事编织的几位瑶民中，编织已不成其为主业，而只是成为家庭生产生活的补充和传统老年瑶民传承传统生产方式的一种惯性的表现。在《盘村瑶族》中，作者把手工业列为副业重要的地位，但是在 2006 年初的调查中发现，手工业由于受到改革开放以后的商品经济的冲击已经遭到摧枯拉朽般的破坏，现在盘村瑶民中已经很少有从事手工业的，即使有个别案例也只是补充家庭生活的偶尔出现的现象。

盘瑶妇女在纺织民族传统服饰

现在与以前相比出现了一个比较显著的变化，就是现代形式木工经营队伍的形成。在《盘村瑶族》中提到：木工、编织、打铁往往只是少数人的事情，而组织在这些少数人的生产活动中，这些手工业又显得有较大的比重，就往往不是副业，而是“兼营”的问题。而从60年代末70年代初开始，盘村里的瑶民几乎家家都置办了木工器械，青壮年都学会了一些木工手艺，在生产队时期木工业曾经在盘村瑶民的生活里占有重要的地位。[①]

---

① 胡起望、范宏贵：《盘村瑶族》，民族出版社，1982年，第140页。

表 8　副业收入统计表　（单位：元）

户数	副业收入最小值	副业收入最大值	副业收入平均数
28	0.00	12200.00	2209.4643

改革开放以后，手工业虽然在盘村瑶民的生活中仍然占有重要的地位，但是情形却发生了巨大的变化。长期以来，盘村人主要通过下面几项找副业：

1. 利用马匹搞运输

利用马匹在附近地区的林场或山上帮助运输木材，赚取运输费，一般是在农闲时，夫妇俩赶马到林场等地方，吃住在林场，每人赶一匹马或俩人结伴，利用马从山上往山下运输木材。在盘村有马匹的人家大都从事过类似的经营，相比较其他的经营项目，收入还是比较高的。曾经担任盘村队长的 QYJ 家里有两匹马，他和老婆俩人每人赶一匹马帮人运木材，四个月赚了将近 1 万元钱。这是近几年来才有的经营项目，但是受到“资本积累”——有无马匹的影响，不是所有的瑶民都能进行这项经营。

2. 经营药材

一是挖野生的中草药出售，二是自己消费。卖药材至今仍是盘村人的一项收入，但重要性已不如过去。现在盘村只有年纪比较大的人才到山上采集草药。中青年几乎没有人专门经营药材。由于盘瑶也有传统的瑶医，特别是药浴是盘瑶逢重大节日和活动必备的环节，所以一般盘瑶瑶民对草药都是懂一些的。但是现在随着生活习惯的改变，西医的普及，瑶医已没有过去的繁荣景象，现在只有老人们采集、制作加工和经营草药。在笔者调查期间，正逢 2006 年春节，只遇到两户人家，为过春节准备传统的“药浴”。经营药材比较典型的是一位 50 多岁的男子赵某，此人是金秀附近和平村的盘瑶瑶民，因为丧妻而与盘村丧夫的一位瑶民再婚。他严格来说是一名草药批发商，每隔一段时间，他都要到盘村来居住一段时间，到盘村附近的山上收集中草药、加工制作然后运到桐木等地销售，现在他的经营已经小有规模，遇到笔者时首先递上来的是名片，与笔者交谈最关心的问题是笔者对其草药是否感兴趣购买。

3. 狩猎

盘瑶由于历史原因，以前走山过川，打猎一直是盘瑶的一项重要生产活动。但是随着现在的乱捕乱猎，野生动物大大减少，以前在瑶山地区非常多的野山猪现在也大为减少。随着野生动物的减少政府出台了相关的保护政策，如在20世纪90年代，金秀公安局收缴全县的自制猎枪和沙枪，但是打猎在金秀仍是合法的，毕竟这是瑶民的收入来源之一，是瑶民的重要传统。有部分瑶民并没有上缴自己的猎枪，在2006年春节期间，有些瑶民仍然带着猎枪到山上打猎。

现在从事打猎的主要是老年男性，一方面是因为打猎需要经验，另一方面打猎需要传承，而现在的年轻人虽然还有打猎的兴趣，但不会再把打猎作为谋生的手段。

4. 做生意

目前盘村有一家杂货铺。在20世纪90年代以后分别有几户瑶民曾经开过杂货店，或在家里或在村头路边建一木棚，盘村叫做“场”，但是由于经营不善和村里瑶民赊账严重等原因都没有经营太长时间。现在盘村唯一的杂货店是村里第一位嫁到广东，在广东、山西等地打工十多年的三十多岁妇女经营的。这位妇女2004年和第一任丈夫离婚后回到盘村，改嫁到村里一位大龄青年家里，利用积累的资金开了这个杂货店。为了防止赊账严重现象的发生，这个杂货店只经营零食、烟、酒以及一些生活必用品而没有其他的商品，但是在盘村这样一个全村都有血缘宗亲关系的人情社会里，仍难避免赊账的出现，对此店主也是没有办法。为了进一步的增加收入，另一方面也是为了满足店主自己喜欢打麻将的爱好，店主购置了台球和麻将、扑克等娱乐用品放在杂货店里，即瑶民说的“场”里面。桌球收取一定的台租（一般为5角钱），这样既招揽顾客又增加了收入。由于瑶民喜爱游乐，比较疼爱孩子，所以杂货店的生意是比较好的，基本上店主每天都要到金秀县城去进一次货。同时店主一方面为了进货方便，另一方面为了搞运输买了一辆机动三轮车，这样每天可以赚取20多元的运输费，如果是春节期间比较忙时，每天可以来往金秀与盘村两次甚至三次。

除了经营杂货店以外，瑶民还从事木材经营的生意。由于大瑶山地区森林资源丰富，在盘村每家都有数目巨大的林地。靠山吃山，盘村瑶民以木材为经营的资本是自然而然的，但是经营的方式各有不同。在20世纪80—90年代，在人民公社生产队时期集体种植的杉木等林地分到各户，此时杉木等林地已成林，分到各户的杉木等林地被砍伐出卖，在这近二十年里，盘村的林业资源急剧地减少。当然，瑶民也知道经济与生态的循环，他们在砍伐过的山林上种植了杉木幼苗以及八角苗，其中又以八角苗居多，这样使得盘村的所能出卖的木材越来越少，现在盘村已很少有人家轻易出卖杉木了，只有自已建房或家里经济困难时才出卖。木材的减少也使得瑶民在较短的时间内经营的项目发生了一定的变化：从以前的单一的出卖原木到加工成品出卖。现在盘村在金秀附近做工或做生意的大都与木工和木材联系在一起的，有的是利用自己的木工技术把自家的木材加工成桌椅等家具出售，有的是利用自己的木工技术建造瑶族民俗建筑。这样，经营方式还没有摆脱“靠山吃山”走上自主经营的模式。

5. 打短工卖苦力

这种形式的副业最多，时间一般不长。如，建筑中打小工，运输上装卸，林场伐木，等等。解放后，国家对瑶族等少数民族实行教育和招工上优惠政策。盘村先后有些人通过各种形式参加工作，成为国家干部。这些人的工资收入，在一定程度上影响了并不富裕的盘村经济，盘村有 4 家存在工资收入或来自亲属的援助，多少不等。

在盘村人的收入看来，农业是底，林业是支柱，其他找活钱的行当都是副业。农业解决了盘村人的基本温饱和牲畜饲料，提供肉食和肥料，林业提供重要收入，副业则解决积累发展问题，这三大块是盘村经济这个“鼎”的三只足，缺一不可，形成盘村三足鼎立的基本经济模式，缺了任何一支足，盘村经济的运行都会受到阻碍。

盘瑶作为一个山区农业民族，其经济与社会的可持续发展问题更加重要。其传统生计方式中有些对环境会产生明显的破坏作用，如“刀耕火种”。“木炭”作为冬季取暖的重要手段，是瑶民必不可少的，而木炭的烧制不利于林木资源的保护，且容易引起火灾。狩猎，按传统的安排也一般在秋冬农闲时节，但是为了饮食和经济收入的需要，春夏季节的狩猎活动不在少数，这对于动物繁殖是不利的。

三、生活质量的逐步提高

盘村瑶族的经济收入，在解放以前是没有确切的统计数据的，但是我们可以通过大约的文字描述和记录看出属于“过山瑶”的盘瑶收入水平并不是很高。

新中国成立后，在党的领导下，盘村瑶民进行土地改革和农业合作化运动，经济生产得到发展，人民生活得到逐步改善。由于历史、生计环境、思想观念等多方面的原因，加上“大跃进”、“文化大革命”政治路线的若干失败，经济体制，产业结构不合理等因素，盘村瑶民在 1960 年—1970 年代经济发展相当缓慢，人民生活还比较困难，贫困面还比较大。

到 1980 年，随着社会主义建设进入了新的发展时期，贯彻

春节期间游玩的盘村女性

实施党对农村经济体制改革的一系列政策，和对少数民族地区、贫困地区的特殊照顾，盘村瑶民的经济有了长足的发展变化，生活水平有了很大提高。1980年，超过全村每人平均收入的有10户，家庭人口数量为影响收入的主要因素，还有当时的收入分配机制上，当时盘村瑶族仍然是生产队集中分配，收入是按照工分计算的；当时盘村瑶族的经济收入，在大瑶山地区略高于全县平均每人分配的收入，在县内①大约属于稍好一点的中等生活水平。社区经济发展存在瓶颈效应，缺乏经济发展的长效机制。成员发展失衡，调节失衡，村民纠纷增多。

我们可以从几个案例看一下盘村瑶民的生活水平和生活质量：

上等户：

HYQ：盘村的副队长，也是金秀县正式任命的电工之一，现在电工每月500元的工资收入，同时HYQ又是木工，与村里的其他瑶民一起做木工，现在常年承揽金秀县高中、民族中学、小学、幼儿园的教学用具的制作业务，这样使其每年有固定的商业收入，并且收入颇高。

在2005年9月以前，金秀乡村的电费收缴没有统一纳入县级财政管理，而是实行合同制，由于HYQ以前一直在村里担任队长或副队长的职务，与甲江村民委和三角乡的关系比较好，所

① 当时金秀县的铜木和头排镇没有划归金秀，统计数据与现在不完全相同。

以在郎旁通了高压电以后，HYQ成为县里聘任的收缴电费的电工，整个甲江村的电费收缴全部由其负责。2005年9月以后，电工工作的待遇有所提高，发放方式也改为工资卡的形式，每个月有300的薪水。2006年春节期间HYQ承揽了金秀幼儿园打造12套桌椅的业务，打造桌椅全部用自家的杉木，这样可能会有1000元的收入，HYQ的这种业务关系已经保持了四年多。现在HYQ是村里收入最高的几户之一，其内弟跟其做学徒，每天在其家里做木工，此外还有其他合作者，在一起做木工活。

现在家里有水田2.52亩，除在金秀附近面积比较大的一块以外，在距离盘村有15里的旧村附近也有一些水田，由于距离太远，耕种不方便，现在已经租给人耕种。自家的杉木林主要是用作自己做木工的原料，没有出售多少，但是加工后的成品比单纯的出卖原木经济效益更高一些。由于在村里是种植八角比较早的人家，并且种植面积很大，所以现在八角已经进入丰果期，2005年家里按每斤3.2元价格出卖干八角2000斤，只这一项就收入6500元左右，再加上其他收入（其中包括经常有学者和学生调查研究在家里居住所交费用），村里人估计其2005年家里收入超过20000元。

中等户：

LCX：LCX是从外地到盘村来上门的。LCX的家庭收入在盘村是比较高的，2005年LCX夫妇俩与已经辍学在家的儿子到LCX的老家去种姜，生姜共卖了8000斤，除去成本收入大约8000元，再加上农闲时一家三口到附近山上做工收入大约8000元，这样全年家庭收入大约有17000元，在村里收入是属于中上等的。2003年，家里花了32000元盖起一座砖混结构的两层小楼，其中借钱17000元，现在已经还了7500元。现在家里除了必需品之外，没有其他的家具和电器，只有一台黑白电视。这样综合起来看，其经济状况在村里是属于中等水平。

下等户：

HYJ 和其老婆都是本村的。家庭经济情况不是很好，从问卷中可以反映出来，主要是收入来源的单一化，在去年 HYJ 曾到广东打工两个月，在中秋节前两天从广东回金秀的路上，被人用迷药骗走了身上所有的钱，并把两个多月赚的一千多元钱骗走，最后只得借钱做路费回家，这一次使 HYJ 受到沉重的打击。现在女儿在广东深圳一家食品厂做工，两年前去广东做工时开始在食品厂里面做工，后来嫌薪水太低（600 元），又转到别的厂子里去做工，现在每月能拿到 900 元，除去自己的花销，一年往家寄了 2000 元钱。现在女儿已经交了男朋友，其男友是重庆的，同在深圳打工，两人关系已经确定，可能近两年就完婚，结婚后到婆家居住，不再回盘村，HYJ 两口子对此没有什么意见，认为女儿嫁到了比金秀好的地方。女儿计划今年四五月份回家帮助家里维修房子，计划花费约为 5000 元。

在国家的大力扶持下，特别是 1999 年“兴边富民”实施以来，盘村瑶族社会经济的发展较之过去有了明显的变化。但是和其他民族相比，其差距依然很大。造成这种差距的原因主要是：

1. 偏僻的地理环境与交通条件的限制：大瑶山不利于经济发展的生态环境因素和交通条件使得盘村瑶族难与外界接触，长期处于封闭落后状态。

2. 扶贫政策与机制的缺陷：盘村瑶族群众自我发展能力的培养与自立自强主体意识的提升，没有得到与物质帮助同等重视程度的关注与适当的投入与研究。乡政府、县政府成了慷慨的施与者、拯救者和永无止境的投资者；解救对象成了被动的受众和施舍接受者。

3. 新时期扶贫优惠政策的偏差：乡政府、村领导的决定往往带有片面性，有的项目只是领导样板工程，与实际需要和群众愿望相差太远，使宝贵资源在运行过程中造成很大浪费。

4. 教育严重落后，人口素质提高缓慢。这严重限制了盘村经济的持续发展。

第三节　传统社会结构的变迁

一、基层社会的约束与调节机制变迁

盘瑶社会在历史变迁过程中，曾经经历了习惯法（石牌制）、传统道德的调控，村规民约、国家法律法规等社会调解与约束机制的转变。

1. “瑶老制”和“石牌制”

以前，瑶族社会保存着“瑶老制”和“石牌制”的社会组织形式。最初的时候“瑶老制”是一种带有原始民主性质的社会组织形式，对于维护瑶族社会的社会秩序、组织农业生产、安排宗教活动、组织群众抵御外来侵犯等有积极的作用。而负责各种事务的瑶老是瑶族社会生活、生产劳动中的联系纽带，是由民众选举或者在长期的办事过程中自然形成的，他们并没有什么特权。但是随着瑶族社会封建化和阶级分化日益明显，“瑶老制”发生了变化。“瑶老制”的首领逐渐被纳入国家的政治体制中，瑶老性质发生了变化，他们成为统治阶级压迫瑶族人民的工具。

大瑶山的石牌制度，是长期以来在大瑶山地区实行的一种带有原始民主残余、维持社会秩序的政治组织。在大瑶山的整个石牌制度中，以一些茶山瑶的石牌及其头人起着主导的作用。解放以前，在大瑶山的每一个村子、每一个居民都隶属于某个石牌的管治，盘村也不例外。

1940 年，国民党的反动势力控制了大瑶山，由金秀警备区署，1941 年 7 月改称金秀设治局进行统治，摧毁了石牌制，以保甲制来取代。1942 年底，整个大瑶山已为国民党的村、甲长

控制。1943 年 3 月，设治局开始组织、训练民团。国民党政府的司法机关代替了石牌头人的执法职能，国民党政府的法律代替了石牌条规。

2. 社会改革和政治制度变迁

新中国的成立使瑶族社会发生了很大变化。“瑶老制”被废除，经过各种民主改革和社会主义改造，瑶族社会逐渐建立起社会主义制度。建国后中央政府在民族地区实行积极的民族政策，为保障少数民族的民主权利，决定在少数民族聚居区实行民族区域自治制度。民族区域自治制度在瑶族地区的建立使瑶族社会发生了翻天覆地的变化。这一制度保障了广大瑶族群众在政治上的平等地位和平等权利，使他们真正成为自己生活的主人，因此受到广大瑶族群众的欢迎，也大大提高了他们的生产积极性。

除了建立民族区域自治，瑶族地区的土地改革和民主改革也给社会带来了新气息。过去瑶区的土地大都是汉族地主所有，瑶民没有土地只能生活在深山里；就算租种地主土地也要承受地主残酷的剥削。建国以后进行土改，在共产党和兄弟民族的支持帮助下，瑶族人民获得了大片良田和山林土地，生产和生活空间扩大了，生活质量有了很大提高。人民政府建立以后，废除了民族压迫、民族歧视政策，民族不论大小，一律平等。盘村也进入了国家法律和法规管理时代，从此盘村同其他盘瑶村落一样走上了法制化的轨道。

但是建国后民族地区 50 年的发展并不是一帆风顺，特别是在“文化大革命”时期，“左”倾错误使民族问题变得很严重，出现不认真执行甚至歪曲、抵制党的民族政策，特别是民族区域自治政策的现象。企图抹杀少数民俗的自身特点，否认少数民族作为自己民族存在的独立性，以及民族工作的特殊性。把民族问题和阶级问题相混淆，错误批判“地方民族主义”，伤害了许多少数民族干部和群众。而瑶族群众和其他少数民族群众一样，在社会主义前进道路上遇到了很多挫折和坎坷。直到党的十一届三中全会以后，这种状况才得以好转。

在盘村瑶族的历史上，村规民约与传统道德的调节一直发挥着重要的作用，直到2006年笔者调查的时候，仍然看到盘村全体瑶民共同制定的村规民约。这在国家法律制成的有效性还很低的情况下，本土的、积极的、传统的社会调控方式就成为维持村寨社会秩序必须依赖的社会资源。

传统石牌制功能弱化，基层政权组织功能异化。以传统的石牌制为代表的瑶族传统社会控制维护系统作用已不明显，微乎其微，多种民族禁忌被打破。同时新的基层政权组织并不完善科学，这样使盘村的公共生活空间出现真空，对盘村发展存在不利影响。

二、婚姻、家庭、礼仪制度的变迁

在盘瑶社会里，婚姻是组成家庭的前提，也是联系各个家庭成为亲属关系的纽带。在《盘村瑶族》的婚姻家庭这一部分中，胡起望教授对盘瑶的婚姻的缔结、通婚与禁婚、早婚与包办、结婚礼仪、离婚与再婚等方面进行了深入细致的记叙与分析。但是本书是在20世纪80年代初完稿并出版的，距离现在已有将近25年的历史，书中所描述的盘村瑶族经历20多年的社会变迁、家庭变迁，其婚姻家庭状况已发生了巨大的变化。本节试图沿着胡起望教授等前辈的分析路径对盘村瑶族现在的婚姻状况做一个截面的描述和历时的比较。

1. 婚姻的缔结

现在盘村瑶族随着社会经济发展的变迁，青年男女婚姻缔结的方式与以前相比发生了巨大的变化。现在青年男女相互认识的方式主要有以下几种：

①参加婚礼。盘瑶的传统婚礼一直是盘瑶青年男女认识、产

生感情直至缔结婚姻的重要开端及影响因素之一。盘瑶的传统婚礼整个过程要持续三天两夜，在新郎新娘准备婚礼的过程中，要邀请自己要好的男性朋友和女性朋友参加自己的婚礼。

盘瑶婚礼中热闹的迎新娘场面

在婚礼过程中，新郎和新娘的男女朋友、主家本村的帮忙的未婚男女以及外村来参加婚礼的亲朋好友中的未婚男女充分接触、了解、试探直至产生感情。特别是在婚礼的第二天晚上的“摆长桌”中的“青年桌”。受邀请的新郎新娘的男女朋友交互坐在长桌的两边，在给新郎新娘敬酒道喜的过程中，未婚男女更有观察异性的好机会。现阶段在婚礼中，青年男女已经不再对歌，而是与现在外界汉族地区闹洞房的形式和过程基本一样，在此过程中，或经人介绍或主动搭讪，青年男女有很多认识的机会。②

赶圩。现在由于经济的发展，国家政策的扶持以及瑶民生活的富裕，瑶民赶圩的频率及形式发生了巨大的变化。盘村瑶族已经于2001年修通了通往金秀县城的公路，乘坐农用机动三轮车只需40分钟左右，现在每天都有来往于盘村与金秀之间的农用机动三轮车，十分方便。村里的年轻人经常到金秀去逛市场、赶圩。由于金秀经济与社会的发展较之以前发生很大的变化，年轻人的婚姻观与爱情观也发生巨大的变化，缔结婚姻的对象不再局限于盘瑶，而扩大到汉族、壮族、瑶族其他支系以及其他民族。作为经济中心、文化娱乐中心的金秀县城以及三角乡政府成为分布于瑶山各处盘瑶的青年男女聚集、认识、熟悉的好去处，这仍是传统意义上的认识方式。

③经人介绍。这也是比较传统的一种认识方式，男女一方托人寻求对象这是在各个民族及汉族地区常见的方式。一般是经人介绍，互相了解同意以后，经过双方家长同意，请人商谈，根据双方人家情况的不同，议定结婚方式、婚后居住方式等。

④野炊。野炊是现代意义上的认识方式。每年的春节或农闲期间，本村有时是几个村子的青年男女事先约定好时间地点，准备好野炊用的柴火、肉类和酒类饮料等，到约定好的地点集中去集中野炊。在野炊过程中，本村和外村的青年男女朋友做游戏、对歌（对歌内容已不是传统意义上的瑶歌和山歌，而是现代流行歌曲）以及喝酒猜拳。在此过程中青年男女认识产生感情直至谈婚论嫁。

⑤出外做工。在从80年代开始的改革过程中，大瑶山中的盘村瑶族并没有被落下，村里最早有人出去广东等地打工是在1987、1988年而且是思想开放的年轻人。现在盘村瑶族的青年人受到现代教育、受到电视、书籍、收音机、录音机等现代文明的熏陶，婚姻观发生了变化，不再排斥外族，在广东、桂林、柳州等地打工时认识外族的青年男女，也会谈婚论嫁。

⑥上学。现代教育的普及、九年制义务教育的施行，为不同地区的盘瑶甚至不同民族的男女青年提供接触认识的机会。特别是在三角乡中学及金秀县城中的民族中学，男女青年的恋爱已成为非常常见的现象。

2. 结婚年龄

在解放以前，盘村瑶族为了增加自己家庭的劳动力，或出于早日看到第三代的愿望，盛行早婚。这和过去从事刀耕火种，劳动力多，开垦山地多，收获也就多的生产方式是分不开的。解放以后，盘瑶仍然延续着早婚的习俗。

现在国家正在建设法制型社会，对青年男女的最低结婚年龄作了法律规定，包括盘瑶在内的瑶族也不例外，但是盘瑶早婚的风俗习惯一直没有改变。2006 年 1 月笔者作的一份调查问卷显示：

表 9　盘村初婚年龄统计表

初婚年龄	16	17	18	19	20	21	22	23	24 及以上	总计
男性人数	0	0	4	3	4	1	6	4	6	28
女性人数	1	2	10	4	3	2	3	0	3	28
合计	1	2	14	7	7	3	9	4	9	56

如上表所显示的，在 1976－2004 年的时间跨度内，盘村瑶族成员中共有 28 对青年男女或和本村或和外村、外族的异性结为夫妻关系或同居关系。男性在国家规定最低结婚年龄以下结婚的有 12 人，而女性在国家规定最低结婚年龄以下结婚的有 17 人。但是国家的法规是必须执行的，在盘瑶瑶民早婚习俗的仍然盛行的情况下，当地政府并没有拿出更好的办法。盘瑶青年男女确定婚姻关系后，虽然不到结婚年龄，按照瑶族传统，订好结婚日期，举行传统的瑶族婚礼，生儿育女，到了法定的结婚年龄，再去到当地政府补办结婚证。由于在三角乡范围内，盘瑶占人口

的大多数，早婚是一个非常普遍的现象，国家法规并不能依法执行，而只能采取变通的方式：对早婚的青年夫妇给以一定的经济处罚，每年收取一定数额的罚金，到法定结婚年龄办理结婚证，此外没有更好的办法。

用人民币贴成的喜字成为瑶寨婚礼上的时尚

在盘村瑶族中间，初婚的女性没有超过 24 岁的，而男性青年 25 岁以后初次结婚的有 5 人，结婚时年龄最大的一个已达 28 岁，同时村里还有两位大龄青年没有结婚，都是 30 多岁，年龄最大的已达 39 岁。分析 25 岁以后结婚的男性及未结婚的大龄青年的情况，可以看出是有共同特征的：个人的自身条件和一般的盘瑶青年相比差一些、家庭条件不太好、性格比较内向或性格过于外向不符合瑶族青年择偶的评判标准。两个未婚青年一个是由于有些口吃、性格内向一直没有找到结婚对象；另一个是家庭条件不好，个人的自身条件也不太好。

现在盘村瑶族的女性青年择偶是比较容易的，但是较小年龄结婚的趋势没有太大的改变。由于改革开放的施行，珠江三角洲地区经济的发展，大瑶山地区从上世纪 80 年代就开始有瑶族青年出外打工，在打工的过程中，现代的瑶族青年男女的婚姻观、爱情观发生转变，婚姻圈不再拘泥于盘瑶社会内部。条件比较好的女青年开始与社会经济状况更好的外地（广东、柳州、桂林、金秀镇等地）及外族（汉族、壮族、茶山瑶等民族）的男青年结婚。

相比较起来，构建婚姻成本比较高的盘瑶男青年没有更多的机会来寻找到合适的结婚对象。到盘村瑶族“上门”的外族男性及汉族地区和民族杂居地区的盘瑶男性则是在本地比较难的找到结婚对象的那一部分男性，相比较本地的其他男性，他们条件是不太好的（个人条件、品德行为）。到盘村瑶族“上门”的外族男性及汉族地区和民族杂居地区的盘瑶男性，生活方式、民族风俗的差异以及更大方面的品德行为的不好（爱吸烟喝酒、好吃懒做、赌博等），是导致现在盘村瑶族离婚、再婚现象出现较多的原因之一。

3. 离婚与再婚

胡起望先生在《盘村瑶族》中提到“盘村瑶族认为拆散家庭、夫妻离异是一件很不吉利的事情，而且石牌也有规定……在盘村瑶族中，离婚的事件很少。”[①] 但是在胡起望先生 80 年代初调查过后的 20 多年里，盘村瑶族的婚姻状况发生了巨大的变化。在过去 20 多年里，根据现在的统计数据，盘村 36 户人家（以户口统计为准，现在常住户数有 29 家户）中共有 9 人离婚，一人

---

① 胡起望、范宏贵：《盘村瑶族》，民族出版社，1982 年，第 108 页。

因为夫妻关系不和，丈夫服毒自杀；一人因为夫妻家庭关系不和，妻子离家出走。在离婚的9人当中，早婚的有5人，同汉族通婚的有3人。离婚的原因主要是早婚夫妻关系不好、感情不和以及丈夫品行不端、好吃懒做、喝酒赌博等恶行造成夫妻矛盾。在这离婚的9人中，年龄全部是30到45岁这个年龄段。

离婚增加的现象导致盘村瑶族再婚现象增多。而另一部分瑶民因为某些外在因素和人为的因素丧失配偶，也要再婚，这些瑶民年龄分布则相对较广，有的老年妇女是自然丧偶，有的是中年妇女因为丈夫服毒自杀成为寡妇等。因为这一因素，再婚的统计人数多于离婚的统计人数，一共15人。

调查对象中共有22人经历过婚姻变故（包括离婚、丧偶、再婚），占16.8%。盘村瑶族的离婚率相对较高，原因是：

①盘瑶有早婚的习俗。早恋、早婚使得婚姻没有深厚的感情基础，容易导致婚姻破裂。

②民族间通婚增多，但是由于民族习惯的不同，或者是婚姻一方（更多的是男方）品行不端，夫妻矛盾尖锐，导致离婚数量增多。

③思想盲目开放，没有社会控制机制。在历史上，盘瑶是有着严禁离婚的习俗的，但是解放以后，特别是改革开放以后，民族传统被打破，缺少习俗、民间法规制约的婚姻，受到外来思想的影响，使得婚姻双方观念盲目开放，也使得离婚数量增多。

盘村瑶族的传统社会组织已经被新型的乡村政治形式所代替，婚姻家庭方面也有了些变迁，但是由于盘村瑶族的居住地区地理环境较封闭；加上国家司法、执法力量薄弱，在乡村社会事务的管理中就难免存在一些真空地带；另外在法律和道德约束之间总有一些模糊地带，用法律的手段裁决可能较重，而道德约束又往往不起作用。在国家行政权力之外，盘瑶的传统社会组织、习惯法和村规民约，在协调村民关系、维持社会秩序方面仍有一定的作用。

一个民族的婚恋习俗能够集中展示一个民族的特点，适应新形势和新环境而做出相应的调整是必要的，但盘瑶青年自身思想的状况与保存和传承民族文化的必要性是有距离的，如何传承民族传统文化，应该得到重视和支持。

第四节 社会文化的变迁

一、风俗习惯的时代特征

风俗习惯是一个民族千百年来沿袭下来的。由于各个民族所处的生态环境和社会历史条件不同，往往因此而形成一些有别于其他民族的风俗习惯，这些风俗习惯往往又被赋予了强烈的感情，并成为代表某个民族的标志。随着社会历史的发展，这些风俗习惯也有了新的变化，社区居民生活方式上的现代化，经济生产上的开放性。盘村经济经历了解放前后与改革开放前后两次大的飞跃，居民在经济、家庭生活方面都发生了巨大的变化，生活质量有很大的提高。下面主要从盘瑶的饮食、民居、服饰等几个方面加以说明。

1. 饮食

从某种意义上说，常常在饭桌上可以看出一个民族的生活水平，从烹饪技术上可以看出一个民族的社会发展程度。

主食：在解放以前，盘瑶和山子瑶这两个“过山瑶”没有自己的山地和田地，只能过着游耕的生活，他们一般一日三餐吃干饭，多吃包米饭，比较富裕的人家则吃大米掺包米的干饭，贫穷之家是烂饭。这种状况一直持续到上个世纪70年代初。新中国成立后，经过社会改革，盘瑶也获得了自己的水田，这样就能吃上大米了。但是在山区水田的数目毕竟是有限的，在人民公社和生产队时期，通过集体的力量，开山辟田，以盘村为例，在1970－1972年，盘村生产队集体利用农闲时间在村子下面的郎旁冲两岸开辟出几十亩水田，这样使得本村的水田面积扩大近三分之一，虽然地力不是很肥沃，但仍然缓解很大的压力。到了80年代以后随着化肥、耕牛、马匹的使用，稻谷产量大大增加，现在盘村的主食已基本以大米为主。

在饮水方面，从盘瑶定居到解放以前，盘村瑶民习惯饮用生泉水。到解放以后，卫生知识得以普及，家家购置了热水瓶。但是盘瑶不习惯饮茶，直到现在仍如此。而到上个世纪90年代，随着国家少数民族饮水工程的实施，盘村建起了水窖，几家共用一个水窖，这样既解决了水源水量不稳定、水源容易受污染的问题；同时也解决了瑶民个人独自架设管道负担不起的难题。现在有的瑶民家里已经购置饮水机，十分方便。

在盘村，盘瑶传统的民族饮食习惯没有发生太大的改变，仍然以传统的饮食习惯为主。随着社会的发展和经济生活水平的提高，饮食又增加了一些新的内容，我们从一份盘瑶婚礼的菜谱可以看出来：

鸭子1碗、鱼1碗、煮鸡蛋1碗、凤爪1碗、豌豆炒肉1碗、排骨1碗、扣肉2碗、酸豆角炒肉1碗、萝卜炖猪脚1碗、花生炖排骨1碗、瘦肉汤1碗、萝卜酸1碗、青椒炒肉1碗、白蘸鸡1碗、黄焖肉1碗、漓泉啤酒一瓶、老百姓牌白酒一瓶（山东博兴产）、一般果汁饮料一瓶、两包纸巾。[①]

在这份菜谱中，鸭子、鱼、豌豆、花生等都不是盘瑶地区出产的，只有从外部地区购买，这说明盘瑶不再局限于传统的饮食结构。饮食卫生和饮食结构已经有了很大的进步，同时饮食禁忌有的已被打破，如吃狗肉。

---

① 据笔者2006年年初实地调查资料。

盘瑶婚礼上的长桌宴

2. 居住状况的变化

盘村瑶民的居住状况与解放以前有了很大变化。在历史上，盘瑶是一个流动性很强的族群，由于没有土地，有着“过一山吃一山”的传统。到了近代以来，特别是新中国成立以后，盘瑶也由以前的“过山瑶”变为现在的与茶山瑶、花篮瑶一样的瑶族山民。经济基础的变化极大地改进了盘瑶的建筑风格和居住条件。

在解放以前“过山瑶”时期，盘瑶的建筑没有什么风格，基本上就是临时性的竹木结构。解放以后，“千枝落地”的屋舍，在盘村已经找不到了，代之泥墙瓦顶的现代屋舍。这种泥墙瓦顶的现代屋舍已经看不出明显的盘瑶的民族建筑风格，而同外界汉族建筑内部的结构布局没有太大的区别。①

在金秀瑶山地区，重重叠叠的高山低谷极大程度上限制了当地的交通。直线距离金秀县城仅不到6公里的盘村到金秀县城经当地的山路要走一个半小时，2001年通往金秀县城的乡村公路修好以后，盘村瑶民乘坐机动三轮车到县城要40分钟。蜿蜒曲折的山路对处于大山深处的盘村发展来说是一个巨大的障碍。新中国成立以后，盘瑶农民生活有了巨大的变化，表现在住房方面的就是上面提到的“泥墙瓦顶”结构的建筑代替以前的“千枝落地”的屋舍成为盘村居民建筑的主体。在盘村现有的30座居民房中，其中的22座就是“泥墙瓦顶”房屋。上面提到的“千枝落地”的竹木结构建筑在盘村已经不再用于居住，只有在瑶民搭建的柴房、猪舍、马圈、放置摩托车等杂物的小库房才能看到这种建筑的影子，如其名字所提供的信息，瑶民用杂木薄板排放整齐插入地基中，上下两侧用铁钉和木板固定好，围成房屋，屋顶用木材作梁，上面再覆盖杉树皮，这样一个简易的小房子就建好了。

① 胡起望、范宏贵：《盘村瑶族》，民族出版社，1982年，第213页。

由“千枝落地”到“泥墙瓦顶”建筑结构的转变说明以盘村瑶民为代表的广大“过山瑶”的瑶族农民已经由游猎生活方式转变为农耕定居生活方式，这也是一个最主要的表现，当然最重要的还是经济基础发生了变化：土地占有形式及使用权的变化是最根本的决定因素。

现在盘村土木结构的房屋建筑绝大多数都是20世纪70年代末80年代初修建起来的。这是有一定原因的：由于盘村瑶族与其他瑶族一样，其婚姻及亲属制度决定了一个盘瑶村落内部是一个亲属集团，从《盘村瑶族》中的家谱上可以看出盘村瑶族从第一代迁到盘村到现在第六代的出生，按每代20年的时间计算，有120多年的历史。在解放以前第一代、第二代、第三代盘村瑶民是没有条件和经济基础建造土木结构的房屋。① 毕竟盘村瑶族并不是一个单一的亲属集团，同时还有其他几个比较小的亲属家庭。在条件相对封闭的条件下，只靠一家建造房屋是做不到的，只有靠别人帮工来完成，自然请帮工的对象主要源于自己亲属集团内部，再加上以前的“千枝落地”和“泥墙瓦顶”结构的建筑是使用不了很长时间的，这样就有一个建筑周期，从第一代人集体迁到盘村定居建造的房屋到第三代的瑶民，房屋老化成为当时盘村的普遍现象，这样在20世纪40年代形成了一个普遍建房的现象，② 到了时隔30多年的1980年前后，40年代建设的房子已经老化需要更新；这样就形成了在1980年前后的建房高潮：在现有的30座民居中共有16座是1980年前后建成的。

在现有的30座民居中，有12座是1994年以后建成的，也是沿着前面叙述的房屋代际更替出现的，不过有一点不同的是：随着土地改革以后，盘村瑶民的生活较解放前有很大变化，虽然

---

① 胡起望、范宏贵：《盘村瑶族》，民族出版社，1982年，第196页。
② 胡起望、范宏贵：《盘村瑶族》，民族出版社，1982年，第54页。

盘瑶族以前有不限制生育的传统，但是由于经济基础及卫生条件限制了盘瑶人口不能大幅度的增长。而解放以后则不同，物质生活的保障、卫生条件的改善使得盘村瑶族人口大幅度的增长。特别是20世纪60年代到70年代这个阶段形成了同全国一样的生育高峰，这个人口生育现象决定了这一代人成年以后结婚生育吃饭需要更多的土地等条件，体现在住房上就是住房的紧张，所以这年轻一代迫于压力迁出新建房屋，从这12座房屋的房主年龄上就可以看出来：12座建筑全部是由1962年以后出生的中青年核心家庭建造的。在12户1994年以后建造房屋的家庭中只有一户是在结婚以前就建造好房屋的，而其他11户都是在其父母的老房子里结婚生子然后是迫于住房压力才新建房屋迁出的。当然这不是唯一的因素，还有其他例如多占宅基地、经济条件富裕不愿住老式房屋等因素的影响。在1994年以后建造的土木结构的房屋成本从8000元到13000元之间不等，这主要是由地基还有房屋面积影响的。

在新建的7幢砖混结构的民居中有6幢是在2001年盘村通往金秀的乡村公路修成以后才得以修建的。因为没有公路，建房用的水泥、钢筋、砖等建筑材料仅靠马拉人挑是不太现实的，而且建造成本也太高，这从村里唯一一户在公路修通以前就建造砖混结构房屋的例子中就可以看出：这位瑶民为解决买砖运输成本高的问题，想办法请了外面的汉族工匠在村子下面的郎旁冲修建了一座砖窑取土烧砖，但是盘村的土质不是很好，烧制成的砖勉强能用，砂子是在郎旁冲里捞出的，质量也不是很好；其他自己解决不了的材料如水泥、钢筋只有从铜木等地买了租车拉到金秀再用马匹经小路运回盘村。这样虽然自己烧砖节省了一部分开支，但是建造房屋的成本仍是非常高的：一共花去83000元。这只是在90年代中期，据估算如果公路修通以后再建同样规格的房屋可能60000元就够了。可见交通状况对盘瑶民众生活的影响。

现在新建的钢筋混凝土结构的房屋与以前相比内部构造上发生了很大的变化，与外界汉族地区的现代建筑是一样的，而与传统的瑶族建筑结构是不同的。主要的一点就是晒台的位置发生了变化，由于钢筋混凝土建筑是平顶的，所以瑶民最大限度的占用地面面积，而把房顶作为晒台。而没有传统式的晒台，瑶民存放衣物的方式也发生了变化，不再是挂在晒台上面的屋檐下，同时也是受到外界生活方式的影响，现在有的瑶民家里已经有了衣柜存放衣物。

3. 服饰

盘村瑶族的服饰与毗邻的盘瑶村子一样，由于定居定耕，生活的改善，山外汉、壮族的强烈影响等原因，在近二三十年来，发生了急剧的变化。国民党“开化”瑶山后，曾经强迫他们改装易服。“四人帮”横行时，把他们的民族服饰当成“四旧”来横扫，当成奇装异服来改。结果都适得其反，引起瑶民的强烈不满和愤慨。在压力下，他们不得不作某些违心的改变，时过境迁，又恢复原状。然而，近十五六年来的变化，却大不一样，由于汉族与瑶族在经济、文化上的联系日益密切，促进了他们的变化，这种变化的趋势正在迅猛的发展着。

二、文化、教育和人口素质的变化

随着现代化的深入，传统民族文化与现代文化之间的冲撞是不可避免的。经济开发使少数民族地区的环境发生了很大的改变，向现代化迈进，这将使许多原来适应传统生活状况的习俗随着现代化生活的来临而丧失其存在的意义；其次，现代化的通讯方式如广播、电视、网络等传媒的发展，以及经济发展带来的人员流动，将当今社会流行的价值观念、市场意识、娱乐形式，穿着服饰、生活器物、建筑风格带入了盘村及其他盘瑶村落，而现代化主导趋势是实惠化、便捷化和时尚化，这将造成对少数民族传统服饰、生活方式和艺术形式等方面的取代，这种倾向，在年轻的少数民族青年中则更为明显。瑶民思想观念上存在着盲目性，受现代社会各种娱乐设施如游戏厅、网吧、迪厅的影响，宗教的教育功能对新一代青年呈现出弱化的趋势，新生代青年面临着双重文化价值观如何选取的困惑。

打麻将已成为瑶民常见的娱乐方式

解放以前，包括盘瑶支系在内的瑶族是没有自己的文字的，但是如同其他瑶族支系一样，盘瑶很早就有用汉字的传统。

解放以后，政府十分重视民族地区教育事业的发展。1953年以后，盘村办起了夜校，吸收一部分成年人学习文化，但是屡次被政治运动打断，直到1963年才正式设立了一个小学教学点，有一个专职教师，将学龄儿童编为复式班进行教学。1973 年生产队为小学盖了一座教室，制作一部分课桌，使学校初具规模。现在全村的文化程度根据统计，如表 10：①

表 10　文化程度状况统计表

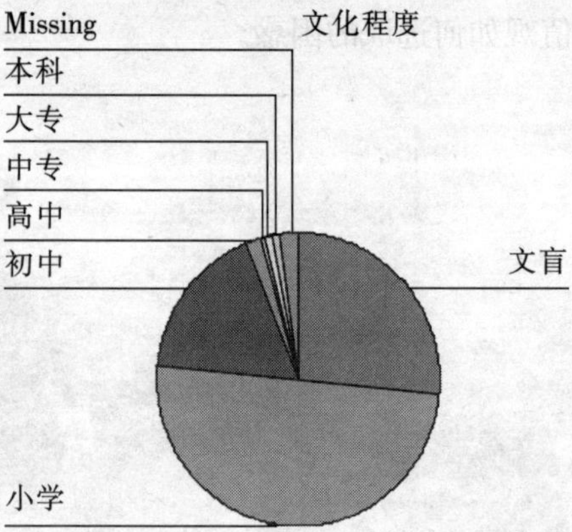

现在的盘村小学，有一位来自罗香乡的女教师，一共有三个年级，2004 年又在下面新设了一个学前班，三个年级在同一个教室上课，将一天分几段时间分别教课，但是由于教学质量不是很好，加上家长的不重视，每一级每一年都有学生不想上学要退学，而家长和老师都持不置可否的态度。对家长来说，孩子不上就在家里玩还可以省些学费，而对老师来说，三个年级的教学任务太过繁重，少个学生少操一份心，所以学生退学形成了传统，中途退学就成了自然而然的现象。同盘村所属的甲江村委所辖的其他村子相比，盘村民风较旧村和新村更

① 在统计结果中，小学、初中程度都是包括肄业的学生，小学中有上到一年级、二年级、三年级就辍学的，只是为了统计的方便，把他们都归于小学文化程度。

为淳朴，盘村的小学教育情况还是比较好的，至少每一个适龄儿童都入学学习过。

现在国家实行九年制义务教育，盘村的适龄儿童除了个别因有智力障碍外，其他的都能得以入学。但是入学的原因值得商榷：大多数家长不是为了孩子的将来发展着想，允许孩子入学主要是认为“孩子还小，又不能上山下地干活，呆在家里又没有其他小孩子一块玩，到学校老师看着点自己还能省点心，就算是找一个看孩子的地方。”[①]

另一方面，似乎有百分之一百的适龄儿童都已经入学，但是实际情况如胡起望教授20世纪80年代初统计的一样，入学巩固率不高。[②] 虽然比当时的统计有所好转，但是没有得到根本性的转变。在2002年甚至由于当年的一年级入学人数少，盘村小学的在校生只有6人，因此被取消并入甲江中心校，只是由于2004年入学人数增多（当年有7个），再加上盘村距离甲江中心校所在的旧村走路要两个小时，一、二年级的小学生走到旧村很辛苦，学生年龄又太小，家长不放心，所以盘村全体村民要求盘村的小学重新恢复，所以2004年盘村小学又重新招生，现在小学共有学生12名，教师1名。

从20世纪80年代国家计划生育政策实施以后，盘村育龄夫妇生育数大幅下降，一般每对夫妇只生育两个孩子，孩子数目的有限使得家长对孩子的综合素质得以重视。育龄夫妇大多受过小学甚至以上的教育，再加上改革开放的实行，育龄夫妇大多出去打过工，认识到科学文化的重要性，所以现在家长对孩子的教育开始重视起来。但是这种重视是有另外的含义的，他们只希望自己的孩子认识字，出去做工不要不认识路牌就行，并没有对孩子

① 引自对盘村村民的深度访谈。

② 胡起望、范宏贵：《盘村瑶族》，民族出版社，1982年，第233页。

的未来有具体的打算，这种情况就导致在盘村小学上完三年级以后，由于本村小学没有四年级以上的高年级，家长认为孩子已经认识了字，而且到中心校上学要走很长的路很辛苦又不安全，所以对孩子继续上学的问题持放任自流的态度，这样在小学四年级就成了一道槛。而即使到中心校上四、五年级的小学生，到小学毕业后又面临另一道槛，甲江中心校没有初中，要上初中有两种选择，到三角乡初中或者金秀初中，这就意味着一方面路程更远，到三角初中走路要四个小时，骑摩托车也要两个半小时，另一方面是学费更高，再加上住校需要住宿费和生活费，家长对高额的费用望而却步；学生对这么远的路程望而却步，所以这又成了另一道槛。

到了初中阶段，入学的人数本来就少，学生在入学以后，有机会与其他民族如汉族、壮族和瑶族其他支系的学生接触、交流甚至形成较好的朋友关系，更甚者产生朦胧的早恋关系，这是现在这一代年轻人与他们的父辈受教育时产生的一大变化，与外族同龄人的交往对盘村青年人眼界的开阔、对外界的了解、对新鲜事物的认识和接受都有很大的影响。另外随着社会大背景的变迁，年轻人不再像他们的父辈那样仍然遵守着古老的传统，而越来越像“现代人”：他们向往外面的世界、向往现代城市、向往奢华的物质生活，而对学习没有太多的兴趣，很少有盘村的初中生能够上到初三毕业，更多的是初二甚至初一就辍学回家或者与在初中上学期间结识的同学、男女朋友一起出去“闯天下”。在1980年到2005年盘村只有两名高中毕业生，即使是2005年毕业的这一名高中生，也是由于其家庭条件很优越，其父亲非常有头脑，认识到只在瑶山里过着传统的瑶民生活是没有出路的，要有发展只能把孩子供出去，而这个案例也是盘村20多年来唯一的一个。

表 11　性别与文化程度交互分类表　（单位：人）

		文化程度							总计
		文盲	小学	初中	高中	中专	大专	本科	
性别	男	18	32	11	1	0	1	1	64
	女	17	33	12	1	1	0	0	64
总计		35	65	23	2	1	1	1	128

尽管如此，盘村的教育状况随着社会的发展比 20 世纪 80 年代初仍然有了很大的进步，这从另外一些方面的进步可以看出来：

1. 入学率的提高，现在随着九年制义务教育的实行，盘村每年的适龄儿童入学率为百分之百，即所有的适龄儿童都能得以入学。在盘村已经有了学前班（育儿班），甚至一个只有四岁的小男孩被父母送进学校，让其识字学唱歌，其父母认为虽然没有幼儿园，但是在学校里从小受熏陶有好处，也省却了看孩子的烦恼。

2. 家长逐渐认识到教育的重要性，开始对自己孩子受教育的质量与环境重视起来，有的家长不愿自己的孩子在盘村小学受教育，而下狠心把孩子送到金秀县城的小学去上学，现在村里有三个孩子分别在金秀中心小学上六年级。

3. 村里出现第一名大学生，这在村里产生了很大的影响，起了很大的带动作用，现在村里有两名高中生，一名高三学生面临高考；另一名高一的学生家境贫寒，虽然其成绩很好已经考上高中，家长不想让其继续上学，由于其他亲戚的资助，才得以继续上学；还有一名初三的学生正面临中考。

4. 家长开始重视到孩子的职业教育为将来工作就业做准备。村里唯一的老师有着更清醒的认识，他认识到自己的家庭经济状况不太好，要供初中毕业的女儿继续上高中，而后继续考大学是不太现实的，再加上盘瑶有早婚的习俗，女孩到了16岁以后就要考虑婚姻问题；再加上他们的女儿已经不愿继续上学。所以他们采取了一种折中的选择，让女儿到桐木镇的职业中专去学习电脑，为孩子以后工作做准备，这也是村里第二名受到职业教育的年轻人。村里一位1980年出生现在已婚的年轻人在初中毕业以后曾到玉林上职业中专，上了一年半因没有参加最后的实习，所以没有毕业。

5. 教育性的流动比以前有所增加，现在盘村小学上学的除了本村的小孩之外还有从外地转学到这里的，有的是因为以前父母一方是本村的，在本村结婚生活以后，认为另一方家里的生活条件更好就举家迁走，而把孩子留到村里小学上学，由长辈照顾；有的是父母本来在本村生活，由于某些原因如离婚以后，双方或者回家或者外嫁而把孩子留在父母身边照顾，这些都造成“留守儿童”和“留守老人”现象的出现。

语言方面：成年人1960年以后出生的，有一半都出去做过工，出去做工的首选是桂柳话；其次是广东白话或者是土白话，这与出去做工的地域有很大关系；再次是普通话。平时到金秀县城或者其他地方购物、经商、娱乐都能用到桂柳话或普通话。普通话的普及，最主要的是由于电视、收音机、录音机、流行歌曲等现代传播媒介的影响，这一点是显而易见的。

小孩子除了上面提到的现代传播方式的影响之外，其语言的学习最主要的是受到九年制义务教育的普及。普通话的普及使得小孩子的普通话水平与其上一辈比较起来有很大的提高。在学会普通话的同时也把不好的东西学会了，比如著名的“京骂”。另一方面电视的普及把台湾的琼瑶电视剧的口音也普及进来，特别是文化程度在初中以上的年轻人到30岁的年轻人表现更加明显。

三、宗教信仰的功能和演变

瑶族宗教信仰复杂，崇拜祖先“盘瓠”，禁食狗肉。在瑶族的原始宗教中主要崇拜雷王、风伯和雨师，也崇拜五谷灵娘（即五谷神）、山神、河神、树神、兽神和牛王等自然神。众神之中，盘瓠的地位是至高无上的。鬼神崇拜是盘瑶人宗教信仰的主要内容，也是当地宗教生活的重要反映。村民们相信“每个人都有灵魂，平时做噩梦、乔迷或生病是因人的灵魂离开人体或被摄走；而死亡则是灵魂与肉体的永久分离，人死后就变成鬼”。[①] 上述内容是在各种文献中涉及的内容。这也是对盘村瑶族宗教信仰的大致概括。但是笔者在盘村调查时发现盘村宗教信仰发生了变化的情况。

正如胡起望先生在 20 世纪 80 年代初调查所发现的情况一样：“过去，盘瑶笃信不疑。现在，这种观念已淡薄多了。”[②] 就历史上盘瑶宗教信仰中“禁食狗肉”这一个禁忌来说，现在已经被打破，在笔者调查过程中，就先后遇到盘村两户人家杀狗食狗肉，当笔者问及是否与宗教信仰相抵触时，回答是“现在都相信科学了，不再相信什么传统，狗肉那么好吃，不吃就可惜了。”[③]

与此形成参照的是，在盘瑶婚礼上，历史上一直发挥重要作用的法师的所作所为不再那么神圣，也没有多少人会对法师那么敬而仰之。宗教观念的淡薄可能比较难测量出来，但是从盘村各户瑶民一年宗教花费的数量上可以体现出来一方面。表 12 显示的是 2005 年盘村各户瑶民用于宗教上的花费：

---

① 许文清：《粤北排瑶的宗教观念》，《民族研究》，1998 年 5 期。

② 胡起望、范宏贵：《盘村瑶族》，民族出版社，1982 年，第 235 页。

③ 引自笔者调查访谈内容。

表 12　盘村瑶民 2005 年宗教花费统计表（单位：元，户）

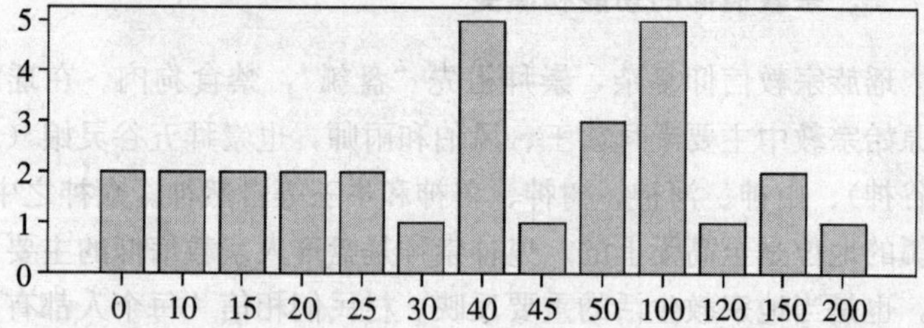

宗教功能弱化，宗教禁忌被打破，思想多元化。维系着盘村瑶民精神家园的宗教观念已被打破。但是盘村社区作为一个瑶民聚居区不会在短时间内消失，因为：首先，民族认同感、凝聚力强，大多数盘瑶居民仍会以血缘宗族为中心而聚居。其次，人口流动性不强，属于封闭类型社区，社区内的人口流动性弱，也使得外来文化很难冲击占主流文化的乡土文化。第三，族内通婚的婚姻观念仍占主导，保留家庭的细胞功能仍然发达。

四、社会支持与参与状况

“我们社会中最重要的亲属关系就是这种丢石头形成同心圆波纹的性质。亲属关系是根据生育和婚姻事实所发生的社会关系。从生育和婚姻所结成的网络，可以一直推出去包括无穷的人，过去的、现在的和未来的人……以“已”为中心，像石子一般投入水中，和别人联系成的社会关系，不像团体中的分子一般大家立在一个平面上，而是像水的波纹一般一圈圈推出去，也愈推愈薄。”①

社会支持是指来自个人之外的各种支持和援助的总称，既包括工具性支持也包括感情性支持，个体的主观感受和实际需求的

① 费孝通：《乡土中国》，北京三联书店，1995 年，第 23 页。

满足程度是衡量社会支持水平的重要指标。社会支持体系可以分为正式的和非正式的支持系统，社会的正式的支持系统是指来自政府、社区、工作单位等组织及社会保障体系的支持，构成了社会的正式的支持系统；社会的非正式的支持系统是指来自家人、朋友、同事、亲戚、老乡等的支持，组成了非正式的支持系统。

盘村受访者在遇到工具性和感情性问题时，主要依靠家长和亲属的支持，即在非正式的社会支持系统内来获得帮助、在生病和借钱问题上，家人成为主要的依靠对象，初级群体在这一层面能够更好的发挥作用；在就业问题上，受访者便会向多方力量寻求帮助，呈现就业问题多元解决的趋势；而在心情差问题上，更多人选择向朋友倾诉，说明朋友是缓解工作或生活压力的重要渠道。非正式社会支持系统对受访者的个体感受和实际需求都发挥了更大作用。

在依然属于初级社区的盘村，非正式的社会支持系统仍然是盘村瑶民所依赖的支持系统。在盘村内部，盘村的各户瑶民之间既是邻居，也是亲属，同时更是相互帮助、相互支持的唯一的来源，在规模不大的盘瑶村寨，只有二三十户人家居住在一起，除了外村的亲属之外，只有靠本村共同居住的其他瑶民来帮助和支持，这种支持由新中国成立之前的与艰苦的自然环境和外界不平等压迫和统治作斗争转变为新中国成立之后的更多的与自然环境作斗争的相互支持系统，这种支持系统，虽然范围不广，但是密度和强度是很大的：经济上的相互支持；劳动力上的相互支持，抗旱救灾上相互支持，共同抵御天灾人祸；人生仪式上的相互支持；社会生活中的相互支持。

在笔者问卷涉及的各项态度测量中，对经济生产生活和家庭社会生活质量态度的测量是重要的一部分。

在对农业困难的测量中，劳力不足、资金不足、土地不足是盘村瑶民普遍反映遇到的最大的困难；在对林业困难的测量中，售价低、劳力不足、资金不足是瑶民反映比较大的困难；而在对工商业困难的测量中，资金不足、不懂经营、劳力不足则是比较关心的问题。综合起来看，在经济生产中，资金、土地、劳动力对于瑶民来说仍是非常重要的，同时也是瑶民非常缺乏的。

在对生活困难的测量中，现金缺乏、口粮不够、孩子上学难、看病难、住房不好是瑶民现在面对的比较大的困难，这些方面也是瑶民生活中最基本的方面；其中特别值得注意的是，与外部地区相比，比较落后的交通条件在瑶民眼中不是什么困难，他们也没有感到什么不方便，这是一个比较值得注意的地方。在对有钱后的打算的测量中，构建房屋、供子女上学、提高生活是处于前三位的，这与瑶民面对的困难所反映的问题是一致的。对于“本地区的发展”这一问题所提出的建议最多的是：发展林业、发展农业、发展教育、加快改革力度、科技下乡。

在对现状的态度调查中，盘村瑶民总体上比较满意的是对家庭成员关系、邻里关系、社会地位、文化娱乐条件、购物方便程度以及国家对瑶族的总体政策这些方面。盘村村民对工作劳动条件、交通条件、购物方便程度、看病就医以及家人健康状况态度不一，总体上一般。盘村村民对家庭经济状况、工作收入、住房条件、孩子上学方便程度普遍感到不满意，甚至有的村民对这些方面意见很大。

总之，盘村村民面临的困难是比较集中的，也是比较基础性的，资金、土地、劳动力、口粮这些仍是瑶民所急需的，这也是村民对现状不满最集中的几个方面，怎样来解决，村民自身在“本地区的发展”这一问题所提出的建议中给出了答案：发展林业、发展农业、发展教育、加快改革力度、科技下乡。这仅靠村民是解决不了的，更需要国家和社会的帮助。

盘村瑶族的70年，是瑶族社会发展的70年，也是少数民族社会变迁的70年。经过70年的发展，从被奴役的地位到成为国家主人，从吃不饱穿不暖到今天生活基本达到小康水平，盘村瑶民在政治、经济、文化等各方面都有了很大的进步。

当然，在社会的发展过程中，现代文化和少数民族的传统文化之间的冲突是无法避免的，在这个过程中就面临着如何在发展现代化与少数民族发展之间找到一个平衡点，协调处理二者之间的关系的问题。一方面，既不能以少数民族传统文化为代价来发展经济，少数民族文化是中华文化的重要组成部分，应该得到充分的保护；另一方面也不能为了保护传统文化而限制少数民族经济发展的空间。我们应该在多元文化共存的基础之上，因地制宜，寻求各种文化的不同发展模式，最终建立一个多元文化共同发展的和谐社会。

第八章 大瑶山瑶族社会的定量研究

2005年8月和2006年1～2月，我们两次来到广西金秀瑶族自治县调查。在第一次的调查中，对当年费孝通、王同惠重点调查过的六巷花篮瑶进行追踪调查，逐户填写了调查问卷。在第二次的调查中，我们除六巷村的花篮瑶外，将调研范围扩大到六巷乡下古陈村的坳瑶、帮家屯的山子瑶、金秀镇六段村的茶山瑶以及三角乡郎旁村的盘瑶，试图对大瑶山五个瑶族支系展开较为深入的调查研究。我们不仅进行了长达40多天的参与观察，也召开了各个群体的座谈会，还进行了大量的个案调查，同时对这五个典型村庄展开了全面的问卷调查，试图在传统调查方法的基础上做进一步的量化研究。在对各个村庄深入细致的描述分析基础上，本章将从宏观上对这五个村庄的问卷材料进行归纳总结。

问卷调查采用整群抽样的方式，即对所调查村庄的所有家庭逐一发放问卷，由我们当场询问和填写，较好地保证了问卷的质量。总共回收有效问卷203份，其中花篮瑶聚居的六巷村51份，坳瑶聚居的下古陈村31份，山子瑶聚居的帮家屯37份，茶山瑶聚居的六段村55份，盘瑶聚居的郎旁村29份。由于时间紧迫，我们只对调查问卷的主要内容进行了计算机分析。通过一系列鲜活的数字，让读者进一步准确了解大瑶山瑶族在家庭婚姻、子女教育、政治参与程度、宗教信仰和经济生活等方面的情况，从而更好地从整体上理解大瑶山瑶族的社会状况，把握70年来他们所经历的剧烈社会文化变迁。

第一节　瑶族的家庭结构

家庭是社会最基本的单位，是社会关系的起点。在农业社会中，具有独立意志、独立经济能力和独立社会地位的个人是微乎其微的。个人首先必须归属于家庭，其次还必须属于更大的亲属群体。研究大瑶山瑶族的社会关系，当然要从家庭入手。

表1　瑶族的家庭结构

家庭结构	户数	百分比（%）
主干家庭	76	37.4
核心家庭	65	32.0
扩大家庭	28	13.8
联合家庭	15	7.4
夫妇家庭	11	5.4
残缺家庭	4	2.0
单身家庭	3	1.5
隔代家庭	1	.5
合计	203	100.0

从表1可以看出，与中国很多农村社区已经以核心家庭为主相比，大瑶山瑶族的家庭结构仍以主干家庭为主，占了总量的37.4%，即以夫妻、夫妻的父母或者其他直系长辈以及未成年子女组成的家庭为主。大瑶山自古以来因为田地狭小，瑶族就有人为控制人口增长的传统。按照“一脉单传”原则，只留一个子女在家传宗接代，其余出嫁或入赘他家，入赘并不受社会歧视。由于家中只留一个孩子，一般老人和孩子不分家，组成主干家庭，主干家庭因为上有老、下有小，经济负担比较沉重。

与此同时，瑶族家庭结构也表现出向夫妻和未成年子女组成的核心家庭转移的趋势，这类家庭居第二位，占32%。在家庭经济上，核心家庭处于低谷时期，劳动力缺乏，子女年幼，夫妻俩必须起早贪黑地干活，辛辛苦苦养育孩子们长大。当大孩子结婚生子，其他孩子也逐渐成人，这个家庭就进入家庭经济的鼎盛时期。由夫妻、夫妻的父母以及未成年子女，再加上夫妻一方未婚的兄弟姐妹共同构成扩大家庭。203户问卷中，这类扩大家庭占13.8%，居第三位。这时儿女得力，夫妻俩也能干活，家庭经济蒸蒸日上，但他们必须为随之而来的嫁女、娶媳、建房、分家做准备。鼎盛总是短暂的，待夫妻一方未婚的兄弟姐妹成家后，扩大家庭又演变成联合家庭。联合家庭只是家庭类型中的过渡时期，也是最动荡不安时期，只占总数的7.4%。

调查问卷表明，大瑶山瑶族也存在相当数量的小家庭。在表1的11户夫妇家庭中，其中7户属于从主干家庭中脱离出来的老人组成的空巢家庭，另外4户属于离婚或丧偶后重新组成的家庭。在大瑶山，女子丧偶或离婚后再嫁与男方再娶不会受社会歧视。年过60岁的老人只要身体状况允许，都会坚持农业劳动，可以维持自己的生活。在4户残缺家庭中，有3户属于丧偶或离婚的父亲与已成年未婚子女构成的家庭，另外1户是一名50岁至今独身的瑶族男性与其离婚的妹妹以及收养的一个男孩组成的残缺家庭。表中3户单身家庭均为女性。其中，年龄为75岁和63岁的两位老太太因丧偶而独身，年龄51岁的1人是因离婚而单身。此外，隔代家庭只有1户。总的来看，大瑶山瑶族家庭结构表现出传统农业社区的基本特征。

与家庭结构相似，家庭规模也是反映社区结构和社会发展阶段的重要指标。一般来说，传统社区以主干家庭或扩大家庭为主，现代家庭则呈现出小型化和核心化特点。这一方面与当地人的生产和生活方式相关，另一方面也与他们的家庭观念息息相关。

表 2　瑶族的家庭规模

家庭总人口	户数	百分比（%）
1	3	1.5
2	16	7.9
3	25	12.3
4	54	26.6
5	56	27.6
6	29	14.3
7	12	5.9
8	3	1.5
9	2	1.0
11	2	1.0
12	1	0.5
合计	203	100.0

综合表 2 和图 1，瑶族的家庭规模集中在每户 4—5 口人之间，平均每户 4.63 人，2—3 代同居一堂的户数居多。最多的家庭人口数为 12 人，是父母和四对已婚子女共同组成的联合家庭。这类家庭在大瑶山比较少见，只有 1 户。人口最少的家庭为上面提到的三个单身家庭组成的 1 人户。

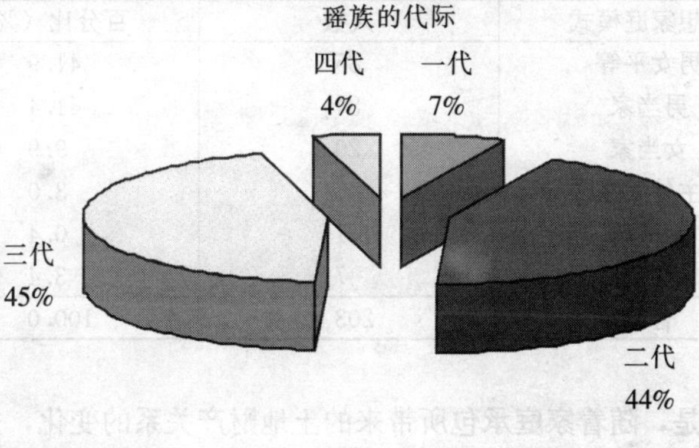

图 1

大瑶山家庭人口规模大多在四至五人之间，与内地其他农村的家庭人口规模大致相当。大瑶山瑶族人均土地已下降到 1.54 亩，作为主要生产资料的土地的匮乏，深刻地影响到瑶族家庭结构和家庭规模的变化，现实的矛盾使大瑶山瑶族不能不为分家、造新房做准备。除了传统的控制人口增长的观念外，现在的计划生育政策更在观念上和技术上为控制家庭人口增长提供了更加方便的条件，核心家庭结构增多和人口小规模化将是一种发展趋势。

与汉族农村男尊女卑的传统观念不同，大瑶山瑶族有着较为强烈的男女平等思想。这从我们设立的理想家庭模式调查有充分的表现，问卷统计表明，认为比较理想的家庭模式为男女平等的占 41.9%，认为应男当家的占 41.4%，而其他农村流行的男主外、女主内类型只占 3%，在所有家庭模式中居最后一位。在大瑶山传统的习俗中，男女双方的权力不会因性别的差异而不同，通常婚姻的主动方是家庭事务中做主的一方，而被动方则是服从的一方。因此“招郎”上门的家庭往往是由女方来做主。

表 3　理想家庭模式

理想家庭模式	人数	百分比（%）
男女平等	85	41.9
男当家	84	41.4
女当家	20	9.9
男主外女主内	6	3.0
无所谓	1	0.4
未回答	7	3.4
合计	203	100.0

但是，随着家庭承包所带来的土地财产关系的变化，夫妻双方在家庭中的地位也发生了变化。此外，随着家庭内部专业化分

工的发展，加之受到汉文化的影响，男性在家庭事务中渐渐居于主导地位。这一点在“您家的事情主要由谁做主”一题中进一步表现出来。选择男方做主的居第一位，占 52.2%，其次是双方做主占 30%，女方做主排第三位，占 10.3%。

在家庭矛盾调查时，大瑶山表现出少数民族地区传统的和谐和安定。与汉族农村普遍存在婆媳矛盾不同，瑶族各个支系的家庭矛盾，大多是由生活琐事而引起的，占到总量的 55.4%；随着市场经济的影响不断深入，家庭的经济纠纷也呈上升趋势，排在了第二位；其他的如夫妻不和、老人和孩子引发的矛盾相应较少；而邻里矛盾表现最少，只有 2.1%，可见大瑶山瑶族作为一个传统农业社区，人际关系比较和谐，邻里之间多和睦相处。

表 4　家庭矛盾类型

家庭矛盾类型	人次数	百分比（%）
生活琐事	108	55.4
经济问题	43	22.1
夫妻问题	12	6.2
子女问题	8	4.1
住房问题	7	3.6
老人问题	7	3.6
婆媳矛盾	6	3.1
邻里矛盾	4	2.1
合计	195	100.0

第二节　瑶族的婚姻

根据表 5 的统计数据，大瑶山瑶族在考虑婚姻对象的时候，61.3%的家庭认为个人品德是首要考虑因素，经济收入和外表形象并列成为择偶时考虑的两个次要因素，其11.3%的比例远远低于个人品德所占的61.3%。在传统农业社会里，个人品德修养往往是社会成员安身立命的第一位要素，远远超过了容貌和经济能力等因素，汉族社会注重的门当户对、文化水平、职业等因素在这里都被忽视，甚至民族成分和宗教信仰差异，都不构成大瑶山择偶的重要条件。

表5 选择对象的考虑因素

考虑因素	人次	百分比（%）
个人品德	114	61.3
经济收入	21	11.3
外表形象	21	11.3
门当户对	13	7.0
文化水平	11	5.9
职业	2	1.1
民族成分	2	1.1
宗教信仰	2	1.1
合计	186	100.0

在婚姻达成途径上看，正如图2所示，近75%的瑶族表示自己是通过自由恋爱结婚的，父母包办和他人介绍合计占21.7%。婚姻自主是瑶族社会的一项重要特征，自由恋爱是大瑶山瑶族的传统择偶途径，即使在表中所示的父母包办和他人介绍的婚姻途径中，当事人一般自己表示的意愿也得到了充分的尊重。

在203户问卷总量中，有80%以上的家庭表示，愿意自己的子女与其他民族自由通婚。大瑶山的五个瑶族支系，历史上按照传统的石牌规定，大多实行族内婚，各支系瑶族之间也互不通婚，与山外汉族和壮族等其他民族更是“鸡不拢鸭”，绝对禁止通婚，违反规定者要按石牌律严惩。解放后，随着民族平等和民族团结思想深入人心，民族间的隔阂在不断消除，瑶族五个支系之间和瑶族与其他民族之间的通婚已经非常普遍。从对异民族间通婚的态度上也可以看出大瑶山地区的民族关系非常和谐在市场经济的推动下，大瑶山各民族、各族系之间的交流和融合更加频繁，婚姻达成上呈现出多元化的特点。

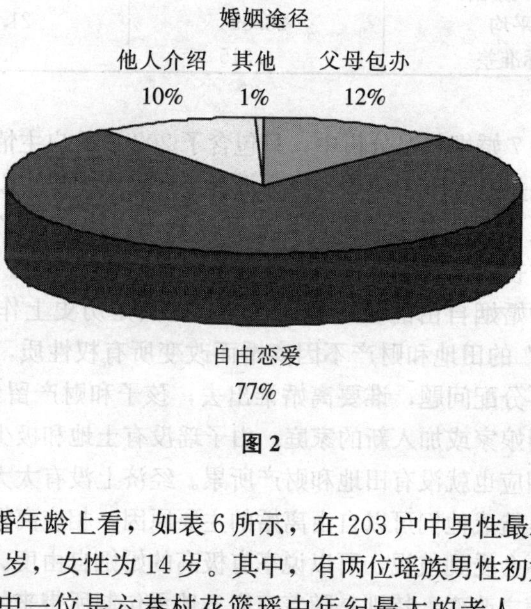

图 2

从结婚年龄上看，如表 6 所示，在 203 户中男性最小的结婚年龄是 15 岁，女性为 14 岁。其中，有两位瑶族男性初婚年龄是 15 岁，其中一位是六巷村花篮瑶中年纪最大的老人，今年 86 岁；另一位是下古陈村的坳瑶，今年 76 岁。瑶族女性中有两位最小的结婚年龄是 14 岁，如今已都是老人。结婚年龄偏小与大瑶山瑶族过去普遍盛行早婚有关，随着时代变化结婚年龄也在不断提高。据统计，目前男性最大的结婚年龄为 40 岁，因为家境困难结婚较晚；女性最大婚龄为 54 岁，是一位六巷村的花篮瑶，属于丧偶后再婚。时代变化直接影响瑶族初婚年龄结构，呈现出非常明显的正相关关系。现在的平均结婚年龄男性达到 23.89 岁，女性为 21.45 岁，表明大瑶山瑶族的结婚年龄大致按照国家法定的男 22 周岁、女 20 周岁的标准，早婚现象基本上消除。

表 6 结婚年龄

项目	男方	女方
最小婚龄	15	14
最大婚龄	40	54
平均	23.89	21.45
标准差	4.315	5.000

在表 7 婚姻状况分析中，只包含了 203 户的户主情况，事实上的婚姻关系远不止这些，因为没有统计家庭中户主以外的婚姻情况。从 203 户户主的婚姻状况可以看出，初婚占 77.3%，离婚再婚与丧偶再婚合计占 8.9%，丧偶未婚占 7.9%。大瑶山瑶族一直对婚姻自由的认可程度很高，尤其是历史上作为山主的“长毛瑶”的田地和财产不因离婚而改变所有权性质，甚至不牵涉财产再分配问题，谁要离婚谁出去，孩子和财产留给原家庭，自己或回娘家或加入新的家庭；山子瑶没有土地和极少拥有大量财产，相应也就没有田地和财产所累。经济上没有太大的制约和顾虑，是造成他们可以自由离婚的主要原因，相应离婚和丧偶后再嫁也不会受到歧视，可以说享有极高的婚姻自由度。解放后婚姻观念随之改变，特别是随着家庭土地承包制所带来的土地财产关系的变化，离婚程序变得复杂，土地、房屋和子女抚养不再像过去那样简单易行。加之受到汉文化中婚姻观念的影响，离婚现象也渐渐被认为是一件不光彩的事情，离婚也就变得困难起来，而实际发生的离婚事件比之过去大为减少，因而有三分之二以上的人是初婚，拥有相当稳定的婚姻关系。

表7　婚姻状况

婚姻状况	人数	百分比（%）
初婚	157	77.3
丧偶	16	7.9
离再婚	14	6.9
未婚	8	3.9
离婚	4	2.0
丧再婚	4	2.0
合计	203	100.0

在203户的婚姻关系中，正式登记结婚的占76.4%，远超过20.7%未登记的比例。未进行登记的婚姻，大多是上了年龄的人。可以看出政府管理的强化，人们必须履行了正式的法定婚姻手续后，才被看作是合法的婚姻关系。按照瑶族传统，男女虽然不到结婚年龄，但订好结婚日期后就可以举行传统的瑶族婚礼，并生儿育女。等到了法定的结婚年龄，再到当地政府去补办结婚证。像花篮瑶婚姻中的正式“结婚酒”，往往要拖到孩子出生后请“满月酒”时才举行。

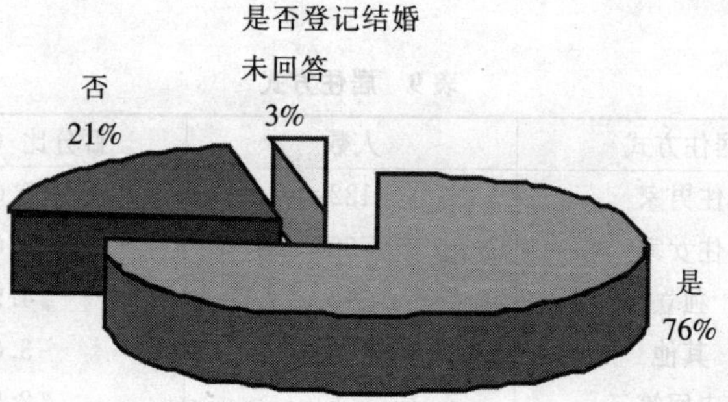

图3

在表8婚礼状况一项中，说明各村采用传统婚礼的居多，占64%，未举行婚礼的占23.2%，举行现代婚礼的只占10.3%。可见，大瑶山瑶族社会仍旧保持着传统的婚姻习俗，多采用传统方式举行婚礼，但现代的婚礼方式对年轻人的影响也越来越大，不少年轻夫妇都拍摄有和城里人一样的婚纱照，越来越多的人既按照传统举行婚礼，同时也加入接吻、闹洞房等现代婚礼节目。

表8 婚礼状况

婚礼方式	人数	百分比（%）
传统婚礼	130	64.0
未举行婚礼	47	23.2
现代婚礼	21	10.3
未回答	5	2.5
合计	203	100.0

在婚后的居住方式上，如表9所示，住男方家的占65%，其次是住女方家，占24.6%。大瑶山瑶族社会仍旧以男性为中心，反映了农业社会的一般规律，但又体现出多元化的特点。

表9 居住方式

居住方式	人数	百分比（%）
住男家	132	65.0
住女家	50	24.6
独立	10	4.9
其他	6	3.0
未回答	5	2.5
合计	203	100.0

大瑶山土地资源十分有限，平地极少，能开辟的水田不多，山地收成不足，粮食自给困难，因而历史上瑶族就有计划生育的传统。在避孕方式上，被称为“长毛瑶”的茶山瑶、坳瑶和花篮瑶，为了保持对大自然的可持续利用以及山主的地位，十分注重人为控制人口增长，特别是控制人口出生率。由于医药卫生知识缺乏，在草药避孕失败后，过去甚至采取堕胎和杀婴的办法控制，一般只留一至三个儿女。而称之为“过山瑶”的山子瑶和盘瑶，也有相应的控制生育的意识。

虽然生活在大瑶山的瑶族群众都很重视节制人口增长，但缺乏有效避孕手段，在控制手段上十分落后。现在随着医疗水平的提高，避孕方式发生了根本性改变。如表 10 所示，采取女方结扎方式避孕的最多，占 49.8%，带环方式避孕占到 8.9%，居第二位，传统的草药避孕方式已退居到第三位，占 4.9%。避孕方式的更新，表明了瑶族医疗水平的提高，瑶族妇女的健康状况也得以改善，更加有效地控制了人口的增长。

表 10　避孕方式

避孕方式	人数	百分比
女扎	101	49.8
带环	18	8.9
传统方式	10	4.9
戴安全套	4	2.0
用避孕药	4	2.0
男扎	3	1.5
未回答	63	31.0
合计	203	100.0

第三节　瑶族的子女教育

在大瑶山瑶族中，虽然有96.6%的家庭表示赞同计划生育政策，但67.5%的家庭仍表示更愿意生养一个男孩、一个女孩共两个孩子，有18.7%的家庭表示愿意生养两男两女共四个孩子，想生养一个孩子的只占1.5%，这符合其传统农业社会的特点，也是瑶族社会传统的生育观的反映。大瑶山瑶族没有严重的性别偏好，生男生女都一样，男孩娶妻或将女孩留在家中“招郎”都很正常，完全根据各家的具体情况来做出决定。在问及“生儿育女的主要目的是什么”时，35.7%的家庭表示生儿育女的主要目的是传宗接代。可见，在传统的农业生产生活方式下，种族的绵延仍是养育子女的主要目的。此外，认为生儿育女是为了今后养老有保障的占到33%，成为继传宗接代之后的第二个主要目的。

在大瑶山，瑶族日常生活中使用本民族语言的最多，占47.8%，瑶语和广西“桂柳话”双语交流的居第二位，占26.6%。但是在子女教育方面，根据表11的统计，77.8%的家庭认为孩子学习汉语最实用，认为学习本民族语言实用的只占4.9%。与此相应，人们普遍意识到汉语对今后生活的重要性，45.8%的家庭选择让孩子到采用汉语教学的学校读书，汉语已经成为大瑶山重要的公用语言，而且是未来教育的主要选择。

表11　子女学习什么语言最实用

语言类型	人数	百分比（%）
汉语	158	77.8
其他	27	13.3
本族语言	10	4.9
未回答	8	3.9
合计	203	100.0

问卷统计的 203 户中，43.9%的家庭有在读的学龄儿童。在“您希望孩子读到什么程度”一项中，半数以上的家庭表示要由孩子自己的意愿来决定，家长并不强迫。瑶族父母非常重视子女的个人意愿，在孩子今后的就业问题上，大多数父母都明确表示要由孩子自己来决定。甚至在孩子没有上学的原因中，有 50%的家庭表示是因为孩子自己不愿上，其次才是经济原因，只占 25%。

在“您认为子女读书有什么用”一项中，学知识技术作为读书的最主要目的高居首位，达到 50.8%。(见表 12)

表 12　您认为子女读书有什么用

读书目的	人次	百分比（%）
学知识技术	121	50.8
好赚钱	48	20.2
少吃苦受累	38	16.0
当干部	18	7.6
其他	13	5.5
合计	238	100.0

对这一问题的回答也可通过表 13“您希望子女从事什么职业”一项反映出来。瑶族家庭在尊重孩子意愿的同时，希望子女今后能当技术人员的达到 13.4%，在所有备选的职业类型中居首位。其次是机关干部和医生并列第二位，各占 10.3%，有 5.2%的是希望当教师，通过读书成为干部对大瑶山瑶族来讲只占 7.6%的比例，但也在一定程度上反映了瑶族对干部身份的羡慕和向往。过去，瑶族深受缺医少药的折磨，当医生不仅意味着较高的职业收入和体面的社会地位，也意味着自己在今后就医方面能有所保障。

选择当农民和个体业主的比重最低，各占0.5%。个体业主比重低与瑶族不善经商有关。而当农民的比重如此之低，与传统农业只能维持基本的生活，却很难使农民走向富裕的现实直接相关。生活在大瑶山的瑶族渴望孩子能通过接受现代教育走出大山，摆脱传统农业生活的艰辛和低效益，增加生活收入。

表13　您希望子女从事什么职业

职业类型	人次	百分比（%）
随孩子	110	56.7
技术人员	26	13.4
医生	20	10.3
机关干部	20	10.3
工人	2	1.0
师公/道公	2	1.0
商人	2	1.0
个体业主	1	0.5
农民	1	0.5
合计	194	100.0

第四节　政治参与和宗教信仰

生活在大山深处的瑶族政治参与程度如何，也是我们问卷调查中想了解的一个方面。在表14“您通过什么途径了解国家大事”一项中，65.6%的家庭是通过看电视了解，9.8%的家庭通过读报纸了解，可见现代传媒的影响程度和电视的普及率。但仍有9%的家庭明确表示并不了解什么国家大事。

表 14　您通过什么途径了解国家大事

了解途径	人次	百分比（%）
电视	160	65.6
报纸	24	9.8
不了解	22	9.0
聊天	14	5.7
开会	13	5.3
广播	7	2.9
其他	4	1.6
合计	244	100.0

当问及表 15“您参加过哪些选举”时，50.2%的家庭表示参加过村乡干部选举，19.8%的家庭表示参加过人大代表选举。可见，瑶族现今的政治参与程度较高，现代社会组织在大瑶山有相当程度的影响。

表 15　您参加过的选举

参加选举	人次	百分比
村乡干部选举	114	50.2
人大代表选举	45	19.8
其他选举	38	16.7
党团组织选举	30	13.2
合计	227	100.0

在表 16“遇到困难或纠纷找谁解决”一项中，选择找干部帮助解决困难的达到 48.9%，高居首位，其次才是亲友，占 40%，只有 0.9%的家庭表示会请道公协助解决。从中，我们不难发现大瑶山瑶族对现代的政治组织认同程度较高，基本已经取代了传统石牌制度下的长老制度，对乡村基层官员表现出较大的信任度，干部拥有较高的社会威望。

表 16　遇到困难或纠纷找谁解决

解决途径	人次	百分比（%）
干部	110	48.9
亲友	90	40.0
道公	2	0.9
忍让	10	4.4
其他	13	5.8
合计	225	100.0

从以上这些数字中我们可以发现，大瑶山瑶族社会虽然仍是一个以血缘和地缘为纽带连接在一起的传统乡土社会，但行政关系已经表现出较大的影响力。金秀大瑶山在历史上是个典型的封闭保守之地，从明清到 1940 年，基本上是一个“皇不辖、官不管”的政治空白地带，既无土司，又无衙门，瑶族靠传统的石牌制度自管自治。大瑶山瑶族政治参与程度的提高，从一个侧面帮助我们更好地了解从封闭逐渐走向开放的大瑶山。

祭盘王仪式上瑶民穿过阴阳门祈福避祸

金秀大瑶山瑶族社会在保留本民族传统信仰的同时，又受到了道教的深刻影响。瑶族的传统信仰中，认为大自然中的一切现象都有生命，产生了“万物有灵”的观念，表现出较典型的自然崇拜、图腾崇拜和祖先崇拜。根据表 17 的统计，在 203 份问卷中，传统信仰和道教信仰合计达到 71.5%，不信教和没有回答这一项的合计占 28%。结合我们实地调查的印象，大瑶山瑶族更多的是以自然崇拜和传统祖先崇拜为主，也加入了道教和部分佛教的观念，吸收了附近汉族、壮族等多民族的地域性宗教思想，是一种表现为习俗基础上的混合信仰，很难明确归纳为单纯信仰哪种宗教类型。

表 17　宗教信仰

宗教类型	人数	百分比（%）
传统信仰	141	69.5
不信教	49	24.1
道教	4	2.0
佛教	1	0.5
未回答	8	3.9
合计	203	100.0

大瑶山的道教活动，主要靠师公和道公，他们是人神之间的使者，至今在群众的生活和社区整合中发挥着一定的作用。根据表 18 统计，有 8%的家庭表示在遇到医院治不好的疾病时，会找道公和师公求助。与过去相比，师公和道公在瑶族心目中的地位也在不断弱化。根据问卷统计，师公和道公的年平均宗教收入只有 43.3 元。

表 18　就医途径

就医途径	人次	百分比（%）
去医院	179	68.6
自己采药医治	35	13.4
忍耐	22	8.4
请道公作法	21	8.0
请瑶医	4	1.5
合计	261	100.0

在“每年的宗教支出”一项中，只有66户有回答。根据表19统计，每户年宗教花费平均为101.29元，最高的户年花费为600元，最少的人家几乎没什么花销。瑶族的宗教支出包括请道公、师公做道法、消灾祛病、祭祀祖先、祭甘王、祭盘王等。在宗教上的支出只占瑶族群众日常生活支出的很小比例。

表19　年宗教支出

项目（66户）	均值	标准差	最大值	最小值
每年宗教支出（元）	101.29	114.996	600	0

第五节　瑶族的经济生活

在大瑶山瑶族的主要收入来源中，如图4所示，副业收入（主要指林业收入）每户每年平均为3216元，为传统农业收入的2倍。紧随其后的是务工收入，年平均3124元，也达到农业收入的2倍。最少的是商业收入，只有1146元。

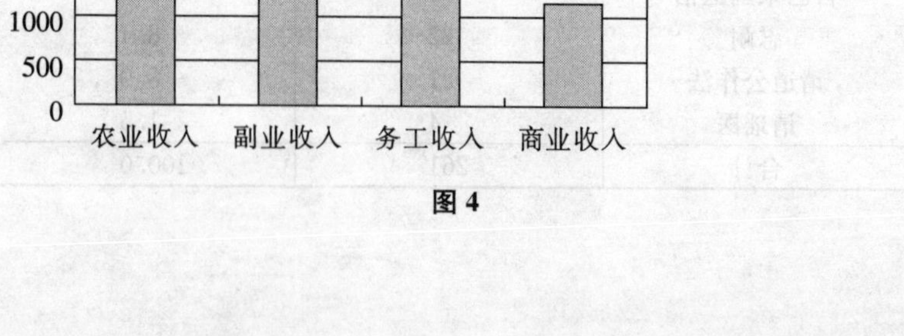

图4

可见，大瑶山农业的主导地位已经在发生变化，传统农业的低效益使农户开始转向以副业特别是林业为主要的收入来源。更多的年轻人不甘于当农民，纷纷外出打工，也有个别家庭弃农经商。通过家庭收入构成表可以看出，副业、外出打工、商业的兴起正在日益改变大瑶山瑶族社会的经济结构，家庭经营越来越趋向多元化。

消费结构的变化已经初见端倪。如图 5 所示，在家庭支出中，最高的竟是教育支出，每户年平均达到 2363 元。教育支出最高的一户一年达到 25000 元，因为两个孩子都在读书，大的读大学本科，小的读初中。该户能支付如此高昂的支出，在于夫妻俩早已弃农经商，否则一般的瑶族家庭是根本承担不起的。2004 年为了集中资金办学，提高教学质量，金秀县许多乡中学被撤销，学生集中到桐木和金秀等地读初中。学生外出上学费用明显提高，相当于在当地上学的两倍，平均一个外出上学孩子费用增加 2000～3000 元，给家庭经济带来很大的负担。类似大瑶山这样偏远地区出现的“因教育致贫”现象值得我们关注。

食物支出是除教育支出外最主要的生活支出，达到户年平均 2175 元。可见，大瑶山地区的恩格尔系数较高。恩格尔系数是衡量人们生活水平的一个重要指标，恩格尔系数的下降，往往被看作是生活水平提高的一个标志。从恩格尔系数反映出大瑶山地区的生活水平仍旧处于维持温饱的阶段，整体生活水平较低。

瑶族的农业支出与农业收入基本持平，进一步印证了传统农业的低效益，促使农民寻求新的产业。婚嫁丧葬支出户年平均为 833 元，占家庭日常消费支出的比例一直稳中有升。正是在婚嫁丧葬这样的仪式中产生的人情往来，维持着一个传统农业社区的正常运转。

每户年平均 689 元的通讯支出表明过去封闭的瑶山正积极面对外面的世界，手机的普及反映了瑶族家庭渴望能够获取更多的信息以互通有无。医疗支出和交通支出分别为 710 元和 689 元，处在一种比较平稳的状态。

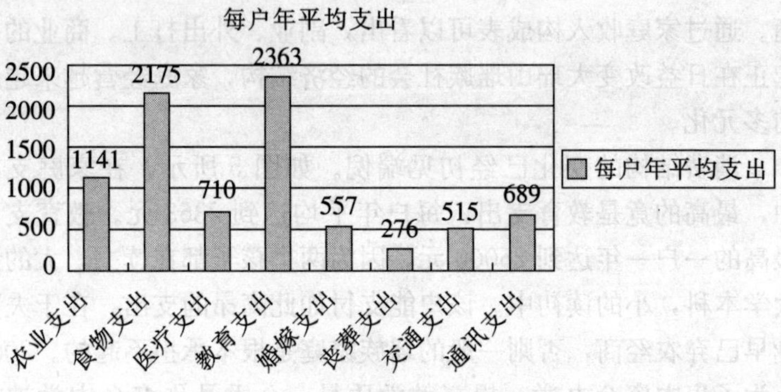

图 5

1952 年金秀瑶族自治县成立后，大瑶山瑶族的生活发生了巨大改变。如图 6 所示，当问及近 5 年生活变化情况时，56.2% 的家庭回答“有些提高”，回答“显著提高”的占到 23.6%，认为生活水平下降的只占 7.4%。瑶族生活水平的提高与中央和地方政府的各项民族政策和扶贫支持是分不开的。

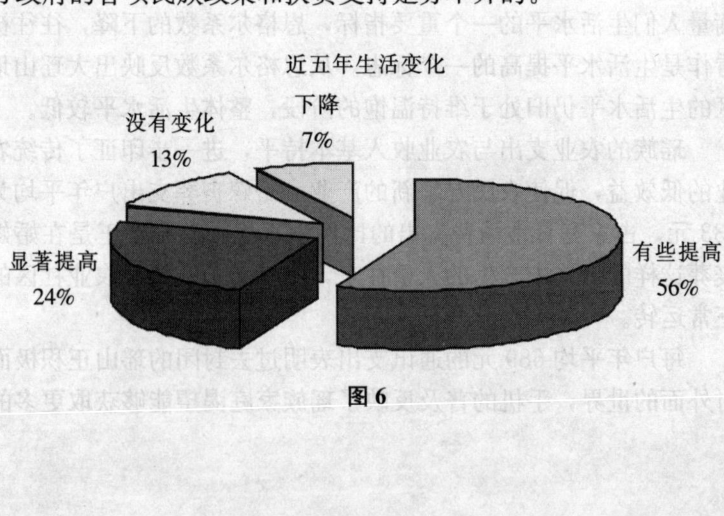

图 6

当问及被调查对象“市场经济的发展、生活水平的提高对村民之间的亲密感是否存在影响”时，有63.1%的家庭表示没有影响，36.5%的家庭表示有影响。可见，随着市场经济的发展，传统的乡风民俗虽然受到一定的影响，但仍在民间较好地保存了下来。

我们再来看一下大瑶山瑶族在经济上的看法和打算。在回答“您家在农业生产中经常遇到什么困难”时，居前三位的分别是资金不足占22.2%，土地不足占21.8%，劳力不足占20%。

在回答“您家在林业等经济类作物副业生产中经常遇到什么困难”时，居前三位的分别是劳力不足占18.3%，资金不足占16.2%，林场不足和自然灾害并列为13.4%，居第三位。

大部分家庭没有回答“在工商副业中经常遇到什么困难”这一项，因为在许多家庭经济中，作为商业发展的工商副业生产很少，因而相应也没有什么困难。

在回答“在日常生活中经常遇到什么困难”时，46.7%的家庭把资金不足排在首位，14.2%的家庭表示口粮不够，8.7%的家庭表示交通不便。

结合以上数据分析，资金缺乏，是瑶族家庭普遍认为的最大问题。富裕户渴望能获得更多的资金扩大再生产，贫困户则希望获得贷款或补助来维持生存。金秀瑶族自治县属于少数民族山区贫困县，虽然瑶族的生活水平已经明显改善，但获得收入的渠道仍十分有限，农业收入依然是农民生计的主要来源。

由于金秀大瑶山5万多瑶族大部分居住在山内地区，山多、石多，土地贫瘠，交通不便，各种自然灾害严重。14.8万的总人口中，农业人口12.88万人。全县总面积2513平方公里，耕地面积19.92万亩，人均耕地仅1.54亩，人多地少的矛盾非常突出。根据1951年中央访问团的调查数字，当时大瑶山五支瑶族共17827人，到2000年时全县瑶族人口已达到50839人。随着人口的不断增长，耕地和林地面积逐年下降。在土地承包到户时，人口较少的家庭因婚嫁生育使家庭人口不断增长，人均土地面积自然不足。随着人口的增加，退耕还林和水源林的保护，耕地面积不断缩小，粮食总产下降。个别家庭还出现了口粮不够的现象，要买一些粮食补充家庭的需要。大部分瑶族家庭的粮食基本是自产自食，蔬菜、副食品则多购买，大瑶山瑶族的消费越来越依赖于商品市场。

由于人口增加，耕地面积不断缩小，年轻人又不愿从事农业生产，由此产生大批中轻年纷纷外出打工，这在一定程度上也带来了当地劳动力短缺问题。在近几年，经济林和经济作物种植业的发展，使林业收入普遍超过农业收入，经济林和经济作物成为重要的经济支柱，八角、生姜是农民主要的收入来源。随着对外来工业品需求的增加，瑶族拓展现金收入渠道的紧迫感越发强烈。只靠传统的农林业生产，已经不能满足现代生活的需求。发展家庭副业生产，从事第三产业成为部分瑶族的心愿，瑶族致富的典型也正是那些从事多种经营的家庭。

在问及“本地区发展应优先做好哪几件事”时，28.3％的家庭认为应优先发展林业，20.3％的家庭认为应优先发展农业，发展旅游业居第三位，占13.9％。

虽然农业是稳县之本，但金秀大瑶山的水田都是沿河而造，面积狭窄，数量有限，“以粮为纲”并不符合瑶山实际。针对这种情况，金秀县政府提出退耕还林政策，大力发展经济林和经济作物。与此同时，金秀县农业基础设施薄弱，投入不足，各种自然灾害频繁仍严重影响经济的发展。农业科技含量低，农民对商品生产存在较大的盲目性，增产不增收的现象时有发生。农业产出基本上全部用于自己消费，农业产业化进程缓慢。

作为山区农民，瑶族普遍认为搞好农林业生产是自己的本分，是立业之本，在这个基础上才能从事其他生产。进入21世纪以来，金秀县提出“林业立县、旅游强县、农业稳县、工业富县、科教兴县、依法治县”的总体工作思路，鼓励发展生态林和商品林。在林业收入已经远远超过农业收入的情况下，发展林业也相应成为瑶族家庭的首选。

大瑶山风光

值得关注的是，旅游业异军突起，成为瑶族群众期望致富的新门路，排在优先选择的第三位，县政府也提出了“旅游强县”的发展方针。大瑶山的人文资源和自然资源非常丰富，费孝通先生曾指出，大瑶山瑶族的民族文化特色突出，集中了瑶族的各个支系的文化类型，世界瑶族研究中心在中国，中国瑶族研究中心在金秀。五个瑶族支系保留了自身传统的民族文化，极具人文资源价值。此外，金秀瑶族自治县有500多平方公里优美的自然风景区，极具观赏价值，初步开发的圣堂山、莲花山等风景名胜区已经颇有名气。旅游业从无到有，逐步发展，初步形成接待能力。可以说，金秀大瑶山已经具备了“旅游强县”的内在条件，关键在于如何进一步科学规划和扩大影响。

第六节 瑶族生活的满意度

下表是我们对大瑶山瑶族目前生活状况的满意度调查，由此可以清楚地感受到瑶族群众对生存状态的自我评估，也折射出中国共产党的民族政策在大瑶山的成效如何。这五类不同档次的回答中，生动地反映出大瑶山瑶族不同的境况及相应的自我感觉。

表 20 瑶族生活的满意度 单位：%

项目	非常满意	比较满意	一般	不太满意	很不满意
家庭经济状况	5.4	21.7	29.6	28.1	15.3
家庭成员间关系	38.4	42.4	17.2	1.5	0.5
邻里关系	35.5	40.9	22.7	0	0.5
工作和劳动条件	7.4	27.1	33	25.1	5.9
工作和劳动收入	4.4	20.7	28.1	33.5	11.8
在社区的社会地位	15.3	37.9	40.9	4.4	1.0
居住地交通条件	7.4	29.1	26.6	32.0	4.9
住房情况	8.4	22.7	22.7	31.5	14.8
文化娱乐条件	12.3	37.4	25.1	16.3	8.4
购物的方便程度	12.8	36.9	23.6	20.7	5.9
孩子上学的方便程度	7.9	23.6	20.2	27.6	19.2
看病就医的方便程度	9.9	26.1	26.6	26.1	11.3
自己及家人的健康状况	19.2	45.3	23.2	11.3	0.5
国家对瑶族的总体政策	36.9	35.0	20.2	5.4	2.0

对家庭经济状况，表示非常满意和比较满意的合计占 27.1%，表示不太满意和很不满意的合计占 43.4%。相应的，从对工作和劳动收入的满意度来看，满意度仅为 25.1%，不满意度达到 45.3%。2005 年瑶族人均收入为 1867 元，已经远远高

于全国贫困标准线的人均收入1000元，较之改革开放初期的人均收入290元相比，更有了很大的进步，但金秀县作为国家扶持的特困县，与内地其他地区相比，还存在很大的差距。这在某种程度上也成为大瑶山瑶族追赶其他地区的压力和动力。无论从客观的经济统计数据，还是从当地群众的自我主观评估，经济落后仍旧是制约大瑶山发展的第一要素，还需要各级政府加大投入力度，更好地促进当地经济的发展，提高人民的生活水平。

对家庭成员间的关系和邻里关系的满意度自我评估较高，分别达到80.8%和76.4%。表现出大瑶山瑶族家庭成员间的亲情友爱和邻里间的和谐关系，这也和我们在实地调查时的感受一致。这一点从瑶族对自己所在社区社会地位的满意度达到53.2%中进一步得到印证，二者的回答基本一致。

对工作和劳动条件的满意度，有31%的瑶族表现出一定的不满。在大瑶山艰苦的地理条件下，瑶族人民一年四季辛苦劳动，职业的艰辛程度给我们留下了深刻印象。因此，大瑶山瑶族对工作和劳动条件表现出一定的不满情绪是很自然的。大部分中年和老年瑶族还是满足于现有劳作条件，“大瑶山瑶族就应该是这样的，已经习惯了”。特别是和过去相比，较为先进的农业工具和农业技术不断进入大瑶山，生产效率大大提高，劳动强度也明显降低，瑶族有了更多的闲暇娱乐时间。但对年轻一代的瑶族来说，更愿意做横向比较，对工作和劳动条件的看法比较多。随着与外界交往增多，新一代的大瑶山瑶族已经不再满足于只解决温饱，也不安于传统的农业生产生活。通过各种传播媒介，瑶族对外面的世界了解越来越多，对比国内外经济发达地区农业的机械化和集约化生产，对生活和工作条件自然会产生更高的标准和要求。

对居住地的交通条件，满意度与不满意度基本持平。地理条件对大瑶山的制约集中表现为交通不便，“岭南无山不有瑶”，大瑶山地区不少地方是“手挽脚移，十步九折”的险境，即使是行人、马驮都十分困难。偏僻的地理环境与交通条件使得大瑶山瑶族难与外界接触，长期处于封闭落后状态。到20世纪80年代初期，仍是“出山一条路”，大部分乡村不通汽车。在各级政府的大力扶持下，到2002年，全县11个乡镇所在地都通了公共汽车，乡间四级公路构成了交通网络。但通往山区的道路极其脆弱，自然灾害严重，一下雨便有塌方的危险。因此，大瑶山瑶族对交通条件的改善一方面比较满意，另一方面希望有进一步的提高。对于急于走出大山、与外界加强沟通的大瑶山人民来说，交通条件仍旧成为影响当地进一步发展的障碍。

大瑶山的交通仍然是发展的瓶颈，一遇灾害公路经常中断

对住房条件，共有46.3%的家庭表示不太满意和很不满意。瑶族五个支系的住宅，几乎都是依山修建，地势险峻，地无三尺平，出门就爬山。问卷调查统计表明，203户的平均住房面积为126.35平方米，有52.7%的家庭住的是泥瓦房，相当多的家庭已经住进楼房，传统的树皮为顶木竹搭建的干栏式建筑已极其少见。随着生活水平的提高，房屋的构造和外观基本上就是一个家庭贫富状况的直观反映，瑶族群众对住房的期望值越来越高，十分期待能住上宽敞明亮的砖混结构楼房。特别是在2005年的大洪灾中冲毁的村庄，在政府扶持下反而使受灾户一步住进楼房，进一步提高了人们对建设现代样式楼房的憧憬和热情。如何在统一

规划的基础上，既引入现代楼房建设，又保持当地民族和地方文化特色，是急需注意的问题，要防止在“现代化”的过程中的趋同化现象，让大瑶山始终保持自己独特的文化个性。

六巷街头最大的天天乐超市

问卷调查统计表明，49.7%的家庭对文化娱乐条件表示满意，不满意度只有24.7%。瑶族五个支系除了春节、社节、七月祭祖等几个传统的节日娱乐活动外，大多时间都在从事农林生产活动。随着电视机、影碟机的普及，瑶族的娱乐生活渐渐丰富起来，麻将、台球、扑克、棋牌等娱乐形式也普遍进入瑶家。六巷街头不仅出现了超市、影碟店，而且也有了网吧，虽然还十分简陋，但对丰富当地群众文化生活，无疑起到了重要的作用。对购物的方便程度，有49.7%的家庭表示满意。由于地理环境等因素的制约，过去的大瑶山瑶族经济以自给自足或半自给自足为主，消费品以自有产品为主。随着商品经济的发展，乡村都建有规模不等的商店，个体零售商业不断增多，一般日用品都可以买到，这大大方便了购物，节省了交通支出。因此，大瑶山瑶族对购物的方便程度比较满意。在六巷的超市上甚至能够买到北京出产的二锅头酒。

对孩子上学的方便程度，31.5%的家庭表示满意，46.8%的家庭表示不满意。这与上文提到的撤销几个乡中学，让孩子集中到桐木、金秀等地上学有关。这也表明瑶族较注重孩子的教育问题，对师资和教学质量也有一定的要求，希望通过教育来改变孩子的命运。对看病就医的方便程度，表示满意和不满意的家庭基本持平。1952 年金秀瑶族自治县成立后，当地的医疗卫生条件有了巨大的变化，瑶族群众的健康水平也不断提高。长期以来，瑶族群众利用本地药物资源防病治病，瑶医瑶药也有一定的社会影响。总体上当地的医疗卫生条件在不断改善，绝大多数疾病都能防治。但看病贵和看病难问题也值得重视，并不富裕的当地瑶族群众往往因为疾病的拖累而致贫的现象也时有发生。

国家对大瑶山瑶族的总体政策，71.9%的家庭表示满意。解放后，中央和地方各级政府历来重视大瑶山整体的经济社会发展，不断提高瑶族人民的生活水平，长期发放各种救济款给予特殊扶持。但由于山区交通不便，各种自然灾害频繁，瑶族群众的生活还存在相当多的困难。20 世纪 90 年代初，金秀瑶族自治县被定为国家贫困县，中央和自治区逐年拨专款扶持自治县的各项建设，地方政府每年都从地方财政拨出专款扶持困难乡村的建设项目。特别是实施西部大开发以来，大瑶山的经济发展和社会事业有了明显的变化，各种基础设施不断改善。在问卷调查中，有88.7%的家庭认为国家和政府在帮助瑶族致富方面发挥了巨大作用，93.6%的家庭表示对瑶族的发展前途充满信心。

当我们回顾大瑶山 70 年来巨大的社会变迁，对比金秀瑶族自治县成立前后的不同境遇，特别是改革开放以来大瑶山快速的发展变化，瑶族人民的整体生活水平有了很大的提高，自然就容易理解瑶族群众的回答，也对大瑶山的未来充满憧憬和美好的祝愿。

参考文献

[1] 费孝通、王同惠：《花篮瑶社会组织》，江苏人民出版社，1988。

[2] 费孝通：《桂行通讯》，《费孝通文集》第1卷，北京群言出版社，1999。

[3] 费孝通：《乡土中国·生育制度》，北京大学出版社，1998。

[4] 费孝通：《四十三年后重访大瑶山》，《中国建设》（中文版），1980。

[5] 费孝通：《中国的现代化与少数民族的发展》，载《民族与社会》，人民出版社，1981。

[6] 广西壮族自治区编辑组：《广西瑶族社会历史调查》第一册，广西民族出版社，1984。

[7] 广西壮族自治区编辑组：《广西瑶族社会历史调查》第二册，广西民族出版社，1983。

[8] 胡起望、范宏贵：《盘村瑶族》，民族出版社，1983。

[9] 金秀瑶族自治县编委会：《金秀瑶族自治县志》，中央民族学院出版社，1992。

[10] 金秀大瑶山瑶族史编纂委员会：《金秀大瑶山瑶族史》，广西民族出版社，2002。

[11] 广西瑶族研究学会：《瑶族研究论文集》，广西民族出版社，1987。

[12] 徐平：《羌村社会》，中国社会科学出版社，1993。

[13] 谢明学、玉时阶：《瑶族传统文化》，广西民族出版社，2000。

[14] 玉时阶：《瑶族文化变迁》，民族出版社，2005。

[15] 李远龙：《传统与变迁：大瑶山瑶族历史人类学考察》，广西民族出版社，2001。

[16] 李远龙：《走进大瑶山》，广西人民出版社，2006。

[17] 徐杰舜：《金秀村民委员会与传统社会组织》，《广西民族学院学报》（哲学社会科学版），1997.12。

[18] 苏德富、刘玉莲：《茶山瑶研究文集》，中央民族学院出版社，1992。

[19] 刘保元、莫义明：《茶山瑶文化》，广西人民出版社，2002。

[20] [美] 沃勒斯坦：《现代世界体系》第一卷，高等教育出版社，1998。

[21] [法] 列维·布留尔：《原始思维》，商务印书馆，1987。

[22] 马翀炜：《民族文化的资本化运用》，《民族研究》，2000.1。

[23] 梁茂春：《民国时期大瑶山的族际通婚》，《民族研究》，2004.4。

[24] 莫金山：《居山游耕：瑶族传统文化的基本特征》，《广西民族研究》，2005.2。

[25] 莫金山：《瑶族石牌制》，广西民族出版社，2001。

[26] 莫金山：《瑶案沉思录》，香港展望出版社，2005。

[27] 李大庆：《开发民族传统文化　为发展民族经济服务——以金秀瑶族自治县古占村为例》，《经济与社会发展》第三卷第二期，2005.2。

[28] 赵廷光：《瑶族祖先崇拜与瑶族文化》，中央民族大学

出版社，2002。

[29] 许文清：《粤北排瑶的宗教观念》，载《民族研究》，1998.5。

[30] 毛殊凡：《瑶族历史文化与现代化》，中国戏剧出版社，2000。

[31] 苏胜兴：《瑰丽的金秀瑶都文化》，中国文史出版社，2005。

[32] 黄钰、黄方平：《瑶族》，民族出版社，1990。

[33] 张有隽：《人类学与瑶族》，广西民族出版社，2002。

图书在版编目（CIP）数据

大瑶山七十年变迁 / 徐平等著．—北京：中央民族大学出版社，2006.10

ISBN 7-81108-291-8

Ⅰ.大... Ⅱ.徐... Ⅲ.山区—社会调查—广西藏 Ⅳ.G676.7

中国版本图书馆 CIP 数据核字（2006）第 117253 号

大瑶山七十年变迁

作　　者　徐　平　等

责任编辑　一　丁

封面设计　布拉格

出 版 者　中央民族大学出版社

北京市海淀区中关村南大街 27 号　邮编：100081

电话：68472815（发行部）　传真：68932751（发行部）

68932218（总编室）　68932447（办公室）

发 行 者　全国各地新华书店

印 刷 者　北京宏伟双华印刷有限公司

开　　本　880×1230（毫米）　1/32　印张：11.375

字　　数　280 千字

版　　次　2006 年 10 月第 1 版　2006 年 10 月第 1 次印刷

书　　号　ISBN 7-81108-291-8/D·30

定　　价　28.00 元